A BUSCA DO DEUS VIVO

ELIZABETH A. JOHNSON

Dados Internacionais de Catalogação na Publicação (CIP)
(Câmara Brasileira do Livro, SP, Brasil)

Johnson, Elizabeth A.
  A busca do Deus vivo / Elizabeth A. Johnson ; tradução de Jacqueline Valpassos. – Petrópolis, RJ : Vozes, 2024.

  Título original: Quest for the living God
  ISBN 978-85-326-6812-7

  1. Crença – Aspectos religiosos 2. Cristianismo 3. Deus (Cristianismo) 4. Teologia 5. Trindade – Ensino bíblico I. Título.

24-211521 CDD-231

Índices para catálogo sistemático:
1. Crença em Deus : Doutrina cristã 231

Eliane de Freitas Leite – Bibliotecária – CRB 8/8415

A BUSCA DO DEUS VIVO

Elizabeth A. Johnson

Mapeando fronteiras na teologia de Deus

Tradução de Jacqueline Valpassos

EDITORA VOZES

Petrópolis

© 2007 by Elizabeth A. Johnson.

Tradução realizada a partir do original em inglês intitulado *Quest for living God – Mapping frontiers in the Theology of God*, publicada mediante acordo com Bloomsbury Publishing Plc.

Direitos de publicação em língua portuguesa – Brasil:
2024, Editora Vozes Ltda.
Rua Frei Luís, 100
25689-900 Petrópolis, RJ
www.vozes.com.br
Brasil

Todos os direitos reservados. Nenhuma parte desta obra poderá ser reproduzida ou transmitida por qualquer forma e/ou quaisquer meios (eletrônico ou mecânico, incluindo fotocópia e gravação) ou arquivada em qualquer sistema ou banco de dados sem permissão escrita da editora.

Conselho Editorial

Diretor
Volney J. Berkenbrock

Editores
Aline dos Santos Carneiro
Edrian Josué Pasini
Marilac Loraine Oleniki
Welder Lancieri Marchini

Conselheiros
Elói Dionísio Piva
Francisco Morás
Gilberto Gonçalves Garcia
Ludovico Garmus
Teobaldo Heidemann

Secretário executivo
Leonardo A.R.T. dos Santos

Produção editorial

Aline L.R. de Barros
Marcelo Telles
Mirela de Oliveira
Natália França
Otaviano M. Cunha
Priscilla A.F. Alves
Rafael de Oliveira
Samuel Rezende
Vanessa Luz
Verônica M. Guedes

Editoração: Rafaella Nóbrega Esch de Andrade
Diagramação: Sheilandre Desenv. Gráfico
Revisão gráfica: Bianca Guedes
Capa: Anna Ferreira

ISBN 978-85-326-6812-7 (Brasil)
ISBN 978-1-4411-7462-8 (Reino Unido)

Este livro foi composto e impresso pela Editora Vozes Ltda.

A Frank Oveis,
extraordinário editor,
por uma vida inteira de serviço editorial
realizado com inteligência aguçada,
humor inabalável
e coragem silenciosa,
que beneficiou todo o campo da teologia,
principalmente a mim mesma.

Sumário

Agradecimentos 13
Prefácio – Um Deus declinado em múltiplas linguagens 17
                            Maria Clara Lucchetti Bingemer

Introdução 23

1 História antiga, novo capítulo, 29

1.1 Do começo 29
1.2 Povos do Livro 33
1.3 Por que buscar? 36
1.4 Ponto de partida: teísmo moderno 39
1.5 Regras básicas para a jornada 43
1.6 Alto risco 51
1.7 Leitura adicional 52

2 Mistério gracioso, cada vez maior, cada vez mais perto, 54

2.1 Contexto: um mundo secular 54
2.2 Inverno 59
2.3 Mistério cada vez maior 63
    2.3.1 Começando pelo humano 63
    2.3.2 O Adonde de nossa autotranscendência 68
2.4 Mistério cada vez mais perto 74
    2.4.1 Encarnação 75
    2.4.2 Graça 76
2.5 Mistério sagrado 79
2.6 Amor a Deus e ao próximo 81
2.7 Leitura adicional 85

3 O Deus crucificado da compaixão, 88

3.1 Contexto: sofrimento indescritível 88
3.2 A falha da teodiceia 91
    3.2.1 Três jovens alemães 93
    3.2.2 O Deus do *pathos* 98
    3.2.3 Visão central 102
3.3 O Deus crucificado 104
3.4 O grito silencioso 107
3.5 Paixão por Deus 110
    3.5.1 Lembrar 111
    3.5.2 Lamentar 113
3.6 Discipulado místico-político 114
3.7 Leitura adicional 115

4 Deus libertador da vida, 117

4.1 Contexto: abjeta pobreza 117
4.2 Intuição da presença e ação de Deus 121
    4.2.1 Bíblia Hebraica 22
    4.2.2 Novo Testamento 125
4.3 O Deus da vida 128
    4.3.1 O verdadeiro Deus contra os ídolos 129
    4.3.2 O Deus do Mistério Sagrado 132
4.4 Totalmente vivo 133
4.5 Práxis de justiça bíblica 135
4.6 Leitura adicional 142

5 Deus agindo como mulher adulta, 144

5.1 Contexto: experiência das mulheres 144
    5.1.1 Sociedade 145
    5.1.2 Igreja 146
    5.1.3 "Mulher, estás livre" (Lc 13,12) 148
5.2 Diversidade 149

5.3 Vislumbre da presença e ação de Deus 152
5.4 A imagem gravada 155
5.5 Deus-mãe 159
5.6 Santa Sabedoria 164
5.7 Uma sinfonia de símbolos 167
5.8 O perigo do dualismo 169
5.9 Práxis de justiça bíblica para mulheres 172
5.10 Leitura adicional 173

6 DEUS QUE QUEBRA AS CORRENTES, 176

6.1 Contexto: privilégio branco e racismo 176
6.2 O cerne 177
6.3 Ideia de Deus 180
6.4 *Spirituals* 182
6.5 Teologia da libertação negra 189
6.6 Teologia da sobrevivência mulherista 194
6.7 Um foco mais nítido 197
6.8 Práxis de justiça racial 200
6.9 Leitura adicional 201

7 DEUS ACOMPANHANTE DA FIESTA, 204

7.1 Contexto: la lucha 204
    7.1.1 Duas conquistas 205
    7.1.2 Mestizaje/Miscigenação 206
7.2 Religião popular 209
7.3 Fazendo teologia latinamente 213
    7.3.1 Nossa Senhora 215
7.4 O Deus que acompanha 218
    7.4.1 Três princípios 222
7.5 O Deus da fiesta 223
7.6 Para o futuro 227
7.7 Leitura adicional 229

8 O DEUS GENEROSO DAS RELIGIÕES, 232

8.1 Contexto: pluralismo religioso 232
8.2 A história de fundo no ensino da Igreja. 235
    8.2.1 Primeira indagação. 235
    8.2.2 Segunda indagação 237
    8.2.3 Terceira indagação 239
    8.2.4 Freios. 241
8.3 Vislumbre de Deus a partir do diálogo 244
8.4 Diálogo de vida 247
8.5 Diálogo de ação. 248
8.6 Diálogo de troca teológica. 250
8.7 Diálogo de experiência religiosa. 256
8.8 Um Deus de abundância 262
    8.8.1 Jesus Cristo. 263
    8.8.2 Um plano multifacetado 267
8.9 A dignidade da diferença. 268
8.10 Leitura adicional 269

9 ESPÍRITO CRIADOR NO MUNDO EM EVOLUÇÃO, 271

9.1 O vivificador 271
9.2 O mundo natural. 274
    9.2.1 Maravilha 274
    9.2.2 Devastação. 277
9.3 Presença divina 280
    9.3.1 Presença contínua. 281
    9.3.2 O padrão cruciforme 283
    9.3.3 Permanecendo no modo da promessa 284
9.4 Agência divina. 286
    9.4.1 Acaso. 289
    9.4.2 Graça. 292
    9.4.3 Cruz. 293
9.5 Amar a Terra 294
9.6 Leitura adicional 296

10 TRINDADE: O DEUS VIVO DO AMOR, 300

10.1 O ponto. 300
10.2 História de uma ruptura 302
10.3 O ponto, de novo. 310
10.4 Enraizar na experiência da salvação. 311
10.5 Falar alusivamente 312
    10.5.1 Pessoa 313
    10.5.2 Números um e três 315
10.6 Expressar em conceitos de nossos dias 317
    10.6.1 A inflexão teológica 320
    10.6.2 A inflexão cristológica 322
    10.6.3 A inflexão pneumatológica 323
10.7 O ponto, mais uma vez. 328
10.8 Uma doutrina mais prática 328
10.9 Leitura adicional 331

Epílogo 335
Índice remissivo 339

Agradecimentos

Apresento os mais calorosos agradecimentos às seguintes pessoas e instituições, cujo apoio viabilizou e enriqueceu este livro:

- aos meus alunos de graduação e pós-graduação na Universidade Fordham, cujas perguntas e *insights* têm mantido este assunto vivo e crescendo em minha mente ao longo de muitos anos.

- à Universidade Fordham, pelo tempo concedido por uma licença para pesquisa e pelo incentivo contínuo que os líderes administrativos se esforçam para dar à pesquisa do corpo docente.

- às comunidades de estudiosos que me convidaram para apresentar este assunto em palestras públicas, em que as conversas que se seguiram abriram novas perspectivas: Universidade de San Diego, Universidade de Manitoba, Universidade da Pensilvânia, Universidade Drew, Canisius College, King's College, St. Joseph's College, Seminário Teológico de Princeton, Escola de Teologia St. Bernard em Rochester, Nova York; e especialmente a Escola de Teologia da Universidade do Sul, Sewanee, Tennessee, que publicou minhas Palestras DuBose de 2004 na *Sewanee Theological Review*.

- aos colegas que me forneceram materiais de pesquisa difíceis de encontrar: Mary Callaway, Christophe Chalamet, Ann Michaud, Carmen Nanko-Fernández, Patrick Ryan e Gloria Schaab.

- aos colegas que leram diferentes partes deste manuscrito e ofereceram sugestões críticas: María Pilar Aquino, M. Shawn Copeland, Charles E. Curran, Miguel Díaz, Nancy Hawkins, Michael Lee e especialmente Mary Catherine Hilkert, cujo olhar de águia requisitou maiores esclarecimentos e pegou vários *non sequiturs*, alguns deles hilários.

- à minha comunidade religiosa, as Irmãs de São José de Brentwood, Nova York, cujo 150º aniversário da chegada ao Brooklyn proporcionou a ocasião para uma consideração festiva das ideias deste livro; e à Federação Nacional das Irmãs de São José, pelo convite para envolver este livro em construção com um público nacional de religiosas.

- à minha família e aos meus amigos, cujos ouvidos estavam atentos a mais do que provavelmente gostariam de ouvir sobre Deus e cujo apoio significa o mundo todo para mim.

A dedicatória deste livro a Frank Oveis é um modo de prestar homenagem às suas décadas de trabalho incansável na formação de escritores e na supervisão de manuscritos impressos. No início de sua carreira, ele contribuiu para trazer traduções de teólogos europeus e estudiosos da Bíblia para o leitor de língua inglesa, trabalhando nos livros de Hans Urs von Balthasar, Bernard Häring, Hubert Jedin, Othmar Keel, Johannes Baptist Metz, Karl Rahner e Edward Schillebeeckx, entre outros. No curso de sua carreira, ele cuidou dos escritos de influentes pensadores norte-americanos como Carol Christ, Lawrence Cunningham, Christine Downing, Joseph Fitzmyer,

Langdon Gilkey, Bernard McGinn, Leo O'Donovan, Rosemary Radford Ruether, Elisabeth Schüssler Fiorenza, Francis Schüssler Fiorenza e David Tracy. Nos últimos anos, ele promoveu o crescimento de vozes teológicas originais nos Estados Unidos, editando novos livros de Katie Geneva Cannon, Martin Connell, Margaret Farley, Roger Haight, Jeannine Hill Fletcher, Bradford Hinze, James Keenan, Judith Kubicki, Paul Lakeland, Vincent Miller, Kevin Seasoltz e Terrence Tilley, entre outros. Frank Oveis é talvez o único editor a ter emplacado três livros vencedores no prestigiado Prêmio Grawemeyer de Religião. Uma recente tacada de sucesso foi a publicação póstuma, após uma década de negociação e supervisão, da tradução para o inglês da clássica obra de 850 páginas de Abraham Heschel, *Heavenly Torah: As refracted through the generations*, que está sendo recebida com entusiasmo tanto por estudiosos da área quanto pela comunidade judaica.

Tive a sorte de ter trabalhado com Frank Oveis como editor na maioria dos meus livros. Em grande parte não reconhecido, ele, como outros editores de obras teológicas, proporciona uma contribuição indispensável a todo o campo. Com esta dedicatória, apresento um sincero e simples "obrigada".

Agradecemos aos editores pela permissão para usar material publicado anteriormente nestas revistas:

Theology Today 54 (outubro de 1997): "Trinity: To let the symbol sing again", pp. 229-311.

Sewanee Theological Review 48, n. 3 (Pentecosts 2005):
"Frontiers of the quest for the living God", pp. 273-286.
"The living God in women's voices", pp. 287-300.
"The living God in cosmic perspective", pp. 301-315.

Prefácio
Um Deus declinado em múltiplas linguagens

Maria Clara Lucchetti Bingemer

A teóloga estadunidense Elizabeth Johnson dispensa apresentações. É seguramente uma das mais importantes não apenas da América ou do hemisfério norte, mas do mundo. Sólida, ousada e inovadora, "Beth", como é carinhosamente chamada por colegas e amigos, domina profundamente a tradição que aprendeu e que ensina há décadas a gerações de estudantes. Mas além disso, ousa caminhar e orientar outros e outras por caminhos inovadores. E isso faz com que sua teologia seja respeitada por seus colegas da academia e acolhida entusiasticamente pelas novas gerações de estudantes que veem em seu discurso um futuro desafiador e fascinante para a teologia que estudam e pretendem um dia ensinar e refletir.

Como sempre acontece com teólogos que são profetas e doutores simultaneamente, que unem o sólido saber e a sã doutrina com a sabedoria que depende do Espírito que é vento livre e que sopra onde quer, nossa teóloga já viveu algumas situações problemáticas. O livro que agora temos em mãos foi objeto de uma delas. A comissão de doutrina dos bispos dos Estados Unidos – a mais numerosa do mundo – fez sérias objeções ao livro de Johnson, publicado em 2007.

Sendo muito querida nos meios teológicos acadêmicos e pastorais de seu país, apresentando em seu currículo uma docência longa e fecunda na Universidade jesuíta Fordham, em Nova York, e, sobretudo, tendo sido toda a sua vida membro da congregação religiosa católica Irmãs de São José, era difícil acreditar que "Beth" fosse uma herege e litigasse com a fé católica que sempre foi a sua em um livro que tinha como tema o Deus vivo de sua fé.

O conflito durou algum tempo. A autora escreveu uma longa e consistente defesa de seu escrito, assim como também foi veemente e calorosamente defendida por seus pares e editores. Como afirmou seu editor, a proposta do livro de Johnson não era a crença em um novo Deus que superasse o antigo da tradição, mas sim constatar que, encontrando-se em situações inéditas e diante de desafios novos, a fé católica e, portanto, a teologia – inteligência da fé – se veem impulsionadas e mesmo urgidas a buscar a presença de Deus nessas novas situações e a linguagem que possa dizê-la adequadamente.

A obra que agora felizmente temos traduzida no Brasil não é estritamente acadêmica, embora tenha intimidade e domínio dos rigores e das exigências da academia. Apesar de apresentar metodologia e discurso organizados e coerentes, seguindo as normas da escrita acadêmica, o estilo de Johnson é espiritual e atraente, captando a atenção e o interesse de um público maior do que o estritamente acadêmico. Assim, os editores viram nele um potencial novo para envolver os estudantes e outras pessoas sedentas por uma espiritualidade robusta e uma teológica católica com substância. Prova disso foi a excelente recepção da obra, especialmente entre os professores de teologia católicos, que logo o incluíriam em seus programas de ensino.

Apesar da crítica forte que recebeu dos bispos, o livro foi defendido e aprovado em muitíssimas outras instâncias, tais como a Sociedade Teológica Católica da América, da qual Elizabeth Johnson foi presidente. O corpo docente de sua instituição de ensino, a Universidade Fordham, também a apoiou. E o fato é que o livro continuou sua trajetória, sendo muito lido, traduzido e apreciado em vários idiomas.

Parece-nos que seu principal mérito é detectar, expor e analisar com clareza e profundidade como os novos caminhos que vai tomando a experiência religiosa e o discurso da fé no mundo ao mesmo tempo secularizado, diverso e plural em que vivemos implicam igualmente encontrar uma nova imagem e uma nova linguagem sobre Deus.

No início, Elizabeth deixa claro sua matriz teológica, que marca e configura seu trabalho. Trata-se do pensamento de Karl Rahner, o maior teólogo católico do século XX, que revolucionou a teologia trinitária com seu axioma que diz que a Trindade econômica (Deus no meio de nós) é a Trindade imanente (Deus em si mesmo). Assim, o percurso do livro será um percurso feito pela autora no encalço desta revelação econômica de Deus, buscando onde estão os novos *locus theologicus* em que o Deus vivo da tradição cristã se manifesta hoje.

Do mestre Karl Rahner resgata a centralidade do antropológico para dizer o teológico. Só sabemos de Deus porque o ser humano – um ouvinte da Palavra – escutou sua Palavra e a ela respondeu e aderiu na fé. Dos irmãos de outras denominações, como Jürgen Moltmann, traz o desafio da teodiceia para falar de Deus. Desafio esse que foi proclamado igualmente por pensadores de fora do Cristianismo, como o judeu Hans Jonas na obra *O conceito de Deus após*

Auschwitz. Afirmar, portanto, que Deus se revela no humano significa não perder de vista a vulnerabilidade e fragilidade desse humano e perceber que ali o Deus onipotente dos predicados gregos fala ainda com mais potência a partir da cruz de seu Filho Jesus Cristo.

Dois discursos modernos e contemporâneos sobre Deus são apresentados em seguida. Um deles é o do Deus dos pobres, que a teologia da libertação, nascida entre nós na América Latina, universalizou e divulgou no mundo todo. O outro é o Deus da teologia feminista, que traz a questão das mulheres sobre qual seu lugar de fala no falar sobre um Deus que sempre foi dito com atributos e nomes masculinos. Johson é uma teóloga feminista e sua experiência e seu saber nesse campo fazem deste um dos mais importantes capítulos do livro, que seguramente inspirará muitas outras mulheres a desenvolverem reflexões fecundas sobre o Deus no qual creem.

Os desafios de outras raças e culturas – sobretudo e especialmente a africana – tão presentes e de tão grande importância no país onde vive a teóloga se fazem igualmente presentes. A teologia negra de James Cone é justamente homenageada, assim como a de mulheres que entrelaçaram a questão feminista com a questão racista e criaram novas escolas teológicas. E a partir da mediação da cultura, é enfatizada a importância da cultura popular, onde a *"fiesta"* é um elemento-chave para ouvir a Palavra de Deus e inventar novos modos e vocabulários para louvá-lo e celebrá-lo.

Porém, é fato de imensa importância e como tal reconhecido por Johnson que não apenas da adoração e do louvor dos cristãos vive o Deus da vida. Há outras religiões que o nomeiam e invocam de diversas e diferentes formas, com inúmeros nomes e vocativos, tecendo um bordado multicor e belo onde a experiência do divino não permanece restrita apenas a uma instituição ou tradição, mas se enriquece na escuta e no diálogo com outras tradições e aprendendo novas declinações para dizer sua fé.

O penúltimo capítulo versa sobre o Espírito Santo, que a autora chama de Espírito Criador de vida. Nele aparece e é refletida a questão da Terra, do mundo, da natureza, enfim, o que hoje chamamos ecoteologia e que já era um tema forte de interrogação e desafio para a teologia, ainda alguns anos antes da *Laudato Si'* do Papa Francisco de 2015. O potente e belo texto de Johnson ao encerrar esse capítulo abre de par em par as portas para o capítulo final, que é então trinitário.

Tendo como pano de fundo o axioma rahneriano que evocou ao princípio da obra, Johnson elabora as afirmações de fé do credo cristão em um Deus que é Pai, Filho e Espírito Santo com a preocupação de sentir como ressoam hoje e aonde levam. Trata-se, como dirá ela mesma, de uma doutrina prática, que não está preocupada apenas, nem principalmente, com a correta definição de teorias e formulações, mas com a prática do amor e com a elaboração do discurso que essa prática gera. Esse é o caminho para o encontro com o Deus vivo que o Novo Testamento define como Amor em si mesmo e para nós.

Que os leitores brasileiros – crentes ou não, estudantes ou professores de teologia, agentes de pastoral ou pessoas que procuram crescer na intimidade com Deus – possam encontrar neste belo e importante livro alimento substancial para seu desejo e sua busca, assim como luz para seu caminho.

Como diz o Papa Francisco, a teologia deve ser capaz de interpretar as Escrituras para o mundo de hoje. "Uma Igreja sinodal, missionária e 'em saída' só pode corresponder a uma teologia 'em saída'" que possa "interpretar profeticamente o presente" prevendo "novos itinerários para o futuro, à luz da Revelação", diz ele na Carta Apostólica sob a forma de Motu Proprio *Ad theologiam promovendam*, datada de 1º de novembro de 2023. O presente livro é uma feliz realização desse desejo do Pontífice.

Introdução

Desde meados do século XX, tem ocorrido um florescente renascimento de novas compreensões sobre Deus. Em todo o mundo, diferentes grupos de cristãos, pressionados por circunstâncias históricas específicas, têm obtido vislumbres do Deus vivo de formas novas e inesperadas. Tais percepções são tão convincentes que, em vez de serem entesouradas pelas comunidades locais que primeiro as compreenderam, são oferecidas como uma dádiva e um desafio à Igreja mundial. Vivemos numa era dourada de descobertas, a ponto de se tornar habitual os teólogos dizerem que estamos testemunhando nada menos do que uma "revolução" na teologia de Deus.

Não é o caso de se descobrir um Deus totalmente diferente daquele em que as gerações anteriores acreditaram. Os cristãos de hoje não professam a fé num Deus novo, mas, encontrando-se em situações estranhas, procuram a presença ativa do Espírito divino precisamente ali, no meio deles. Aspectos há muito esquecidos são trazidos para uma nova relação com os acontecimentos atuais, com o resultado de que as profundezas da compaixão divina são apreciadas de formas nunca antes imaginadas. "Tarde te amei, ó Beleza tão antiga e tão nova", exclamou o bispo norte-africano Agostinho no século V. Desde meados do século XX, pessoas de fé ativamente envolvidas em diferentes situações têm procurado, encontrado e expressado essa antiga Beleza em termos sempre novos. As ideias emergentes sobre quem é Deus, como Deus age no mundo e o que significa dizer "Creio em um só Deus..." desbravaram o que equivale a fronteiras genuínas para a fé e a ação.

Este livro expõe o fruto de algumas dessas descobertas. Escrito tendo em vista um público amplo, seu objetivo é esclarecer as mentes daqueles que buscam compreensão sobre assuntos espirituais; encorajar os que duvidam a manter a fé em meio aos seus questionamentos; oferecer apoio ativo a quem trabalha pelo bem dos outros; e fornecer àqueles que ensinam ou pregam na igreja material para reflexão de modo que possam usá-lo para nutrir outros. Há um grande apetite por uma fé madura em muitas pessoas hoje. Mulheres e homens anseiam por um relacionamento com o Deus vivo proporcional às suas aspirações, competências e lutas nos nossos tempos difíceis. Conceitos obsoletos, ingênuos e desgastados de Deus não satisfazem mais. No entanto, as novas compreensões emergentes em vários contextos em todo o mundo e articuladas na teologia vêm apresentando um rico conteúdo.

É importante ressaltar que a teologia que este livro traça geralmente não começa como um exercício acadêmico ou intelectual, mas surge de compromissos práticos. Em diferentes continentes, grupos de adeptos cristãos tornam-se ativamente envolvidos em questões que afetam o bem-estar das pessoas e do mundo natural. Eles não estão necessariamente pensando diretamente em Deus, mas no meio de seu envolvimento com o mundo – com o canto do olho, por assim dizer – vislumbram algo da verdade do Deus vivo que os surpreende e sustenta. Com o tempo, refletem sobre sua experiência, articulando o que perceberam. Os teólogos que fazem parte dessas comunidades enquadram então essas percepções em novos padrões de pensamento que procuram compreender algo do Mistério divino que é encontrado dessa forma. Cada uma dessas interpretações verbais da fé, por sua vez, abre um caminho concreto de discipulado que se alarga para convidar e desafiar toda a Igreja, para além do grupo de origem.

O processo se desenvolve desde a experiência religiosa no seio de uma comunidade ativa num contexto particular até a reflexão teológica popular e criticamente treinada, até a ação prática contínua que surge dos compromissos espiritual e moral. A nova compreensão se desenvolve, em suma, primeiro no coração, depois na cabeça e daí para as mãos.

Lendo nas entrelinhas, pode-se ver que, ao mapear novos vislumbres de Deus, este livro também trata do trabalho da teologia. Atravessando bons e maus momentos; bênçãos e escândalos; em meio à política dentro e fora da Igreja; silenciamento, perseguição e sofrimento, até mesmo assassinato de colegas, os teólogos continuaram ativamente a praticar seu ofício, que, por definição, é falar sobre Deus (do grego *theos*, que significa Deus, e *logos*, que significa palavra ou discurso racional). Eles exercem seu ofício organizando raciocínios, expondo argumentos, apresentando um caso da mesma forma que faria um advogado de defesa, buscando apresentar um cenário inteligível e convincente. Ao ouvir a experiência de pessoas em situações específicas, lendo as Escrituras, consultando a tradição e recorrendo às humanidades, às ciências e às ciências sociais, os teólogos têm trabalhado criativamente para preparar tais resumos nos nossos dias. Isso não quer dizer que o objetivo seja apenas acompanhar os tempos. Sendo o mundo pecaminoso, mas também cheio de bênçãos, a sociedade, como na verdade a própria Igreja, necessita de crítica e transformação. Houve momentos no passado em que a teologia se isolou de questões prementes, deixando de confiar que a substância da fé cristã estava à altura do confronto com novas ideias. Essa falta de coragem não aflige a teologia de hoje, que busca uma compreensão de Deus ao mesmo tempo contemporânea da cultura e resistente aos seus erros.

Este livro compartilha os frutos de muitos desses trabalhos teológicos realizados em diferentes lugares em meio à brutalidade indescritível, à perplexidade e às conquistas abençoadas da história recente. O primeiro capítulo fornece um breve histórico e estabelece as regras de engajamento para a jornada. Cada capítulo seguinte apresenta uma ideia distinta de Deus. Para esclarecer o seu significado, cada capítulo descreve o contexto em que ela surgiu, o raciocínio que a explora e explica, e o desafio à vida espiritual e prática que ela acarreta. Em destaque estão teologias transcendentais, políticas, da libertação, feministas, negras, hispânicas, inter-religiosas e ecológicas, terminando com a crença cristã particular no Deus uno como trino. Às vezes, o foco está no trabalho de determinados teólogos; outras vezes, toda uma escola de pensamento defende a ideia. No fim de cada capítulo, recomendações para leituras adicionais indicarão ao leitor interessado fontes mais amplas e profundas.

Essa não é uma tela abrangente. Pencas de livros foram escritos sobre o assunto de cada capítulo, incluindo análises fundamentais do método, conexões com outros ensinamentos sobre Jesus, o pecado e a graça, a Igreja, e avaliações críticas internas e externas que refinam a abordagem central de uma teologia específica. A escolha feita aqui, no entanto, é manter um raio laser direcionado simplesmente para a ideia de Deus, destilando essa ideia das discussões que a cercam, a fim de apresentar esse conceito central à medida que ele se desenvolve na tradição viva de hoje.

Uma observação sobre a expressão "Deus vivo" usada no título. Essa forma de falar permeia a Bíblia do início ao fim para identificar a Fonte da vida como dinâmica, abundante e cheia de surpresas. Quando fez a aliança, o povo de Israel "ouviu a voz do Deus vivo" falando do fogo no Sinai (Dt 5,26) e soube que "o Deus vivo está em vosso meio" ao cruzarem para a terra prometida (Js 3,10). Quando Daniel foi salvo da cova dos leões, um rei estrangeiro reconheceu que o Deus de Israel é "o Deus vivo que permanece para sempre" (Dn 6,27). Também os cristãos, agora incluídos na antiga promessa, entendem que são "filhos do Deus vivo" (Rm 9,26) graças ao judeu marginal Jesus Cristo, "o Filho do Deus vivo" (Mt 16,16).

Vivo significa o oposto de morto. Um poço que vive nunca seca, mas tem água que sempre brota e corre; sua água é fresca, viva, fluente. "Minha alma tem sede de Deus, do Deus vivo" (Sl 42,2), reza o salmista, fazendo essa conexão. Tal como usada neste livro, essa denominação evoca um sentido do Deus que é cheio de energia e espírito, vivo com desígnios de libertação e cura, sempre vindo do futuro para fazer algo novo. Além disso, o termo "Deus vivo" evoca a compreensão de que há sempre mais no Mistério divino do que os seres humanos podem compreender. Prepara quem o utiliza para o assombro.

Certo dia, quando os apóstolos Paulo e Barnabé pregavam em Listra, viram um homem aleijado de nascença e o curaram. Os populares, sabendo que o homem nunca tinha andado antes, pensaram que os recém-chegados eram deuses do céu. Cheios de entusiasmo, eles e seu sacerdote trouxeram guirlandas e bois para sacrificar diante dos dois. Aflitos, os apóstolos avançaram no meio da multidão e gritaram:

> Homens, o que é que estais fazendo? Nós somos homens iguais a vós e vos anunciamos a boa-nova para que

abandoneis estes falsos deuses, convertendo-vos para o Deus vivo, que fez o céu, a terra, o mar e tudo que neles existe (At 14,15).

Significando o Criador, Salvador e *Amante* de todo o mundo, de todo o cosmos, bem como de todos os seres humanos, a frase "o Deus vivo" suscita uma sensação de inefável mistério divino em movimento na história, evocando nossos próprios esforços em parceria, ao mesmo tempo que alimentamos uma relação amorosa no centro do nosso ser: "Meu coração e minha carne vibram de alegria pelo Deus vivo" (Sl 84,3).

Quando os cartógrafos medievais chegavam ao limite do que sabiam do mundo conhecido, muitas vezes escreviam no espaço vazio: "Aqui estão dragões". Há algo de assustador em avançar para o desconhecido, que pode nos prejudicar ou devorar. Os leitores são convidados a testar onde podem estar os limites de suas próprias ideias sobre Deus e, guiados pelas diferentes teologias aqui apresentadas, a arriscar uma viagem através do território do dragão para novos lugares já descobertos como vivificantes e verdadeiros por outros na Igreja. O resultado pode ser uma riqueza de fé que se apega ao Deus vivo mesmo nas trevas e se manifesta num cuidado apaixonado e responsável por este mundo bom, mas terrivelmente fragmentado.

1
História antiga, novo capítulo

1.1 Do começo

A proliferação de *insights* sobre Deus nos nossos dias é um novo capítulo numa imensa história cujo início se perde nas brumas do tempo. Desde o início da trajetória humana, quando a autoconsciência surgiu pela primeira vez neste planeta, os membros da espécie *homo* parecem ter vivido com a sensação de estarem rodeados por um poder numinoso. Sentiam que o padrão das suas vidas era moldado por forças invisíveis que permeavam o mundo com propósitos que não podiam controlar, mas com os quais podiam estar em sintonia. Faziam isso por meio de histórias, símbolos e rituais posteriormente chamados pelo termo genérico "religião". A forma como algumas sociedades pré-históricas enterravam os seus mortos com tanto cuidado é uma indicação dessa perspectiva. Untavam o cadáver com ocre para representar o sangue, a pulsação da vida. Em preparação para o novo nascimento, flexionavam o corpo em posição fetal e colocavam artefatos na sepultura para uso futuro. Tal evidência de crença em poderes que poderiam fazer da morte uma porta de entrada para a vida vindoura leva os estudiosos a sugerirem que o sentido do sagrado constituía uma parte disseminada nas primeiras sociedades humanas. Falando de crenças e rituais que permitiram aos grupos darem sentido à vida à luz da presença divina, John Esposito sugere que "o registro da vida humana indica que, em todas as sociedades ao longo dos últimos 100 mil anos, uma complexidade progressiva no domínio das ferramentas foi acompanhada pelo desenvolvimento da habilidade linguística e pela presença inconfundível da religião". Em suma, a religião surgiu com as ferramentas e o fogo.

Com a transição das sociedades de simples subsistência, de caçadores-coletores, para aldeias assentadas e depois para grandes cidades-Estado urbanas, o que começou por volta de 3000 a.C., a consciência básica da presença do sagrado tornou-se organizada em todo tipo de atividades religiosas estruturadas. Configurações particulares de histórias e canções, símbolos e rituais, tempos dedicados à veneração e espaços sagrados, práticas éticas e hierarquias sacerdotais e videntes carismáticos orquestraram a relação dos povos com a presença divina em diferentes ambientes culturais. Nos nossos dias, o estudo acadêmico dessa colorida e complexa história das religiões traça as mudanças ocorridas ao longo de milênios nas grandes e pequenas religiões, altamente organizadas ou indígenas, atualmente praticadas ou extintas.

Mesmo um olhar superficial sobre essa história revela que se trata de um fenômeno vigorosamente dinâmico, com elementos emocionais, intelectuais e institucionais. Ao tentar compreendê-lo e identificar o que distingue a religião de outras atividades humanas, os estudiosos observam que a divindade ou divindades de um grupo, independentemente de seu nome ou representação, em geral simbolizam uma realidade maior do que os fragmentos da vida mundana cotidiana, uma totalidade maior do que as próprias pessoas, uma totalidade além do que os sentidos podem compreender, um horizonte que abrange tudo.

A presença dessa grande e poderosa totalidade tem o caráter de algo numinoso, isto é, intangível, mas real, como a luz que brilha em uma nuvem. Os seres humanos têm percebido essa presença sagrada revelando-se das mais diversas formas: na natureza; em eventos históricos; na arte, música e dança; na tranquilidade interior e na cura exterior; em toda a gama de experiências humanas, boas e más, particularmente amor e perda. Sentiram isso quando encontraram limites, o estranho, o surpreendente, uma plenitude ou vazio incomuns de vida, e procuraram a união por uma vasta variedade de práticas.

No início do século XX, Rudolf Otto lançou um estudo clássico sobre como os seres humanos vivenciam essa presença numinosa no cerne da religião. Chamando essa presença de "o Sagrado", ele destacou três elementos sobrepostos que caracterizam o encontro humano com ela. Experimentamos o Sagrado, escreveu ele, como um *mysterium tremendum et fascinans*, isto é, um *mistério* ao mesmo tempo *formidável* e *fascinante*.

- *Mysterium* se refere ao caráter oculto do Sagrado, além da imaginação, não apenas pelos nossos limites intelectuais, mas pela própria natureza do assunto. Longe de ser uma experiência pessimista, porém, o encontro com o Sagrado como mistério está ligado à promessa de plenitude: existe mais plenitude do que podemos compreender.

- *Tremendum* denota o caráter impressionante desse mistério na medida em que está além do nosso controle. Não podemos domesticar o poder do Sagrado. Isso dá origem a um sentimento de reverência semelhante ao medo, um pavor terrível: somos tão pequenos diante dessa majestade.

- *Fascinans* expressa o caráter atraente desse mistério na medida em que é esmagadoramente gracioso. Experimentado como amor, misericórdia e consolo, o Sagrado nos torna felizes. As pessoas têm fome e um imenso desejo por essa bondade, que dá ao Sagrado o poder de fascinar, seduzir e atrair o nosso coração.

Os indivíduos que pertencem a uma religião são iniciados numa tradição viva particular de encontro com o Sagrado. Ao longo dos séculos, incontáveis antepassados, tendo experimentado esse mistério formidável e fascinante na sua própria vida, traduziram sua experiência em textos, rituais e práticas específicos que capturaram o que eles sentiam e sabiam ser verdadeiro. Ao se envolverem na vida da comunidade, os crentes descobrem o sentido do Sagrado transmitido pelos seus antepassados. Por sua vez, a sua própria procura, descoberta e "prática" desse mistério avassalador e impressionante nas tensões de sua época mantém o processo em andamento para as gerações futuras.

Tomado como um todo, o fenômeno em mudança das religiões do mundo apresenta o caráter de uma enorme busca, uma busca contínua pelo que é máximo e completo. As críticas levantadas contra a religião pelo ateísmo moderno, começando no século XIX e continuando até hoje, deram origem à ideia de que essa busca do Deus vivo estava terminada, que a marcha do progresso técnico logo faria a religião definhar naqueles postos avançados ingênuos onde continuava a se agarrar à vida. Mas a história atual indica que a morte de Deus foi grandemente exagerada.

A religião não é um bem puro. Com demasiada frequência, grupos cederam à tentação de transformar a sua divindade num deus da sua tribo, hostil aos estrangeiros. Isso instigou episódios horríveis de violência. O filósofo religioso Martin Buber escreveu sarcasticamente que a palavra "Deus" está coberta de sangue e deveria ser retirada do nosso vocabulário, pelo menos até que se recupere de tal uso indevido. Essa herança ambígua precisa ser constantemente lembrada como um corretivo crítico para qualquer toque presunçoso e triunfal da trombeta religiosa.

Ao mesmo tempo, a vitalidade inesperada da religião no século XXI, para o bem e para o mal, juntamente com o surgimento de novas formas de espiritualidade fora da religião organizada, mostram que a ligação com o Sagrado ainda é importante para um grande número de pessoas. A busca do Deus vivo foi e continua a ser uma atividade perene do espírito humano.

1.2 Povos do Livro

Poderíamos pensar que essa busca contínua terminaria nas religiões cujas origens explicitamente remontam à revelação divina, a saber, o judaísmo, o cristianismo e o islamismo. Tais tradições de fé se baseiam na ideia de que a autorrevelação de Deus ocorreu em eventos e palavras históricas e é preservada nos seus livros sagrados: a Bíblia Hebraica, o Novo Testamento e o Alcorão. Mas mesmo nessas religiões monoteístas, que poderiam concebivelmente se estabelecer com a certeza de que possuem um conhecimento definitivo do Sagrado, persiste uma procura ativa de uma compreensão mais profunda, de uma união mais estreita, de uma maior fruição. Considere estes textos-chave.

Na Bíblia Hebraica, o tema da busca por Deus com todo o coração permeia os livros sagrados, desde Moisés, passando pelos profetas e salmistas, até Jó e os escritores sapienciais. Apesar da aliança de Deus com o povo, ou melhor, por causa dela, a busca nunca cessa:

> Ó Deus, tu és meu Deus; a ti procuro,
> minha alma tem sede de ti;
> todo o meu ser anseia por ti,
> como a terra ressequida, esgotada, sem água (Sl 63,1).

A busca por Deus continua em resposta ao que os seres humanos sentem ser um chamado divino para fazê-lo:

> Meus olhos te procuram;
> eu busco tua presença, Senhor.
> Não ocultes de mim tua face (Sl 27,8-9).

Felizmente, a ordem de procurar é acompanhada pela promessa de encontrar com alegria. Prevendo problemas à frente, Moisés diz ao povo que se desviará:

> Então buscareis o Senhor vosso Deus e o achareis, se o procurardes com todo o coração e com toda a alma (Dt 4,29).

Mais tarde, tendo em vista o desastre do exílio na Babilônia, o profeta Jeremias proclama esperança em nome de Deus:

> Vós me invocareis, vireis e orareis a mim e eu vos escutarei. Vós me buscareis e me encontrareis porque me procurareis de todo o coração (Jr 29,12-13).

Típico do relacionamento judaico com o divino, há intensa mutualidade na busca, cada lado buscando o outro. Embora prometa que "os que procuram por mim vão encontrar-me" (Pr 8,17), a Sabedoria, uma personificação feminina do Deus de Israel, caminha pelo mercado em busca daqueles que ouvirão seus altos gritos de instrução; ela envia suas servas para convidar a todos para um banquete à sua mesa e para andarem no caminho da perspicácia

(Pv 9,3-6). Quanto àqueles que não ouvem e se desviam, o Deus de Israel os procura como um pastor que vai atrás de uma ovelha perdida (Ez 34,11-16). Longe de ser uma condição estática que aborrece o espírito, esse padrão de crença religiosa oferece um quê de aventura. A relação de aliança com Deus abre-se a descobertas sempre novas, em sintonia com as circunstâncias mutáveis da vida.

Esse mesmo dinamismo da fé judaica flui para as Escrituras cristãs, onde temas de busca e descoberta – ou, lamentavelmente, não descoberta – permeiam os evangelhos. Em termos explícitos, Jesus ensina seus discípulos a buscarem a Deus, expresso na circunlocução "Buscai, pois, em primeiro lugar o reino de Deus", mesmo em meio à ansiedade por comida ou roupa (Mt 6,33). Com esse conselho, vem uma promessa de descoberta:

> Pedi e vos será dado; buscai e achareis; batei e vos abrirão. Pois quem pede, recebe; quem procura, acha; e a quem bate, se abre (Mt 7,7-8).

Essa busca humana por Deus é comparável à busca divina pelos que estão perdidos. As parábolas de Jesus retratam Deus, o Redentor, procurando como uma mulher sua preciosa moeda ou como um pastor que vai atrás da sua ovelha desgarrada (Lc 15,3-10). Um dos grandes textos resumidos sobre esse assunto aparece no fim do encontro de Jesus com o baixinho, rico e trapaceiro Zaqueu. O coração desse cobrador de impostos mudou tanto que ele se sente levado a dar metade da sua riqueza aos pobres e a retribuir quatro vezes mais aqueles que havia fraudado. Regozijando-se porque a salvação veio a essa casa, Jesus declara: "Pois o Filho do homem veio procurar e salvar o que estava perdido" (Lc 19,10).

O tema da busca e da descoberta aparece novamente no Alcorão, onde é mais frequentemente associado ao desejo de contemplar a

Face de Alá, sendo a face um símbolo da presença e da autorrevelação de Deus. "Aonde quer que vos dirijais, notareis a Face de Alá" (Sūra 2,115). Os muçulmanos devotos podem encontrar um vislumbre dessa face em cada rosto humano, bem como em todo o funcionamento do mundo natural. É especialmente pela oração diária que todo muçulmano sincero procura encontrar a presença divina. Isso se torna evidente na história sobre a repreensão de Deus a Maomé. Parece que o Profeta emitiu uma diretriz aos seus seguidores, em sua maioria escravos piedosos e pessoas pobres, para que desaparecessem quando homens ricos e poderosos se aproximassem. Seu propósito óbvio era tornar o contato com ele fácil e agradável para essas pessoas da elite, pois se elas se convertessem, influenciariam muitas outras. Mas essa não era a maneira de Alá, que repreendeu Maomé e afirmou a busca religiosa dos pobres: "Sê paciente com aqueles que invocam o seu Senhor de manhã e à noite, desejando a Sua Face" (Sūra 18,28-29). A aspiração de alcançar o reino da presença divina caracteriza de forma particular os adeptos do Sufismo, o nome geralmente aceito para o misticismo islâmico. Mas todos os verdadeiros muçulmanos se envolvem numa busca ao longo da vida, como fez Maomé, "buscando apenas a Face do seu Senhor, o Altíssimo" (Sūra 92,20).

As religiões monoteístas não extinguem a busca histórica do espírito humano do Deus vivo. Em vez disso, elas a encorajam. Como Agostinho descreveu a dinâmica: "Deus é procurado para ser encontrado com mais doçura, e encontrado para ser procurado com mais avidez" (*De Trinitate* 15.2).

1.3 Por que buscar?

O processo sem fim dessa busca milenar do Deus vivo está enraizado em três fatores.

- Primeiro, a própria natureza daquilo que se procura é incompreensível, insondável, ilimitada, inefável, indescritível. O Deus vivo literalmente não pode ser comparado com nada no mundo. Fazer isso seria reduzir a realidade divina a um ídolo. Essa magnitude divina significa que não importa o quanto saibamos, a mente humana nunca poderá capturar a totalidade do Deus vivo numa rede de conceitos, imagens ou definições, ou pontificar sobre a realidade de Deus mesmo nas doutrinas mais exaltadas. Uma espécie de paradoxo zen pregado por Agostinho preserva essa sabedoria de forma sucinta: "Se você entendeu, não é Deus" (Sermão 117.5). Se você descobriu completamente quem é Deus, então você está lidando com outra coisa, alguma realidade menor. É uma questão da vivência de Deus, que não é apenas um objeto maior e melhor no mundo, mas indizivelmente Outro.
- Segundo, a busca continua porque o coração humano é insaciável. Uma experiência universal de imenso anelo impulsiona a aventura humana em todos os campos. Quando se trata de questões religiosas, como testemunharam os que buscaram a Deus em todas as épocas, o espírito humano não pode descansar em nenhum encontro, mas, intrigado pelo vislumbre já obtido, continua a desejar mais. Os seres humanos prosseguem sua jornada pela beleza e alegria, por meio do dever e do compromisso, do silêncio angustiante e da dor, em direção a um significado maior e a uma união mais profunda com o Deus inefável, até o seu último suspiro.
- O terceiro fator na busca contínua é a mudança na história das culturas humanas. A experiência de Deus é sempre mediada,

isto é, disponibilizada concretamente por canais específicos na história. Quando as circunstâncias se alteram, a experiência do divino sofre uma mudança. Imagens, construções intelectuais e rituais que mediaram um sentido de Deus numa época muitas vezes não fazem sentido na seguinte, com a sua mudança de percepções, valores e estilos de vida. A busca deve ser empreendida de novo para que as tradições religiosas permaneçam vibrantes e vivas.

A combinação dos três fatores leva a uma conclusão interessante: a profunda incompreensibilidade de Deus, juntamente com a sede do coração humano em mudar as culturas históricas, na verdade *exige* que haja uma história contínua da busca do Deus vivo que nunca poderá ser concluída. Historicamente, novas tentativas de articulação são esperadas e até bem-vindas. Uma era sem tais fronteiras começa a ficar seca, empoeirada e estática. A tese deste livro é que o cristianismo hoje está vivendo um novo e vibrante capítulo dessa busca. As pessoas estão descobrindo Deus novamente, não no sentido de deduzir noções abstratas, mas no sentido de encontrarem a presença e a ausência divina nas suas experiências cotidianas de luta e esperança, tanto ordinárias como extraordinárias. Novas ideias sobre Deus surgiram, por exemplo, do esforço para lutar contra a escuridão do Holocausto; da luta das pessoas pobres e perseguidas pela justiça social; da luta das mulheres pela igualdade de dignidade humana; do encontro do cristianismo com a bondade e a verdade nas tradições religiosas do mundo; e dos esforços dos biofílicos para proteger, restaurar e nutrir a vida ecológica do planeta Terra. Nenhuma época está isenta da presença divina, mas esse florescimento de discernimento parece ser uma graça forte para o nosso tempo.

1.4 Ponto de partida: teísmo moderno

Existe um território estabelecido de onde parte a busca do Deus vivo em nossos dias. Herdada de séculos recentes, essa visão prevê Deus no modelo de um monarca no topo da pirâmide do ser. Sem considerar Cristo ou o Espírito, centra-se naquilo que a teologia trinitária chamaria de "primeira pessoa", um indivíduo único e poderoso que habita nas alturas, governando o cosmos e julgando a conduta humana. Mesmo quando esse Ser Supremo é retratado com uma atitude benevolente, o que o melhor da teologia faz, "Ele", pois é sempre o homem dominante que defende essa ideia, é essencialmente remoto. Às vezes, ele intervém para afetar as leis da natureza e fazer milagres, outras vezes não. Embora ame o mundo, ele não se contamina com sua bagunça. E esse distante e senhorial legislador está sempre no topo do poder hierárquico, reforçando estruturas de autoridade na sociedade, na Igreja e na família.

Sem estereótipos excessivos, é justo dizer que essa é a imagem que prevalece no discurso público comum e nos meios de comunicação social na cultura ocidental. Isso fornece o contraponto ao ateísmo moderno, que nega a existência de tal Ser Supremo. Numa resenha do livro de Richard Dawkins, *Deus, um delírio* (2006), que expõe a defesa do ateísmo baseado no materialismo científico, o crítico Terry Eagleton observou com perspicácia que um dos principais problemas da tese de Dawkins é que ele imagina Deus "se não exatamente com uma barba branca, pelo menos como uma espécie de *sujeito*, por mais superdimensionado que seja". Na verdade, Dawkins não criou essa visão do nada. Essa ideia superficial é tida como certa também por muitos crentes, que veem Deus como um indivíduo particular no todo da realidade, mesmo que seja o mais elevado e poderoso. Que esse velho homem invisível, muito poderoso e grandioso no céu possa não ser de fato Deus nunca é considerado seriamente.

A história da teologia deixa claro que essa construção tal como a conhecemos hoje surgiu na época do movimento europeu dos séculos XVII e XVIII conhecido como Iluminismo. Esse movimento rejeitou a autoridade dogmática da religião e da tradição em favor de investigações "esclarecidas" da razão humana para descobrir como o mundo funciona. Em resposta, os teólogos cristãos da época também usaram argumentos racionais para defender a existência de Deus. Antes dessa época, os teólogos extraíam a ideia de Deus das Escrituras, do culto sacramental e da tradição teológica, usando a filosofia para interpretar e esclarecer certos pontos. Isso os manteve concentrados na encarnação divina em Jesus Cristo e no dom da graça interior do Espírito como componentes essenciais da ideia cristã de Deus, que é trinitária.

Naquele momento, porém, para contrariar as críticas do Iluminismo, mudaram para o mesmo campo de jogo que o seu adversário. Deixando para trás as fontes cristãs e adotando métodos filosóficos de pensamento que buscavam o conhecimento objetivo sobre o universo numa base racional, eles se propuseram a moldar "ideias claras e distintas" sobre o divino. Começando pelo mundo natural, raciocinaram sobre a existência de Deus usando um processo de inferência, construindo assim uma teologia em que Deus aparece como o componente mais elevado de um sistema intelectual. Isso praticamente garantiu que, embora Deus seja um indivíduo poderoso acima de outros poderes no mundo, ele permanece um membro da família maior da realidade. Seus atributos são deduzidos por um processo de raciocínio que contrasta o que é infinito com as limitações do finito.

Assim, Deus é imutável (apenas as criaturas mudam), incorpóreo (os corpos são o local da mudança), impassível (apenas as criaturas sofrem), onipotente, onisciente, onipresente, em contraste com as criaturas que são limitadas em poder, conhecimento e presença.

A construção resultante é conhecida hoje pelo termo abreviado "teísmo moderno". Que, de forma interessante, compromete tanto a transcendência como a imanência de Deus tal como foram aperfeiçoadas na teologia cristã clássica. A transcendência, ou a alteridade de Deus além de toda imaginação, é interrompida ao trazer o divino para dentro do sistema de coordenadas do mundo como o conhecemos; fazer com que todas as afirmações sobre o divino sejam respondidas por argumentos racionais assegura que no fim não perdurará surpresa ou mistério. A imanência, ou a proximidade de Deus além de toda imaginação, perde-se na ênfase unívoca na diferença divina; enfatizar a elevada posição do divino na hierarquia do mundo permite pouco espaço para a presença íntima. O objetivo iluminista de uma ideia clara e distinta de Deus, embora trabalhado com boas intenções apologéticas, levou a teologia a não atingir o intento.

À medida que se transformou lentamente em pregação e devoção pessoal, essa construção tornou-se cada vez mais simplista, levando à imagem de Deus caracteristicamente trivial da sociedade ocidental contemporânea. Na década de 1960, um livrinho ecumênico intitulado *Seu Deus é pequeno demais* expôs algumas das imagens populares que levaram o teísmo moderno às Igrejas e aos corações. As pessoas viam Deus como um imponente velho; ou um policial de plantão; ou uma fita cassete de orientação a pais em dificuldades; ou um perfeito clérigo; ou um diretor administrativo; ou um ditador; ou um protetor decepcionante; ou um desmancha-prazeres. Limpando o terreno dessas noções indignas, o autor J.B. Phillips escreve que se as pessoas "pudessem enxergar além do seu pequeno deus inadequado e vislumbrar a realidade de Deus, poderiam até rir um pouco e talvez chorar um pouco". O resultado seria uma libertação da adoração daquilo que na verdade equivale a um ídolo, algo menos do que o Deus vivo fantasiado de supremo. Abrindo as portas da mente e do coração, as pessoas poderiam partir para a descoberta de um Deus verdadeiramente digno da vida delas.

As teologias descritas neste livro, em contraste com o teísmo moderno, estão profundamente preocupadas com a relação de Deus com o mundo: se e em que medida Deus está assim relacionado, como e com que efeito, e o que isso significa para a vida e para as ações das pessoas. É um fato óbvio em seu pensamento que a transcendência divina está além do além, não sendo diferente em grau, mas em espécie, do mundo inteiro. Assim, Deus não pode ser classificado entre outras coisas ou agentes, nem localizado mais perto ou mais longe. Devido a essa transcendência, Deus também pode estar presente de forma mais imanente em todos os lugares, dentro do mundo, mas não contido ou confinado por ele, mais próximo de nós do que nós mesmos. Reivindicando a transcendência radical e a imanência radical em igual medida, em vez de opô-las num jogo de soma zero, as teologias contemporâneas veem o Deus incognoscível como a própria base não só da existência do mundo, mas do seu florescimento fragmentário e da esperança contra o quebrantamento. Deslocam a atenção para os lugares liminares, as margens do poder dominante onde Deus aparece na forma de compaixão e amor libertador, mais próximo da história e da confusão do mundo. Expandem grandemente a graça divina para além das fronteiras do cristianismo, para incluir todos os povos, e para além da raça humana, para incluir todo o mundo natural. Se fosse possível resumir as suas redescobertas numa metáfora, seria a clássica crença cristã de que "Deus é Amor" (1Jo 4,16).

1.5 Regras básicas para a jornada

Para equipar o leitor para a exploração que temos pela frente, é vital nos determos em três regras básicas para falar sobre Deus. Extraídas da teologia cristã primitiva e medieval, essas regras de compromisso são enfatizadas pela teologia contemporânea como um antídoto para o padrão de pensamento excessivamente racionalizante que descarrilou o teísmo iluminista.

1. A primeira e mais básica prescrição é esta: a realidade do Deus vivo é um mistério inefável, além de qualquer compreensão. O Sagrado infinitamente criador, redentor e íntimo está tão além do mundo e tão profundamente dentro do mundo que é literalmente incompreensível. A história da teologia está repleta dessa verdade, ensinando nos seus melhores momentos que a mente humana nunca poderá classificar o divino em palavras ou imagens, por mais verdadeiras, belas ou exaltadas que sejam. Os cristãos acreditam que Deus se aproximou em Jesus Cristo, mas mesmo aí o Deus vivo permanece um mistério indizível e não pode ser abarcado. Como Paulo disse de forma eloquente, vemos apenas vagamente, como se estivéssemos olhando para um espelho escuro e rachado (1Cor 13,12).

A antiga e magnífica história de Agostinho na praia fornece uma ilustração gráfica. Parece que um dia o bispo caminhava pela costa do Mediterrâneo, tentando solucionar algum aspecto da questão da Trindade para o tratado que estava escrevendo. Mergulhado em pensamentos, ele observou uma criança indo e voltando da beira da água, enchendo repetidamente um balde e despejando a água em um buraco cavado na areia. Intrigado, Agostinho finalmente perguntou ao menino o que ele estava fazendo. "Tentando colocar o mar no buraco que cavei", foi a resposta. "Você não pode fazer isso; não vai caber", disse o adulto com bom senso. A criança, que se revelou um anjo disfarçado, respondeu: "Nem você pode colocar o mistério da Trindade em sua mente; não vai caber". Assim foi transmitida a sabedoria de todos os tempos a uma das mentes mais brilhantes da tradição cristã. Tal como o mar que não pode ser bebido até secar, Deus ultrapassa tudo o que podemos compreender e explicar em termos das nossas categorias humanas. Para usar outra metáfora de água desenvolvida por Karl Rahner, somos como uma pequena ilha rodeada por um grande oceano; fazemos incursões no mar, mas as profundezas do oceano excedem infinitamente o nosso alcance. É uma questão de vivência de Deus.

2. Consequentemente, existe uma segunda regra básica: nenhuma expressão para Deus pode ser interpretada literalmente. Nenhuma. Nossa linguagem é como um dedo apontando para o alto, na direção da lua, não para a lua em si. Igualar o dedo à lua ou olhar para o dedo e não perceber a lua é incorrer em erro. Nunca devendo ser interpretadas literalmente, as palavras humanas sobre Deus procedem de forma indireta. Elas partem das perfeições simples, originais e estranhas deste mundo e voltam nosso rosto para a fonte e o futuro de tudo isso, sem capturar a essência do mistério.

A teologia católica tradicionalmente explica o papel indireto da linguagem de Deus pela teoria da analogia. Com base na crença de que o mundo criado é fundamentalmente bom, a analogia sustenta que todas as criaturas participam de alguma forma na transbordante bondade, verdade e beleza daquele que as criou. Portanto, algo da excelência da criatura pode nos direcionar de volta a Deus. No processo, porém, como ensinou o Quarto Concílio de Latrão (1215), não há semelhança entre as criaturas e Deus, mas a dissimilaridade é "sempre cada vez maior". A analogia opera com essa compreensão, colocando palavras sobre Deus através de um espremedor triplo: ela afirma, nega e depois nega a própria negação. Esse terceiro passo leva a mente a uma nova afirmação de Deus, que transcende tanto a afirmação como a negação "na escuridão brilhante de um silêncio oculto" (Pseudo-Dionísio, *Teologia Mística*, PG 3.998).

Tomemos, por exemplo, o termo "bom". Inevitavelmente, a nossa compreensão do que significa "bom" surge da nossa experiência de bondade no mundo. Experimentamos boas pessoas, boas satisfações, bom tempo e assim por diante. Disso derivamos um conceito de bondade que então *afirmamos* de Deus, que criou todas essas coisas boas. Mas Deus é infinito, por isso precisamos remover qualquer coisa que cheire a restrição. Assim, *negamos* a forma finita como a bondade existe no mundo, permeada de limitações. Mas ainda assim pensamos que Deus é bom, por isso *negamos essa negação específica* e julgamos que Deus é bom de uma forma supremamente excelente que ultrapassa todo o entendimento. Segundo a analogia, quando atribuímos bondade a Deus, o significado teológico é este: Deus é bom; mas Deus não é bom como as criaturas são boas; mas Deus é bom de uma forma supereminente como Fonte de tudo o que é bom.

Neste ponto, nosso conceito de bondade se abre. Literalmente não entendemos o que estamos dizendo. A compreensão humana do significado de "bom" é vaga, pois não temos experiência terrena direta de nada que seja a Fonte de toda a bondade. No entanto, o simples fato de dizer isso conduz nosso espírito à presença de Deus, que é bom, uma realidade tão brilhante que ofusca nossa mente. No fim, o jogo da analogia nos deixa de joelhos em adoração.

Perceber que a palavra "pessoa" passa pelo mesmo espremedor fornece um contrapeso útil ao "sujeito" individual do teísmo moderno. A partir da nossa experiência de nós mesmos e das nossas interações com outros seres humanos, desenvolvemos uma ideia do que significa ser uma pessoa. Então, atribuímos essa excelência a Deus. A analogia acompanha essa ideia em seus três passos. Afirmamos: sim, Deus é uma pessoa. Negamos: não, Deus não é uma pessoa da maneira finita como nos conhecemos como pessoas. Contranegamos para afirmar: ainda assim, Deus é uma pessoa de forma supereminente como Fonte de todos os que são pessoas. Em outras palavras, Deus não é menos que pessoal, mas é superpessoal, pessoal de uma forma que transcende maravilhosamente o modo humano de ser uma pessoa. Neste ponto, perdemos o conceito literal. Nós realmente não entendemos o que significa atribuir personalidade a Deus. Mas, na própria afirmação, nossos espíritos são guiados para um relacionamento de comunhão pessoal com o Sagrado.

A teologia feita com a imaginação dialética do protestantismo explica mais tipicamente a linguagem de Deus pelo funcionamento da metáfora. Familiar na poesia, mas na verdade difundida na linguagem cotidiana, a metáfora é uma palavra, imagem ou afirmação que liga duas realidades díspares em uma espécie de associação estranha: "o leão é o rei dos animais". À medida que a luz é lançada da realidade mais conhecida para a menos conhecida, um novo significado é criado. Crucial para o funcionamento da metáfora é a tensão ativa entre semelhança e dissimilaridade, entre o "é" e o "não é" dos dois termos. "Deus é nossa fortaleza": o jogo da metáfora começa com uma base literal, coloca-a num novo contexto, subverte e amplia o seu significado literal até que se torne logicamente bastante absurdo, mas ainda assim conduz a uma espécie de *insight*.

É verdade sem ser literalmente um fato. O ouvinte é surpreendido por uma consciência nova e paradoxal.

Todas as metáforas frutíferas têm redes de significado suficientemente complexas no nível literal para permitir a extensão do pensamento além das ligações imediatas. É por isso que Deus pode ser visto como rei, rocha, mãe, salvador, jardineiro, amante, pai, libertador, parteira, juiz, auxiliador, amigo, mãe ursa, água doce, fogo, trovão e assim por diante. Em todos os casos, a tensão permanente entre a dinâmica "é e não é" da metáfora tem de ser mantida para que o seu poder intelectual e afetivo funcione. A tradição religiosa, com a sua repetição habitual em rituais e ensinamentos, está sujeita a esquecer esse ponto crucial. Mas sem a tensão do "é e não é", as metáforas são interpretadas literalmente e tornam-se banais, perdendo o seu poder de choque e surpresa. Nesses casos, a distância entre a coisa mais conhecida e o Deus desconhecido diminui. Como mostra a História, metáforas mortas dão bons ídolos.

Além da analogia e da metáfora, vários teólogos hoje também explicam a linguagem de Deus com a teoria do símbolo. Como Paul Tillich explicou de forma útil, símbolos são imagens, gestos, conceitos, coisas ou pessoas que apontam para além de si mesmos, para outra coisa. Ao contrário dos signos – e este é um ponto crucial –, eles participam da realidade para a qual apontam, sendo uma forma de a realidade se expressar no mundo. Os símbolos abrem níveis de realidade que, de outra forma, estariam fechados para nós e, simultaneamente, abrem profundezas do nosso próprio ser que, de outra forma, permaneceriam intocadas. Não podemos criar símbolos à vontade: eles emergem de um nível profundo de consciência. Por último, os símbolos podem envelhecer e morrer, perdendo o seu poder afetivo em situações culturais em mudança.

Tillich considerava "Deus" o símbolo da nossa preocupação última e trabalhou arduamente para renovar o seu significado na nossa era de distanciamento.

Qualquer que seja a teoria usada, seja analogia, metáfora, símbolo ou alguma combinação destas, a sabedoria dessa segunda regra básica é que estamos sempre nomeando *em direção* a Deus, usando fragmentos bons, verdadeiros e belos experimentados no mundo para apontar para o mistério infinito que habita em nós e abraça o mundo, mas sempre excede nosso alcance. "Como dois movimentos, a afirmação dos nomes de Deus e a contra-afirmação de que Deus não pode ser nomeado definitivamente trabalham juntas", escreve Jeannine Hill Fletcher; isso nos livra da tentação de controlar Deus e nos abre à superabundância divina que preenche profundamente a nossa humanidade e depois transborda: "Não há fim para o ser, a plenitude e o mistério de Deus". Sallie McFague, que trabalhou extensivamente em teologia metafórica, sugere que apenas a prática da contemplação religiosa ou da oração é suficiente para manter afastado o literalismo tóxico. Somente quando o discurso sobre Deus está enraizado no discurso *com* Deus, somente quando a presença de Deus nos encontra em nosso ponto mais profundo, é que nos libertamos do desejo de compreender e definir. Disso pode ser testemunha o exemplo dos místicos de todas as tradições.

3. "A partir disso", argumenta Tomás de Aquino, articulando a terceira regra básica, "vemos a necessidade de dar a Deus muitos nomes" (*Summa Contra Gentiles* I, 31.4). Se os seres humanos fossem capazes de expressar a plenitude de Deus num nome direto como uma flecha, a proliferação de nomes, imagens e conceitos observáveis ao longo da história das religiões não faria sentido algum. Mas não existe tal nome. Em vez disso, em júbilo e louvor, lamentação

e luto, ação de graças e petição, clamor e queda final no silêncio, os seres humanos nomeiam Deus com uma sinfonia de notas.

A própria Bíblia testemunha múltiplas expressões de Deus. No centro está o nome revelado a Moisés na sarça ardente, YHWH, "EU SOU O QUE SOU", o tetragrama impronunciável interpretado pelos estudiosos do hebraico como "Eu estarei lá; tal como sou, estarei contigo" (cf. Ex 3,14). A crença cristã vê esse nome se tornando carne e habitando entre nós, estando "lá" conosco na vida e na morte na pessoa de Jesus Cristo. Em ambos os Testamentos, uma abundância de imagens revela aquele que está ali. Além de termos retirados de relacionamentos pessoais, como pai, mãe, marido, mulher amada, companheiro e amigo, e de imagens tiradas da vida política, como advogado, libertador, rei, guerreiro e juiz, a Bíblia retrata Deus no modelo de uma ampla gama de ofícios e profissões humanas: pastor, parteira, agricultor, lavadeira, operário, oleiro, artista, comerciante, médico, padeiro, vinhateiro, professor, artista, ferreiro e dona de casa, para citar alguns. Apesar da predominância de imagens extraídas da experiência dos homens, a Bíblia também traz imagens evocativas de Deus oriundas da experiência das mulheres, incluindo a figura feminina da força e poder cósmico conhecida como Sabedoria/Sofia, e as imagens domésticas de Deus como uma mulher que dá à luz, amamenta seus rebentos e se dedica a cuidar dos pequenos. Indicadores do divino também são inspirados no reino animal, sendo Deus retratado como um leão que ruge, uma mãe pássaro pairando, uma mãe ursa furiosa e uma mãe galinha protetora, e da realidade cósmica, como luz, nuvem, rocha, vento, fogo, água refrescante e a própria vida. Como nenhum termo por si só é absoluto ou adequado, uma positiva farra de símbolos surge para expressar o ser divino.

Diante de toda essa riqueza, porém, prevalece o que Tomás de Aquino chama de "pobreza do nosso vocabulário" (*Summa*

Theologiae I, q.37, a.1). Mesmo pegar mil nomes, imagens e perfeições e adicioná-los não proporcionará uma compreensão completamente adequada: "Se você entendeu, não é Deus".

Essas regras de compromisso para falar sobre o divino, ilustradas anteriormente com histórias e exemplos, não flutuam arbitrariamente no ar, mas estão profundamente enraizadas na verdade do Deus vivo. Da advertência dos profetas hebreus contra os ídolos:

> Com quem me comparareis ou igualareis,
> com quem me confrontareis, como se fôssemos parecidos?
> [...]
> Pois eu sou Deus e não há outro,
> sou Deus e não há outro igual a mim! (Is 46,5-9).

à exclamação do escritor da epístola cristã de que Deus "mora numa luz inacessível, que ninguém viu nem pode ver" (1Tm 6,16); e da sabedoria dos santos e místicos às reflexões dos concílios da Igreja e dos principais teólogos, a incompreensibilidade de Deus corre como um rio profundo por meio de cada afirmação. Simultaneamente, a fé monoteísta mantém no seu centro a crença de que, em vez de permanecer indiferente, Deus envolve o mundo com amor misericordioso, trazendo o mistério inefavelmente mais perto.

Seria um eufemismo dizer que essas regras de envolvimento são simplesmente ignoradas no mundo contemporâneo. Ondas gigantescas de palavras sobre a divindade se espalham pela Igreja e pela sociedade sem nenhuma consciência de que o assunto de toda essa conversa excede nosso alcance. Em contraste, essas regras básicas funcionam para libertar a nossa imaginação do modelo cultural padrão do divino, a herança insignificante do teísmo moderno, ao mesmo tempo que asseguram que uma certa modéstia caracteriza o discurso sobre o que é vislumbrado em novas fronteiras. Não há absolutismo possível, mas afirmações poderosas sobre onde o Deus vivo pode ser encontrado são capazes de convencer a mente racional e o coração que busca, se forem feitas com clareza e humildade.

1.6 Alto risco

Tal como milhões de espécies de plantas e animais, muitas religiões foram extintas ao longo do tempo. Estudando esse fenômeno da obsolescência, o teólogo alemão Wolfhart Pannenberg fez uma observação comovente: "As religiões morrem quando as suas luzes falham", isto é, quando os seus ensinamentos já não iluminam a vida tal como ela é realmente vivida pelos seus adeptos. Nesses casos, a forma como o Sagrado é encontrado estagna e não acompanha a mudança da experiência humana.

O dinamismo da história é inexorável. Algumas pessoas irão se agarrar aos velhos pontos de vista, mas eventualmente a maioria seguirá em frente, procurando um significado último de uma forma que seja coerente com a sua experiência de vida atual. Então, as luzes da velha religião se apagam; a divindade se torna irrelevante. Esse fenômeno não é o caso de seres humanos ditarem a Deus o que desejam em uma divindade, como alguns temem. Em vez disso, argumenta Pannenberg, é um teste do Deus verdadeiro. Somente o Deus vivo, que abrange todos os tempos, pode relacionar-se com circunstâncias historicamente novas à medida que o futuro chega continuamente. Uma tradição que não pode mudar não pode ser preservada. Onde as pessoas sentem que Deus ainda tem algo a dizer, as luzes permanecem acesas.

Como este livro pretende mostrar, o fato de, nos nossos dias, múltiplas e ricas teologias cristãs terem procurado e encontrado o Deus vivo de formas coerentes com os nossos tempos de mudança atesta que esse Caminho específico continua a ser uma opção vital e viável. É verdade que nenhuma dessas teologias dá a última palavra. Elas representam apenas o capítulo mais recente de uma longa busca que não tem fim previsível enquanto os seres humanos continuarem a existir. No entanto, as suas percepções abrem novas formas de relacionamento com o Deus vivo na oração e na práxis que satisfazem profundamente o desejo de uma vida significativa nos nossos dias, tanto para os indivíduos como para a comunidade de discípulos que é a Igreja.

1.7 Leitura adicional

A origem da religião entre os primeiros seres humanos é cuidadosamente traçada em *The dawn of belief: Religion in the Upper Paleolithic of Southwestern Europe*, de D. Bruce Dickson (University of Arizona Press, 1990); *Archaeology, ritual, religion*, de Timothy Insoll (Routledge, 2004); e *World religions today*, de John Esposito, Darrell Fasching e Todd Lewis (Oxford University Press, 2006), de onde a citação foi retirada.

Certas obras que analisam a religião do ponto de vista existencial tornaram-se clássicas. Estas incluem o tratamento de Rudolf Otto da experiência racional/irracional de Deus como numinoso encontrado em *O sagrado* (Edições 70, 2024); a envolvente discussão de Paul Tillich sobre Deus como o símbolo da preocupação última de alguém em *Dinâmica da fé* (Sinodal, 1974); e de uma forma mais legível, a obra *O que é Deus? Como pensar o divino*, de John Haught (Paulinas, 2004), que investiga as experiências humanas de profundidade, futuro, liberdade, beleza e verdade em busca de pistas sobre o que nós queremos dizer com esta palavra de quatro letras: *Deus*.

A questão de como os teólogos iluministas construíram um conceito de Deus que omitiu a maior parte do que os cristãos consideravam precioso é cuidadosamente estudada por Michael Buckley em *At the origins of modern atheism* (Yale University Press, 1987). Seu livro *Denying and disclosing God: The ambiguous progress of modern atheism* (Yale University Press, 2004) explora as contradições internas subsequentes do teísmo moderno que deram origem a várias formas de ateísmo. Uma apresentação crítica, mas simpática e mais acessível, do teísmo moderno e do seu esquecimento do mistério é apresentada em William Placher em *The domestication of transcendence: How modern thinking about God went wrong* (Westminster John Knox, 1996). Para uma leitura popular, *Seu Deus é pequeno demais*, de J.B. Phillips (Mundo Cristão, 1989).

Um excelente tratamento da metáfora é fornecido por Sallie McFague em *Metaphorical theology: Models of God in religious language* (Fortress, 1985). Para discussão sobre analogia e símbolo, cf. *The principle of analogy in Protestant and Catholic theology*, de Battista Mondin (M. Nijhoff, 1963). A citação de Deus como "sujeito" é de Terry Eagleton, "Lunging, flailing, mispunching", *London Review of Books*, vol. 28, n. 20 (19 de outubro de 2006). A tese de Wolfhart Pannenberg é encontrada em "Toward a theology of the history of religions", em seu *Basic questions in theology*, vol. 2, pp. 65-118 (Fortress, 1971).

Para quase todos os capítulos que temos pela frente, o excelente trabalho de Gregory Baum, ed., *The twentieth century: A theological overview* (Orbis Books, 1999) fornece um contexto histórico denso. Robert Schreiter, em *Constructing local theologies* (Orbis Books, 1985), expõe os fundamentos teóricos para o fato de que a sabedoria pode surgir das Igrejas locais.

2
MISTÉRIO GRACIOSO, CADA VEZ MAIOR, CADA VEZ MAIS PERTO

2.1 Contexto: um mundo secular

Consideremos a visão de Deus que surgiu na Europa Ocidental em meados do século XX. Reconstruindo-se a partir da devastação de duas guerras mundiais, a sociedade estava sendo moldada por mudanças profundas cuja origem remontava a séculos antes das guerras, à Reforma, ao Renascimento e ao Iluminismo. As sementes provenientes desses movimentos criaram raízes profundas e floresceram numa cultura que era reconhecidamente moderna e secular. Três componentes salientes dessa cultura tiveram uma influência particular no clima espiritual.

- *Cientificamente,* os rápidos avanços nas descobertas sobre o mundo natural forneceram explicações empíricas para os acontecimentos, levando a uma mentalidade pragmática em vez de orientada para causas sobrenaturais. Esse conhecimento também abriu as portas para invenções tecnológicas que proporcionaram uma medida de controle sobre a natureza. Um padrão de vida crescente, incluindo novos prazeres organizados, facilidade de viajar e confortos na vida cotidiana, andava de mãos dadas com o espectro do extermínio em massa levantado pelas armas nucleares.

- *Politicamente*, após ataques violentos com o fascismo e o comunismo, a democracia estabeleceu-se como a forma preferida de governo, dando às pessoas comuns uma maior medida de liberdade e autoridade na condução das suas vidas. Juntamente com isso, como condição para o sucesso da democracia, a difusão da educação universal produziu um nível de alfabetização na massa de cidadãos comuns, tanto homens como mulheres, que permitiu maior questionamento crítico e julgamento independente. Os novos meios de comunicação de massa pelo rádio e pela televisão aumentaram enormemente a quantidade de informação disponível para o cidadão comum.

- *Intelectualmente*, uma série de sagazes pensadores da filosofia, literatura e psicologia mediram a adequação da ideia de Deus em relação a qualquer benefício que ela pudesse conferir aos seres humanos e consideraram-na insuficiente. No século XIX, Ludwig Feuerbach julgou que Deus era uma projeção, formada quando os seres humanos extrapolam as suas próprias forças e as imaginam em grande escala num ser superior: os seres humanos criam Deus à sua própria imagem, e não vice-versa. Karl Marx criticou a religião como "o ópio do povo", fornecendo um narcótico para o sofrimento injusto da vida com a sua promessa de recompensa divina no céu, em vez de proporcionar uma base para a luta pela justiça na terra. Nos seus romances, Fiódor Dostoiévski protestou contra a existência de Deus face ao sofrimento inocente, especialmente o das crianças; seu personagem Ivan devolve seu ingresso ao universo religioso, rejeitando veementemente qualquer participação em uma configuração que permitiu tais ultrajes acontecerem. Sigmund Freud declarou que Deus é uma ilusão, gerada para satisfazer o desejo humano de uma figura paterna forte e protetora para nos proteger em meio aos golpes da vida; a personalidade madura cresceria e assumiria responsabilidades sem essa ficção. Vindo de múltiplas direções, o formidável desafio do ateísmo teve um enorme crescimento cultural na Europa moderna.

Mais poeticamente, no limiar do século XX, Friedrich Nietzsche elaborou uma parábola que apontava para os ventos de descrença que soprariam sobre a sociedade moderna. Um louco acendeu uma lanterna ao meio-dia e foi ao mercado público em busca de Deus: "Para onde foi Deus?". Ridicularizado pelos habitantes da cidade em uma zombaria crescente, ele finalmente jogou a lanterna no chão. Ela se quebrou e sua luz se apagou. "Deus está morto", gritou o louco, "e nós o matamos". Deixe as igrejas começarem o funeral. Enquanto todos riam, ele previu que sua geração ainda não estava preparada para as notícias. Mas elas chegariam aos ouvidos de uma geração futura. Então, o horizonte desapareceria, não haveria mais altos e baixos e as pessoas ficariam atordoadas com a queda na liberdade.

Em meados do século XX, na Europa, chegaram as notícias do louco. As proeminentes características científicas, políticas e intelectuais da cultura moderna combinaram-se para apresentar um novo desafio à fé. O desafio pode ser mais bem apreciado à luz da era pré-moderna, quando, na hábil descrição de Hans Küng, o cristianismo era uma grande Igreja num pequeno mundo. Antes dos tempos modernos, na maior parte da Europa, prevalecia uma visão de mundo relativamente unificada, segundo a qual não apenas o indivíduo, mas a sociedade como um todo, tomavam o cristianismo como certo. Sim, havia outros no mundo, mas eram periféricos à vida diária, fossem inimigos ou aqueles explicados discretamente por alguma teoria teológica. A maioria das pessoas com suas famílias e vizinhos eram cristãos por nascimento e costumes sociais. A convicção não era posta à prova.

Na sociedade moderna, porém, o cristianismo tornou-se uma pequena Igreja num mundo muito maior. Os cristãos crentes encontraram-se como uma minoria cognitiva dispersa numa cultura mais ampla que trazia a marca de outras influências, tanto seculares como religiosas. Consequentemente, uma variedade de pontos de vista pesava sobre a pessoa média, juntamente com uma ampla gama de valores segundo os quais alguém poderia viver a sua vida. A capacidade da ciência de encontrar explicações empíricas e intramundanas para todos os fenômenos fez com que o mundo parecesse, em última análise, mais ímpio, enquanto a capacidade humana de planejar e dominar racionalmente a natureza fez com que o mundo cotidiano parecesse mais profano. A participação no processo político secular, juntamente com altos níveis de educação, afastaram a pessoa média da influência direta da autoridade eclesial. O vento coruscante do ateísmo, que refuta abertamente a realidade de Deus, juntamente com o seu irmão, o agnosticismo, que mantém uma neutralidade estudada sobre o assunto, derrubaram a complacência na crença religiosa. No mínimo, a atmosfera moderna de ceticismo fez com que todas as afirmações de verdade parecessem relativas.

Como resultado, a fé cristã entrou em crise. As pessoas pensantes questionavam o que tudo isso significava, essa tradição antiga e um tanto frágil de exuberantes doutrinas, rituais, hierarquia e costumes piedosos, e se alguma coisa disso era verdade. Um grande número de pessoas simplesmente se afastou da Igreja sob a pressão dos padrões sociais modernos, dando origem ao fenômeno da indiferença burguesa para com a religião. As realidades da vida civil e a realidade da fé cristã divergiram, aparentemente incapazes de serem integradas.

Nessa situação, filósofos e teólogos atentos às questões das pessoas e às necessidades pastorais trabalharam vigorosamente para interpretar a crença cristã de formas que pudessem ser novamente significativas. Verdade seja dita, a situação europeia em meados do século está agora espalhada por todo o mundo, onde quer que a cultura moderna se enraíze. Mas, martelados pela crítica ateísta moderna e pela indiferença agnóstica, os teólogos europeus foram os primeiros a lutar pela alma da pessoa moderna na sociedade secular. A partir de uma riqueza de excelentes esforços, incluindo a *nouvelle théologie* católica iniciada por Henri de Lubac e Jean Daniélou e a reênfase protestante no Deus da revelação liderada por Karl Barth, este capítulo acompanha a visão do teólogo alemão Karl Rahner, cujo trabalho começou na década de 1930 e continuou durante a segunda metade do século XX até sua morte, em 1984. Comprometido com o diálogo crítico com o Iluminismo e seu legado, seu projeto renovou profundamente o pensamento sobre o Deus vivo diante do desafio do ateísmo. Um olhar mais atento à sua linha de raciocínio deixará clara a ideia inovadora de Rahner sobre Deus, bem como a sua importância espiritual e prática.

2.2 Inverno

Uma estação invernal: tal é a metáfora de Rahner para a situação da fé no mundo moderno. Mantendo o olhar sobre os cidadãos europeus instruídos e de classe média que tentam viver uma vida cristã, ele vê que este é um mundo que já não comunica facilmente a fé. Em primeiro lugar, uma pessoa não pode mais ser cristã por convenção social ou costume herdado. Ser cristão agora exige uma decisão pessoal, o tipo de decisão que provoca uma mudança de coração e sustenta um compromisso de longo prazo. Não o cristianismo cultural, mas uma Igreja de diáspora, espalhada entre incrédulos e crentes de vários matizes, torna-se o cenário para esse livre ato de fé. Além disso, quando uma pessoa passa a se envolver na crença de uma forma pessoal, a sociedade torna isso difícil de fazer. Pois a sociedade moderna é marcada não só pelo ateísmo e pelo agnosticismo, mas também pelo positivismo, que restringe o que podemos saber aos dados acessíveis a partir das ciências naturais; pelo secularismo, que prossegue com o trabalho que tem em mãos, impaciente com as questões últimas, com uma riqueza de valores humanísticos que permitem uma vida de integridade ética sem fé; e pelo pluralismo religioso, que demonstra que existe mais de um caminho para uma vida santa e ética. Tudo isso põe em dúvida a própria validade da crença cristã.

Contudo, quando as pessoas praticam um ato livre de fé, os fatores característicos do mundo moderno conferem uma marca distintiva à sua experiência espiritual. Isso não é surpreendente, uma vez que o caminho para Deus sempre serpenteia pelas circunstâncias históricas dos tempos e lugares dos povos. Habitando uma cultura secular e pluralista, respirando a sua atmosfera e conduzindo a sua vida cotidiana de acordo com os seus princípios pragmáticos, os cristãos de hoje absorveram o padrão concreto da modernidade na alma. Isso atravessa seu próprio coração, moldando sua mentalidade e psicologia. Como observou Rahner, "o agnosticismo que sabe que não sabe... é a maneira como Deus é experimentado hoje". Certamente isso não é verdade para todos os crentes. Por razões psicológicas e históricas, alguns ainda vivem com um coração imperturbável e cheio de Deus na estrutura de uma era anterior. Mas, como Rahner observou certa vez, nem todos os que vivem na mesma época são contemporâneos. A sua preocupação centra-se nos cristãos que são pessoas dos tempos modernos, rodeados de ambiguidade espiritual. Quando essas pessoas "vêm à igreja", elas não deixam seus complexos mundos interiores e exteriores de lado, mas trazem as ambiguidades até o altar. Visto que a espiritualidade madura exige a integração das experiências básicas da vida numa totalidade diante de Deus, a modernidade constitui um elemento crucial no ato de fé.

Daí a metáfora do inverno. O abundante crescimento de devoções e crenças secundárias, todas essas folhas e frutos que se desenvolveram na época em que o cristianismo era dominante na cultura, desapareceram. As árvores ficaram nuas e o vento frio sopra. Numa época assim, a crença deve voltar ao básico. Não adianta gastar energia com o que é periférico e não essencial, como se fosse alto verão. Para sobreviver, as pessoas de fé precisam retornar ao centro, ao âmago mais íntimo que sozinho pode nutrir e aquecer o coração no inverno. Nessa situação há apenas uma grande questão: a questão de Deus.

É uma fonte de preocupação sem fim para Rahner que muito do que as pessoas ouvem na pregação e no ensino da Igreja se baseia em uma ideia primitiva de Deus indigna de crença, em vez de comunicar a realidade, a beleza, a maravilha e a estranha generosidade do mistério de Deus. O sermão comum, juntamente com a devoção popular que ele encoraja, tem uma noção basicamente deficiente de Deus, julgou ele, não reconhecendo nem a diferença absoluta entre Deus e o mundo, nem a verdade maravilhosa de que o próprio eu de Deus se aproximou como o dinamismo e o objetivo mais íntimos oferecidos ao mundo. Com demasiada frequência, os sermões trabalham com as ideias batidas do teísmo moderno, refletindo uma mentalidade pré-crítica que vê Deus como um elemento particular do todo, mesmo que seja o mais elevado. Referem-se a Deus como alguém que podemos calcular na nossa fórmula de como as coisas funcionam, substituindo assim o Deus incompreensível por um ídolo. Moldam o Sagrado à imagem das nossas próprias preocupações, dos nossos medos neuróticos, dos nossos corações insignificantes, em vez de honrarem a improvável efusão de amor pela qual Deus não só estabelece o mundo na sua própria integridade, mas, embora permanecendo radicalmente distinto, doa o eu divino para este mundo. Eles negligenciam nos informar sobre a mais tremenda verdade, a de que somos chamados a uma proximidade amorosa com o mistério de Deus que se comunica conosco em uma proximidade indescritível. Depois de ouvir sermões tão sombrios, podemos realmente dizer que a palavra "Deus" ilumina as nossas vidas? Infelizmente, escreveu Rahner, é mais frequente que as palavras do pregador caiam impotentes do púlpito, "como pássaros congelados até a morte desabando de um céu de inverno".

Nessa estação invernal, as declarações da Igreja sobre Deus são normalmente demasiado ingênuas e superficiais para ajudar os crentes, que dirá para convencer os incrédulos. Num certo sentido, o ataque do ateísmo pode prestar um serviço, estimulando a fé a purificar noções de Deus que, embora possam ser tradicionais, são lamentavelmente deficientes a ponto de serem idólatras. Deus está morto? Se nos referimos ao Deus imaginado como parte do cosmos, uma existência entre outras, embora infinitamente maior, o grande indivíduo que se define em relação aos outros e funciona como um concorrente dos seres humanos, então sim, o Deus do teísmo moderno está morto. Mas, como Rahner reconheceu, o ateísmo estabelece uma condição para a fé que, em resposta, deve alcançar muito mais profundamente a sua verdade: "A luta contra o ateísmo é fundamental e necessariamente uma luta contra a inadequação do nosso próprio teísmo".

Ao longo de uma vida inteira escrevendo, ensinando e pregando, Rahner decidiu descobrir a verdade sobre o Deus vivo que forneceria calor e sustento no inverno. Responsabilizando-se perante os crentes comuns, concentrou-se particularmente naqueles assolados pelas dúvidas geradas pela existência precária da fé cristã nas sociedades secularizadas e científico-industriais da Europa moderna. Ele assumiu suas dúvidas e respondeu-lhes com toda a força de sua penetrante compreensão dos recursos da tradição cristã. Seu método engajava as pessoas não por despejar soluções do alto em almas desnorteadas, mas ao convidá-las a fazer uma jornada de descoberta no território virtualmente desconhecido de suas próprias vidas. Johann Baptist Metz, que leremos no próximo capítulo, argumenta que essa é a fonte mais profunda da grandeza de Rahner como teólogo: ele convida o indivíduo comum a uma jornada pessoal que acaba sendo uma jornada da mente e do coração em direção a Deus. No fim, o método de proceder de Rahner e os *insights* resultantes renovaram profundamente o pensamento sobre a doutrina cristã de Deus. Traçar a lógica do seu projeto revelará tanto a sua fecundidade espiritual como a sua influência em muito do que se seguiu.

2.3 Mistério cada vez maior

2.3.1 Começando pelo humano

Durante séculos, a maneira habitual de chegar a uma ideia de Deus era começar com o mundo natural e depois, ponderando a sua existência e organização, concluir algo sobre o seu Criador. Tomás de Aquino é um excelente exemplo. Observando que o mundo não causa a si mesmo, mas é contingente, isto é, essencialmente desnecessário, ele raciocina que para explicar a existência do mundo deve haver uma causa não causada por outra, um Ser que existe necessariamente e causa todas as outras causas. "E é a isso que as pessoas chamam Deus" (*Summa theologiae* I, q.2, a.3). Na era moderna, a filosofia mudou o ponto de partida da reflexão do cosmos para o ser humano, do que parece simplesmente externo às nossas vidas para a nossa experiência humana interior, da natureza para a natureza humana. Fascinados com o que significa ser humano, os pensadores sondaram questões fundamentais pelas lentes da luta humana, da consciência humana, da liberdade humana. Convencido de que esse tratamento filosófico pode fornecer um terreno fértil para explicar a fé cristã, Rahner começa a sua abordagem à ideia de Deus executando essa "virada para o sujeito", isto é, concentrando-se na pessoa não como um mero objeto, mas como um sujeito humano com interioridade, mente pensante e liberdade de escolha.

De todos os aspectos da vida humana que revelam a nossa subjetividade, o antigo Rahner optou por focar na nossa curiosidade. Sua dissertação de doutorado abre com as palavras *Man fragt*, que traduzidas significam *Alguém pergunta* ou *Uma pessoa faz uma pergunta*. Esse é um ato humano típico, que pode ser encontrado em todas as épocas e em todas as culturas. Do infantil "Por que o céu é azul?" à questão do jovem adulto "O que devo fazer da minha vida?" à pergunta do indivíduo de meia-idade "Você ainda me ama?" ao "Existe alguma esperança?" do ancião moribundo – desde pedir instruções quando estiver perdido, para começar um negócio, como explorar a floresta tropical, dar uma conferência de imprensa, checar as últimas notícias, descobrir como lidar com o seu câncer, até o questionamento sobre o sentido da vida, questões tanto existenciais quanto práticas fluem em uma torrente interminável. Alguém pergunta.

Pense no que essa experiência comum revela sobre a natureza humana. Uma pergunta pressupõe que não saibamos alguma coisa. De uma forma interessante, também implica que já sabemos alguma coisa ou seria impossível perguntar sobre isso para começo de conversa. O mais revelador é que fazer uma pergunta mostra que desejamos saber alguma coisa. Traz à luz um certo dinamismo no espírito humano que nos leva a querer saber algo mais, ampliando assim a nossa ligação com a nossa própria profundeza e com o mundo mais amplo. Ao perguntar, antecipamos que existe uma realidade a ser encontrada. Quando uma resposta se cristaliza, a mente a capta e julga se ela se enquadra ou não na pergunta que foi feita. Mesmo uma resposta perfeitamente boa não permite que a nossa mente descanse por muito tempo, porque a resposta se aninha num contexto de coisas relacionadas que despertam novamente a nossa curiosidade. E, assim, a resposta se torna a base para uma nova pergunta.

Quanto tempo isso pode durar? Existe um limite para o número de perguntas que podemos fazer antes de pararmos? A própria ideia faz as pessoas sorrirem. Não existe uma cota definida que, uma vez alcançada, nos impeça de fazer mais perguntas. Imagine como isso prejudicaria nosso espírito. Seria como bater em uma parede de tijolos e ter morte cerebral. Em vez de uma parca ração de questões pré-definidas, contudo, os seres humanos são capazes de perseguir novas questões enquanto viverem. Ao analisar, pesar, julgar e definir objetos concretos no mundo, o nosso poder de raciocínio continua a escorregar para além das definições padrão para procurar novos horizontes. O número de perguntas que podemos fazer é ilimitado.

O que torna possível esse fenômeno humano básico? Ao analisar o processo de investigação de modo que conduza a essa questão, Rahner revela que está empregando o método de pensamento conhecido como filosofia transcendental. Lançada por Immanuel Kant, essa filosofia explora o sujeito humano em nossos comportamentos típicos e pergunta: qual é a condição para a possibilidade de os seres humanos agirem dessa forma? Convidado para um laboratório de ciências, por exemplo, onde um cientista de jaleco branco olha atentamente para um microscópio, um filósofo transcendental não pediria para dar uma espiada para ver a descoberta que está sendo feita. Em vez disso, o filósofo se concentraria no cientista e iria se interrogar sobre que condição básica da natureza humana lhe torna possível procurar provas e fazer tal descoberta em primeiro lugar.

Seguindo a linha de pensamento de Rahner, começamos com o sujeito que faz uma pergunta. Qual é a condição para a possibilidade desse comportamento universal e vitalício? Só pode acontecer que o espírito humano seja caracterizado por um impulso irrestrito em direção à verdade, que é, em última análise, sem limites. Em cada pergunta que fazemos, transcendemos o ponto imediato e buscamos dinamicamente algo mais. Mesmo na investigação mais mundana, vamos além do assunto em questão, em direção à coisa seguinte, e à seguinte, e, em última análise, em direção a... ao que é infinito. De uma forma não temática e sempre presente, os seres humanos são orientados para a verdade sem limites. Se não fosse esse o caso, então, mesmo a primeira pergunta de um indivíduo nunca seria feita, muito menos as questões da raça humana como um todo, pois ter de parar em algum limite lamentável alteraria a natureza da nossa mente. Mas as nossas questões, movidas por um profundo desejo de saber, são tornadas possíveis pela própria estrutura da natureza humana, que é dinamicamente orientada para toda a realidade que há para ser conhecida. Como mostra essa análise, as pessoas humanas não se limitam a fazer perguntas: somos uma pergunta em busca da plenitude da verdade.

Esse mesmo padrão pode ser traçado novamente se começarmos não com a mente humana e o seu desejo de saber, mas com a vontade humana e a sua experiência de liberdade. Como explica Anne Carr, para a filosofia transcendental, a liberdade não é algo que se tenha, como o motor em um carro. Pelo contrário, é a situação de sermos pessoas presentes a nós mesmos, "entregues a nós mesmos e, em última análise, responsáveis por nós mesmos", capazes, até certo ponto, de transcender forças e objetos que possam predeterminar quem somos. A liberdade é atualizada ao longo do tempo nas decisões e relacionamentos cotidianos. "Inclui o que alguém é no âmbito da família, da comunidade, dos negócios, da política, do trabalho de todos os tipos, e quem é, em última análise, na aceitação ou recusa do horizonte infinito e misterioso da sua própria existência." Aqui também experimentamos um dinamismo interminável de desejo de buscar e receber que impulsiona o espírito. Cada ato pelo qual uma pessoa ama outra, por exemplo, aprofunda a capacidade de dar e receber ainda mais amor num círculo cada vez maior de relacionamento que define quem somos. Em todos os aspectos, a liberdade humana, como a razão, é um dinamismo que continua a transcender tudo o que alcança. Qual é a condição para a possibilidade de se resumir livremente na declaração "eu te amo"? É a estrutura aberta da natureza humana que está orientada para uma plenitude ilimitada de amor.

Uma vez que se compreende esse padrão de autotranscendência humana, vê-se que essa experiência básica única está presente em mil formas. Não apenas questionamos curiosamente e amamos livremente, mas desejamos a felicidade, conhecemos a solidão, duvidamos, resistimos à injustiça, planejamos projetos para beneficiar os outros, agimos com responsabilidade, permanecemos fiéis à consciência sob pressão, ficamos maravilhados com a beleza, sentimos culpa, nos alegramos, lamentamos a morte, temos esperança no futuro. Por trás de todos esses momentos existenciais pessoais está um anseio imenso e motivador. Na raiz, experimentamos que somos orientados para algo mais. Não vamos, por enquanto, dizer o que é esse algo mais. É algo como um horizonte que abre a paisagem e nos acena para irmos adiante, circundando as nossas vidas, embora nunca possamos alcançá-lo.

Essa orientação para o horizonte faz parte da vida de cada pessoa, quer ela preste atenção ou não. Não se trata de uma experiência particular entre outras, mas da profundidade última de qualquer outra experiência distintamente pessoal, da própria condição que as torna todas possíveis. Porque onde estaríamos se houvesse apenas um número limitado de perguntas que pudéssemos fazer, um determinado número de decisões livres que pudéssemos tomar, uma quantidade restrita de beleza que pudéssemos desfrutar ou uma cota de lágrimas? Não seríamos reconhecidamente humanos. Tal como as coisas são, porém, nós nos experienciamos como seres que constantemente se estendem além de nós mesmos em direção a algo inefável. Essa orientação é o que nos constitui como sujeitos espirituais, ou *pessoas*, propriamente ditas. Na verdade, de uma forma paradoxal, no momento em que tomamos consciência das nossas limitações radicais, já ultrapassamos esses limites.

Na Europa de meados do século, eclodiu um debate interessante sobre o que isso poderia significar. Filósofos existenciais com um forte compromisso com o ateísmo, pensadores como Jean-Paul Sartre, concluíram que a vida é absurda. O universo, com seu céu vazio, frustra infinitamente as buscas humanas. Como não há realização final para a nossa autotranscendência, todos os nossos desejos dão em nada. Mantidos por alguns breves momentos sobre o vazio, os seres humanos, com todos os seus esforços, são alvo de uma grande piada cósmica. Os pensadores religiosos, pelo contrário, sustentavam que a vida tem sentido porque um Deus santo e infinito, que é o horizonte circundante da busca humana, pretende ser a nossa realização. Contudo, quer seja nada ou tudo o que nos espera, ambos os lados concordaram sobre a estrutura dinâmica da experiência humana, que é sempre orientada para o "mais".

2.3.2 O Adonde de nossa autotranscendência

Tendo estabelecido esse ponto sobre a autotranscendência humana à sua própria maneira, o argumento de Rahner torna-se agora explicitamente teológico. Observe que ele não está tentando "provar" a existência de Deus de alguma maneira objetiva. Tal prova não é possível. Em vez disso, trabalhando no contexto da cultura moderna, ele está tentando realocar a questão de Deus. Ele está passando de uma questão sobre um Ser Supremo "lá fora" para uma questão sobre o que sustenta a orientação dinâmica da natureza humana. Se Deus existe, argumenta ele, não é por acaso que nos encontramos tão abertos e tão ardentemente desejosos. O Criador teria nos feito assim para sermos, como Verdade infinita e Amor santo, a realização de nosso eu questionador, amoroso e sedento de vida. Para apreciar isso, devemos afastar-nos da imagem convencional que a própria palavra "Deus" evoca, o que leva facilmente a mal-entendidos inadequados. Qual seria uma forma adequada de se referir a essa plenitude ilimitada que é o espírito humano? Por mais estranho que possa parecer, seria útil usar por algum tempo o termo arcaico *Adonde*. Esse termo se refere a um ponto de chegada, um destino, como na pergunta "Adonde vais?". O rumo de nossa autotranscendência é aquele para o qual estamos caminhando, a meta que nossa mente e coração autotranscendentes estão sempre buscando alcançar.

Como deve ser esse lugar? Aqui chegamos ao cerne do argumento ao sondarmos algo característico do divino, dado o dinamismo transcendente do espírito humano. A única relação satisfatória com um espírito humano tão dinâmico seria algo em si para sempre ilimitado, de modo que atingir a meta não paralisasse o ser humano. O termo do nosso espírito autotranscendente deve ser infinito, indefinível, para sempre além do nosso alcance, não à nossa disposição. A essa plenitude inefável, Rahner dá o nome de "mistério sagrado". Cada época, observa ele, tem diferentes palavras-chave para Deus, termos específicos que evocam o todo. Nessa estação invernal, "mistério sagrado" servirá para nós.

Mistério aqui não se refere a algo assustador ou fantasmagórico. Nem tem o significado mundano de um quebra-cabeça que ainda não foi resolvido, como num literário mistério de assassinato. Pelo contrário, mistério aqui significa a ideia de que o Sagrado é tão radicalmente diferente do mundo, tão completamente outro, que os seres humanos nunca podem formar uma ideia adequada nem chegar à posse total.

O rumo da autotranscendência humana é e deve permanecer incompreensível em profundidade e amplitude, para sempre. Nunca chegaremos ao fim da exploração, tendo descoberto tudo. É algo como trilhos de trem paralelos que parecem se encontrar em um ponto distante, mas, quando você chega a esse ponto, os trilhos se abrem para outro ponto distante. É algo como o horizonte que se vê quando se voa de avião; por mais rápido que o jato vá, ele nunca alcança o horizonte, que permanece ainda mais além da janela. É algo como estar apaixonado e achar a pessoa amada infinitamente interessante e bonita. Sempre há mais. Rahner descreve a ideia de Deus como mistério sagrado em termos poéticos e geográficos:

> O próprio horizonte não pode estar presente dentro do horizonte. A medida final não pode ser medida; a fronteira que delimita todas as coisas não pode ser delimitada por um limite ainda mais distante. O infinito e imenso que compreende todas as coisas: uma imensidão tão abrangente não pode ser abrangida por si mesma.

É por isso que é um erro pensar que podemos provar a existência de Deus da mesma forma que provamos a existência de um novo planeta ou de qualquer outro objeto particular da nossa experiência no mundo. Não podemos descobrir Deus direta ou indiretamente como poderíamos encontrar uma partícula subatômica nos rastros de uma câmara de nuvens. Deus não é um ser que aparece ao lado de outros seres que existem, nem mesmo se imaginarmos Deus como o maior, ou o primeiro, ou o último. É um erro pensar em Deus como um elemento dentro de um mundo maior, como parte da totalidade da realidade. O mistério sagrado não pode ser situado dentro do nosso sistema de coordenadas, mas escapa a todas as categorias. Portanto, para pensar corretamente em Deus, devemos abandonar o impulso para o domínio intelectual e abrir-nos para o Adonde da orientação faminta do nosso espírito. "O conceito 'Deus' não é uma compreensão de Deus pela qual uma pessoa domina o mistério; mas é o meio pelo qual alguém se deixa apreender pelo mistério que está presente, mas sempre distante."

Enfatizar a incompreensibilidade do mistério sagrado como Rahner faz não é novidade. Corre como um rio profundo através de toda a tradição judaica e cristã, desde as escrituras até a sabedoria dos santos, místicos e teólogos de todos os tempos. Tomás de Aquino, a quem Rahner muito deve, sublinha esse ponto com a sua famosa e contundente declaração:

> Visto que a nossa mente não é proporcional à substância divina, Deus permanece além do nosso intelecto e, portanto, é-nos desconhecido. Por conseguinte, o conhecimento supremo que temos de Deus é saber que não conhecemos Deus, na medida em que sabemos que o que Deus é ultrapassa tudo o que podemos compreender (*De Potentia*, q.7, a.5).

A contribuição de Rahner é chegar a essa compreensão pelo dinamismo da experiência humana, fazendo do incompreensível mistério sagrado de Deus a própria condição que torna possível o funcionamento do nosso espírito humano. A experiência da transcendência leva todo ato de conhecimento e amor além de si mesmo, para a presença do mistério. Quer estejamos conscientes disso ou não, quer estejamos abertos a essa verdade ou a suprimamos, toda a nossa existência espiritual, intelectual e afetiva está orientada para um mistério sagrado que é a base do nosso ser:

> Esse mistério é o horizonte inexplícito e não expresso que sempre circunda e sustenta a pequena área da nossa experiência cotidiana de conhecer e agir, do nosso conhecimento da realidade e da nossa ação livre. É a nossa con-

dição mais fundamental e natural, mas por isso mesmo é também a realidade mais escondida e menos considerada, falando-nos pelo seu silêncio, e mesmo parecendo ausente, revelando a sua presença ao fazer-nos tomar conhecimento das nossas próprias limitações.

E é isso que as pessoas chamam de Deus.

Entendido dessa forma, o Adonde da nossa autotranscendência exerce fortes implicações para o bem-estar humano, pois tal incompreensibilidade inefável sustenta e assegura a operação contínua do espírito humano. Mesmo que eventualmente soubéssemos todas as verdades abençoadas que existem em todo o universo; mesmo que tivéssemos a nossa dose de amor esmagada e atropelada; mesmo que experimentássemos todas as dimensões da vida em abundância, ainda haveria mais, o Adonde, evocando e sustentando o nosso espírito. Quando tomamos consciência disso e nos deixamos lucidamente envolver por Deus assim compreendido, então o nosso desconhecimento de Deus, que é mistério sem limites, "não é uma negação pura, não é simplesmente uma ausência vazia, mas uma característica positiva de uma relação entre um sujeito e outro". Tal mistério incompreensível cria a condição para a possibilidade de o relacionamento religioso ser ao mesmo tempo um verdadeiro lar e uma aventura interminável de exploração para seres humanos que anseiam, buscam, choram, riem, conhecem, amam e esperam.

O mistério sagrado permanece para sempre. Na época de Rahner, a forma dominante da teologia católica romana era a neoescolástica, uma forma de pensamento fortemente racionalista centrada numa ideia de Deus que hoje reconheceríamos como teísmo. A teologia neoescolástica presumia que, na visão beatífica, quando os bem-aventurados no céu veriam Deus face a face, tudo ficaria claro.

Numa reviravolta interessante, Rahner não nega um conhecimento mais completo aos bem-aventurados, mas caracteriza-o como conhecimento da plenitude divina precisamente como mistério. Longe de ser uma limitação lamentável da nossa felicidade, a incompreensibilidade permanente de Deus, mesmo no céu,

> deve antes ser pensada como a própria substância da nossa visão e o próprio objeto do nosso amor beatífico. Visão significa apreender e ser apreendido pelo mistério, e o ato supremo de conhecimento não é a abolição ou diminuição do mistério, mas a sua afirmação final, a sua imediação eterna e total [...] O mistério não é apenas uma forma de dizer que a razão ainda não completou a sua vitória. É a meta aonde a razão chega quando atinge a sua perfeição tornando-se amor.

A incompreensibilidade do mistério sagrado, portanto, não pertence acidentalmente a Deus como uma qualificação que poderia muito bem pertencer a algo ou a outra pessoa. Caracteriza o Adonde da nossa transcendência por definição, única e primordialmente e para sempre. Sem isso, Deus não seria Deus. Com isso, encontramos a realização de nossas vidas.

Para algumas pessoas que lutam com a fé em meio à cultura moderna, a ideia de Deus como um mistério incompreensível é um enorme alívio. Isso os liberta de noções restritas e confinadas do teísmo e coloca seu espírito em um relacionamento onde eles podem voar alto. Como explica Jeannine Hill Fletcher: "A incompreensibilidade não é tanto um triste reflexo da limitação humana, mas sim a exuberante celebração da ilimitação de Deus [...] [Isso] significa que a pessoa humana vislumbra o mistério de Deus não como ausência, mas como superabundância". Esse vislumbre deixa outras pessoas tontas e desorientadas; elas vivenciam essa ilimitação como uma perda de conexão com o Deus domesticado, mesmo que autoritário, do teísmo ao qual estavam acostumadas. Outras ainda ficam com medo porque o inominável e inefável Adonde parece tão distante e indiferente. Todos precisam reconhecer, contudo, que neste ponto do argumento a ideia de Deus como mistério sagrado está apenas semiacabada.

2.4 Mistério cada vez mais perto

No coração da fé cristã reside a ideia quase inacreditável de que o mistério sagrado de Deus, infinitamente incompreensível, não permanece para sempre remoto, mas aproxima-se radicalmente do mundo. Isso é realizado em um único ato de autodoação que se mostra em dois elementos mutuamente condicionantes. Em termos doutrinários, são encarnação e graça; em termos pessoais, são Jesus Cristo e o Espírito Santo. Juntos, eles formam o dom de autocomunicação que pulsa para fora das profundezas do ser divino, por meio do qual esse mistério sagrado se aproxima do mundo em uma proximidade indescritível.

Rahner preparou o terreno para apreciar isso de uma forma muito pessoal quando elaborou uma oração ao Deus incompreensível. Tentar avaliar essa grandeza inefável o reduz a um estado de grande inquietação. A oração começa: "Sempre que penso no teu Infinito, fico ansioso, imaginando como Tu estás disposto para mim". A oração continua implorando que Deus diga uma palavra de consolo:

> Deves adaptar a tua palavra à minha pequenez, para que ela possa entrar nesta minúscula morada da minha finitude – a única morada em que posso viver – sem destruí-la. Se você falasse uma palavra tão "abreviada", que não dissesse tudo, mas apenas algo simples que eu pudesse compreender, então eu poderia respirar livremente outra

vez. Você deve criar alguma palavra humana para você, pois esse é o único tipo que posso compreender. Não me diga tudo o que você é; não me fale do seu infinito – apenas diga que você me ama, apenas me fale da sua bondade para comigo.

Só então esse teólogo será capaz de levar a sua vida com um mínimo de paz.

2.4.1 Encarnação

A fé cristã sustenta que em Jesus Cristo o Deus incompreensível realmente fala uma palavra tão abreviada na linguagem da nossa humanidade comum: "E o Verbo se fez carne e habitou entre nós" (Jo 1,14). Vivendo uma vida judaica genuinamente histórica na Galileia do século I, condicionada pelos limites físicos e psicológicos da nossa espécie, Jesus pregou o reino de Deus, curou pessoas sofredoras, procurou os perdidos e ofereceu hospitalidade a todos os que chegavam. Nisso ele expressou o que Deus é e sempre é: o amor pródigo. Bebendo a borra amarga da morte violenta numa cruz fora de Jerusalém, ele colocou o mistério infinito de Deus em solidariedade com todas as criaturas vulneráveis que acabam no pó. A presença da Fonte da vida nas profundezas da morte desperta a esperança, vista primeiro na ressurreição de Jesus, de que haverá um futuro para todos os derrotados e mortos. Aqui, a autocomunicação de Deus ao mundo na pessoa de Jesus Cristo como filho da Terra é o eixo que mantém unida toda a aventura da fé cristã.

Rahner colocou a sua interpretação da encarnação na estrutura de Deus como amor, tomando assim partido num antigo debate. Desde os tempos medievais, a teologia tem discutido o motivo da encarnação. Os dominicanos, liderados por Tomás de Aquino, tiraram a pista de uma leitura direta dos capítulos iniciais do Livro do

Gênesis, onde, depois que Adão e Eva comeram o fruto proibido, Deus prometeu um redentor que esmagaria a cabeça da serpente. A vinda do Messias é o cumprimento dessa promessa. Portanto, o motivo da encarnação é a redenção; o Verbo se fez carne para salvar a raça humana do pecado. Os franciscanos, liderados por Duns Scotus, pensavam de outra forma. Guiada pelo princípio de que o amor busca a união com o ser amado, essa escola de pensamento sustentava que o motivo da encarnação é o amor. O Verbo se fez carne para que Deus, que é amor, pudesse entrar em profunda união pessoal com o mundo, o amado. Isso teria acontecido mesmo que os seres humanos não tivessem pecado. O fato de o mundo ser pecaminoso implicou que o sofrimento e a morte na cruz se tornassem parte da história de Jesus. Mas o propósito principal era a união no amor.

A força da visão de Rahner sobre a amorosa autodoação de Deus em Jesus Cristo pode ser vista na sua opção pela posição escotista, que passava despercebida pela teologia romana prevalecente da época. "A encarnação é a primeira na intenção divina", refletiu ele, querendo dizer que Deus, que é amor, deseja eternamente comunicar o eu divino ao "outro" que não é divino, e assim cria um mundo para permitir que isso aconteça. Nessa visão, a narrativa do pecado e da redenção é açambarcada por um amor primordial que cria e busca a união independentemente das circunstâncias. O Adonde da nossa autotranscendência tem procurado incessantemente ser a nossa realização desde o início.

2.4.2 Graça

Ancorado na História por Jesus Cristo, o mistério sagrado de Deus toma a iniciativa de envolver a vida de todos os seres humanos, do início ao fim, com o amor redentor. Na linguagem cristã, isso se exprime na ideia de que o Espírito de Deus está presente no centro de cada vida. A explicação de Rahner liga isso intimamente à sua análise transcendental da natureza humana. Visto que nossos atos concretos de transcender a nós mesmos, mesmo quando normalmente ignorados em meio à pressão dos negócios, revelam que as pessoas humanas são dinamicamente estruturadas em direção ao infinito, a fé interpreta que as pessoas são sempre encaminhadas para além de si mesmas, em direção a um Adonde inefável. A boa-nova guardada pela fé cristã proclama que esse horizonte inefável se aproxima graciosamente de nós e convida-nos a chegar mais perto, envolvendo-nos num amor extremo e radical. Esse amor, vivido na base do nosso ser, nada mais é do que dom do próprio Deus. É oferecido gratuitamente a todos, sem exceção, como luz e promessa de vida, e torna-se visível na história onde quer que haja amor ao próximo, fidelidade à consciência, coragem para resistir ao mal e qualquer outro testemunho humano do que é "mais".

É verdade que a presença dinâmica desse amor na história humana é muitas vezes manchada pelo pecado, os seres humanos fecham-se na recusa. Mas, apesar dessa miserável introspecção e dos seus trágicos resultados em assassinatos e todo tipo de danos, a oferta divina de amor está sempre e em toda parte presente, sendo mais poderosa do que o mistério da culpa humana.

Essa presença amorosa é o que a teologia chama de graça. A teologia neoescolástica tratou o conceito de graça principalmente como graça *criada*, vendo-a como um dom finito que remove o pecado e restaura nosso relacionamento com Deus. A linguagem padrão da graça criada levou à infeliz impressão de que a graça era uma espécie de "terceira coisa" objetiva entre Deus e os seres humanos, algo quase quantificável que poderia ser perdido pelo pecado e recuperado novamente pela penitência e, portanto, poderia ser governado por ações humanas individuais. Baseando-se na teologia bíblica, patrística e medieval, Rahner mudou o foco para a forma de graça mais primordial e subjetiva chamada graça *incriada*. Isso se refere ao próprio Espírito de Deus transmitido livre e imediatamente a todos os seres humanos. É a autocomunicação do próprio Deus, que permeia o mundo nas suas raízes mais íntimas. Não sendo uma coisa separada ou um dom especial que aparece de vez em quando, a graça é a força animadora de toda a história humana, presente mesmo antes de Jesus Cristo. Coextensa, mas não idêntica à nossa raça, ele se expressa onde quer que as pessoas expressem o seu amor no cuidado pelos outros, na arte criativa, na literatura, na tecnologia, em todas as boas dimensões críticas da responsabilidade e da confiança, mesmo na escuridão.

A graça incriada é o Espírito de Deus habitando no coração da nossa existência. Graças a esse dom, argumenta Rahner, o alcance transcendente da pessoa humana em conhecer e amar é na verdade orientado para a imediação de Deus. Pode-se aceitar ou recusar essa oferta de proximidade, mas a oferta não é assim revogada. A linguagem da graça, então, não significa um dom adorável distinto de Deus. Em vez disso, naquilo que Rahner caracteriza como a afirmação mais tremenda que pode ser feita sobre Deus, "o próprio Doador é a Dádiva".

Por meio da encarnação e da graça, portanto, o silencioso, indefinível e inviolável Adonde da autotranscendência humana, Deus, o mistério sagrado absoluto, oferece a cada pessoa o dom da presença pessoal e salvadora:

> Podemos, portanto, afirmar imediatamente com certeza que os dois mistérios da encarnação e da graça são

simplesmente a forma radical do mistério que mostramos ser o primordial: Deus como o mistério sagrado e permanente para a criatura, e não sob o aspecto de indiferença distante, mas sob a forma de proximidade radical.

Jesus e o Espírito articulam o único mistério que se aproxima intimamente do mundo numa amorosa autocomunicação. Aqui reside o caráter específico do conceito cristão de Deus. Em vez de ser o ser mais distante, o mistério sagrado transcendente está envolvido em todas as realidades do mundo que nos rodeia, preocupando-se especialmente com os desesperados e os condenados.

2.5 Mistério sagrado

Na teologia neoescolástica dominante em meados do século XX, "mistério" representava questões que a razão comum considerava difíceis de compreender. Conforme usado na pregação e no ensino, pensava-se que tinha três características. É plural, pois há muitos mistérios. É proposicional, pois esses mistérios residem em declarações verbais de doutrina ou credo, como a de que há três pessoas em um Deus. E é provisório, perdurando apenas ao longo desta vida; depois da morte, tudo ficará claro, como quando a cortina de um teatro se levanta para revelar o cenário e os atores no palco. Não consegue entender um ensinamento cristão? É um mistério. Mas tudo será revelado no mundo vindouro.

Rahner considera essa uma noção de mistério surpreendentemente limitada. A análise transcendental do sujeito humano permite que o termo seja reabilitado para servir como ideia central de Deus na estação invernal da modernidade. Em vez de uma pluralidade, existe apenas um mistério na fé cristã. Em vez de ser proposicional, não reside em declarações doutrinárias, mas na realidade do próprio ser de Deus como amor abnegado. E em vez de ser provisório, não é temporário, mas dura por toda a eternidade. Esse único mistério sagrado é o Deus inefável que, permanecendo eternamente uma plenitude – infinita, incompreensível, inexprimível – deseja comunicar-se ao mundo, e o faz na pessoa historicamente tangível de Jesus Cristo e na graça do Espírito, de modo a tornar-se a bem-aventurança de cada pessoa e do próprio universo.

Observe os ingredientes gêmeos dessa ideia de Deus que, segundo Rahner, podem nutrir e aquecer o espírito no inverno. Primeiro, a ideia de transcendência, a alteridade insondável de Deus, é considerada absoluta e articulada como um mistério cada vez maior. Em segundo lugar, e de igual peso, a ideia de imanência, a proximidade íntima e fiel de Deus, também é tomada de forma absoluta e articulada como um mistério sempre cada vez mais próximo. De uma só vez, essa visão vai além da visão convencional delineada no teísmo moderno, que, apesar de todas as suas boas intenções, não faz justiça nem à alteridade divina nem à proximidade divina. Da mesma forma, essa noção de mistério sagrado também vai além da noção estreita de Deus como a divindade apenas da tribo cristã, afirmando a universalidade da presença graciosa de Deus para cada ser humano. A fé cristã, é claro, sempre sustentou que o que Deus fez em Jesus beneficiou toda a raça humana e que o Espírito de Deus habita entre todas as pessoas. Contudo, isso foi encoberto na prática por uma longa história de polêmica contra os não crentes, juntamente com a sua marginalização social. O contato do mundo moderno com múltiplas culturas, além do seu próprio pluralismo interno, torna cada vez mais insustentável essa visão exclusivista do propósito salvífico de Deus, destinado apenas a certas pessoas de pensamento correto e cumpridoras dos mandamentos de Deus e da Igreja. Não é que a proximidade divina seja irregular, mais presente para uns, distante de outros. Pelo contrário, com amorosa generosidade, o mistério sagrado oferece graciosamente o dom da vida divina a todos, em todos os lugares e em todos os momentos. Uma pessoa pode rejeitar essa oferta, sendo a liberdade humana respeitada pelo Criador da liberdade. No entanto, todos estão incluídos no desejo de salvação universal de Deus e na oferta da graça redentora.

Deixe Deus ser Deus! – isto é, o mistério sagrado incompreensível cheio de amor surpreendente.

Ao longo de uma vida inteira escrevendo mais de três mil verbetes, Rahner trabalhou com o desafio da modernidade para definir esse núcleo de crença para uma estação invernal. No fim, insiste, toda a doutrina cristã diz realmente apenas uma coisa, algo bastante simples e radical: o mistério vivo da plenitude absoluta, que não tem nome e está além da imaginação, aproximou-se de nós no emaranhado de nossas vidas por meio de Jesus e do dom da graça, mesmo quando não o percebemos, para ser a nossa salvação, esplendor e apoio sobre o abismo. Consequentemente, embora o resultado da nossa própria vida e do mundo ainda não seja conhecido, podemos ter confiança de que se trata de uma aventura segura na misericórdia de Deus. A fé então se torna um ato de coragem. Podemos ousar ter esperança.

2.6 Amor a Deus e ao próximo

Esse vislumbre do mistério de Deus cada vez maior, cada vez mais próximo, flui logicamente para um caminho de discipulado composto de amor a Deus e amor ao próximo, ou nos termos de Rahner, misticismo e responsabilidade, que são inseparáveis. O misticismo aqui imaginado não é uma espiritualidade esotérica. Pelo contrário, é um caminho básico para Deus em nossa época, quando a fé é reduzida ao seu essencial. Como a fé não é mais sustentada pelos costumes religiosos manifestos e pelo compromisso geral da sociedade, Rahner está convencido de que "o cristão devoto do futuro será um 'místico', alguém que 'experimentou' alguma coisa, ou ele [ela] irá deixar de ser qualquer coisa".

O que deve ser experimentado? Nada menos que Deus, sob a rubrica da forma cristã específica de apreender Deus, nomeadamente, como mistério sagrado e infinito que se aproxima na autodoação por meio da encarnação e da graça. No fundo, o cristianismo proclama uma mensagem simples: somos chamados à imediação do próprio Deus. Se aceitarmos a imensidão silenciosa que nos rodeia como algo infinitamente distante e, no entanto, inefavelmente próximo; se o acolhermos como uma proximidade protetora e um amor terno e sem reservas; e se nesse abraço tivermos a coragem de acolher a própria vida em toda a sua concretude e anseio, o que só é possível pela graça, então teremos a experiência mística da fé. Aceitar a nossa vida significa deixar-nos cair nesse mistério insondável que está no centro da nossa existência, num ato de amorosa entrega. Tal ato não deixa tudo claro; Deus não nos poupa da perplexidade. E a nossa volta para Deus está sempre sob a ameaça do pecado. Mas Deus está presente onde a vida é vivida com coragem, entusiasmo e responsabilidade, mesmo sem qualquer referência explícita à religião.

A questão é esta: as pessoas que se aceitam corajosamente, que aceitam a sua própria vida com todas as suas peculiaridades, beleza e sofrimento, na verdade aceitam o mistério sagrado, que habita dentro delas, dirigindo-se a elas como amor abnegado. Isso não implica perda de individualidade, mas sim um crescimento da personalidade que é libertado e fortalecido. Pois, longe de ser um rival da autenticidade humana, o mistério sagrado deseja positivamente o mundo e a nós mesmos em nossa mundanidade finita. Rahner capta a natureza não competitiva dessa relação no seu famoso axioma: "A proximidade de Deus e a genuína autonomia humana aumentam em proporção direta e não inversa".

Jesus Cristo está no centro dessa forma de misticismo. Em Jesus, crucificado e ressuscitado, a autopromessa de Deus ao mundo alcançou a vitória. Como acontecimento definitivo com raízes na história, essa vitória não pode mais desaparecer. É escatológico, irrevogável, assegurando-nos que o mistério incompreensível nos levará, também, a um fim abençoado na presença de Deus para sempre. Aqueles que ouvem essa palavra e testemunham essa verdade na história formam a comunidade dos crentes. Nessa teologia, a Igreja não é principalmente uma instituição para a promoção da devoção individual e da vida moral. Em primeiro e último lugar, a Igreja é a presença sacramental da promessa de Deus ao mundo, uma comunidade que, apesar da sua pecaminosidade, sinaliza ao mundo inteiro que a doação de Deus é continuamente oferecida a todos.

O dever inato de assumir a responsabilidade pelo mundo é parte integrante da prática desse misticismo. Na verdade, a relação básica da nossa vida com o Deus vivo só pode ser expressa e ganha forma credível num amor incondicional ao próximo. Egocêntricos como somos, o amor pelos outros pode ser corrompido e tornar-se uma expressão de egoísmo oculto. A entrega ao mistério incompreensível que está no centro da nossa vida, no entanto, permite que a graça libertadora de Deus atue. Isso acontece mesmo que não o reconheçamos explicitamente, como deixa claro a parábola das ovelhas e dos bodes: "Porque tive fome e me destes de comer [...] todas as vezes que fizestes isso a um desses meus irmãos menores, a mim o fizestes" (Mt 25,35-40).

Rahner observa que a tendência hoje de falar não tanto sobre Deus, mas sobre o próximo, de pregar mais sobre o amor ao próximo e de evitar o termo Deus em favor do mundo e da responsabilidade pelo mundo – essa tendência tem uma base sólida. Não que devamos ir ao extremo de banir a conversa sobre Deus, o que seria falso para a fé. Mas uma vez que tanto a antropologia transcendental como a revelação cristã mostram que o mistério sagrado está profundamente presente e comprometido com o mundo e com cada pessoa nele, então amar a Deus significa amar o mundo. Nessa teologia, um relacionamento acósmico e não mundano com Deus não é possível. Envolvidos por um mistério santo e incompreensível, permitimos que os nossos corações sejam conformados com o coração de Deus, que derrama bondade amorosa sobre o mundo com fidelidade sem arrependimento.

Nos nossos dias, observou um Rahner mais velho, o amor ao próximo precisa assumir uma forma que vai além do domínio dos relacionamentos privados e individuais. Dado o nosso conhecimento de como os sistemas afetam o indivíduo, o amor hoje deve ser expresso também na responsabilidade cristã pela esfera social. Agir dessa forma é mais do que um empreendimento humanitário, por mais nobre que seja. Num tempo de crescente solidariedade à escala global, o trabalho pela justiça é estimulado pelo Espírito de Jesus, para quem o bem do próximo tem um valor incompreensível, proporcional ao amor de Deus derramado sobre ele.

Pode ser que seja inverno quando a folhagem luxuriante não reveste mais as árvores de piedade. Mas os galhos nus nos permitem ver mais fundo na floresta. Ali vislumbramos o gracioso mistério de Deus, a quem não podemos manipular nem conceitual nem praticamente, mas que permanece como o próprio Adonde do nosso ser indagador. A questão que enfrentamos, insiste Rahner, é: o que amamos mais: a pequena ilha da nossa própria certeza ou o oceano de mistério incompreensível? O desafio que enfrentamos é se vamos sufocar na pequena cabana da nossa própria sagacidade ou avançar pela porta do nosso conhecimento e ação para a aventura inexplorada e interminável da exploração de Deus, em cuja imensidão silenciosa podemos confiar absolutamente e amar por meio do cuidado por este mundo.

Como mostrou a teologia discutida neste capítulo, a compreensão humana de Deus nunca esgota a riqueza do mistério sagrado e incompreensível. Consequentemente, Rahner raciocina, isso "na verdade postula uma história do nosso próprio conceito de Deus que nunca pode ser concluída". Historicamente, novas tentativas de visualizar e articular esse mistério deveriam ser esperadas e até bem-vindas. Os capítulos seguintes condensam destaques de outras tentativas mais de falar sobre Deus, resultantes do dinamismo de busca e descoberta da tradição cristã viva em nossos dias. As regras de compromisso que regem a linguagem religiosa estão em jogo em todos os continentes, à medida que novas vozes contribuem para a compreensão de toda a Igreja sobre o mistério sagrado que está no cerne da fé.

2.7 Leitura adicional

A explicação mais legível do ateísmo do ponto de vista cristão, juntamente com uma refutação ponto por ponto, é *Does God exist? An answer for today*, de Hans Küng (Doubleday, 1980). Walter Kasper propõe a Trindade como antídoto para o ateísmo na seção intitulada "The denial of God in modern atheism", em seu livro *The God of Jesus Christ* (Crossroad, 1984), pp. 16-46. Uma seleção de textos primários dos principais pensadores ateus é apresentada em *Through a glass darkly: Readings on the concept of God*, Julia Mitchell Corbett, ed. (Abingdon, 1989). Sobre os problemas que o ateísmo representa para a fé em geral, ver *Atheism and theism*, de J.J.C. Smart (Blackwell, 2003). O trabalho de Julian Baggini, *Ateísmo: Uma breve introdução* (L&PM Pocket, 2016), proporciona uma leitura positiva do ateísmo e mostra a sua atração para muitas pessoas ponderadas.

Os vinte e três volumes de *Theological investigations* trazem uma miríade de ensaios de Rahner. Especialmente pertinentes ao assunto deste capítulo são: "The concept of Mystery in catholic theology", vol. 4, pp. 36-73 (um dos ensaios mais significativos de Rahner mostrando que todas as doutrinas católicas refletem aspectos do único e incompreensível mistério de Deus); "Thoughts on the possibility of belief today", vol. 5, pp. 3-22 (uma introdução rica e profundamente sentida à situação invernal da fé); "Being open to God as always ever greater", vol. 7, pp. 25-46 (uma reflexão devocional sobre o dinamismo humano em direção a Deus como horizonte de toda a nossa atividade); "Theology and anthropology", vol. 9, pp. 28-45 (um ensaio indispensável que esclarece o método transcendental); e "The Church and atheism", vol. 21, pp. 137-150.

Para um tratamento técnico da análise transcendental da pessoa humana em um mundo de pecado e graça, ver *Foundations of Christian faith*, de Rahner, trad. William Dych (Seabury, 1978), capítulos 1-4. Esse mesmo livro também liga a incompreensibilidade de Deus com a encarnação e a graça de uma forma esclarecedora.

Uma coleção de orações de Rahner que expressam sua teologia de Deus aparece em *Prayers for a lifetime*, ed. Albert Raffelt (Crossroad,

1984); a oração citada é de "God of my Lord Jesus Christ", pp. 38-39. Informações valiosas e acessíveis sobre a espiritualidade aparecem em *Encounters with silence*, de Rahner (St. Augustine's Press, 1999); e *The great Church year: The best of Karl Rahner's homilies, sermons, and meditations*, eds. Albert Raffelt e Harvey Egan (Crossroad, 2001).

Para uma discussão informativa sobre o método e os *insights* de Rahner, cf. *The Cambridge companion to Karl Rahner*, Mary Hines e Declan Marmion, eds. (Cambridge University Press, 2005); e *A world of grace*, Leo O'Donovan, ed. (Seabury, 1980), especialmente Anne Carr, "Starting with the Human", pp. 17-30.

3
O DEUS CRUCIFICADO DA COMPAIXÃO

3.1 Contexto: sofrimento indescritível

Consideremos a visão de Deus que emergiu no continente europeu destruído pela Segunda Guerra Mundial. Milhões de mortos, cidades em ruínas, a agricultura e a distribuição de alimentos perturbadas, a economia devastada: o sofrimento não terminou com o armistício, mas irradiou-se nos anos seguintes como ondas de choque. No centro do horror, expresso em gritos e sussurros, assomava o Holocausto nazista dos judeus. Embora houvesse exemplos impressionantes de resistentes e salvadores cristãos, a maior parte daqueles que dirigiam os campos de extermínio era batizada. De pé sobre os escombros, os teólogos não só tiveram de enfrentar o fracasso do cristianismo em motivar as pessoas de fé a resistirem a tal mal, como, diante da enormidade do que aconteceu, eles também tiveram que avaliar os argumentos tradicionais usados para explicar os caminhos de Deus diante do sofrimento. Seis milhões de pessoas, homens, mulheres e crianças, desenraizadas das suas casas e bairros, transportadas como gado em trens operados com precisão, separadas entre aquelas marcadas para abate imediato e aquelas saudáveis o suficiente para fornecerem trabalho escravo, e todas finalmente encaminhadas para a morte por gaseamento, tiro, doença ou fome, seus corpos descartados nas chamas de crematórios. O objetivo de Hitler era varrer esse povo e a sua herança da face da terra. O sofrimento, imerecido e desumano, é incompreensível.

A enormidade do crime deixou os pensadores atordoados. Eles começaram a falar do Holocausto como uma "interrupção" que invadiu a visão da teologia cristã de um mundo racionalmente ordenado. Foi um "terremoto" que fendeu o terreno da confiança da fé em Deus; um "abismo" intransponível que dividiu a história e o seu suposto progresso num antes e depois incomensuráveis; algo "tremendo" que destruiu a crença não só em Deus, mas também na humanidade e nos seus projetos seculares. Devido à enormidade da Shoá, simplesmente não se poderia continuar como antes, elaborando interpretações que permitiriam que tal magnitude de sofrimento fizesse algum sentido no plano de Deus para o mundo.

Lembro-me do dia em que apanhei um trem de Munique para o campo de concentração de Dachau. A própria cidade de Dachau data da Idade Média e fica a apenas algumas paradas da linha suburbana da cidade grande. Depois de ler extensivamente sobre o Holocausto, sentia-me suficientemente preparada para o que iria encontrar, embora o impacto de realmente estar diante dos *bunkers* e fornos fosse visceralmente quase forte demais para suportar. Houve um momento inesperado, porém, que surpreendeu meu pensamento. No museu do campo, em meio às ferramentas de tortura e outros apetrechos, estava pendurado um uniforme listrado usado por um preso chamado Albert Mainslinger. Ao lado, estavam expostas duas folhas de papel, documentos preenchidos quando de sua entrada e saída do acampamento. Em 1939, seu formulário de admissão listava seu peso como 114 kg e, mais abaixo, sua religião como católica romana. Em 1945, seu formulário de dispensa, assinado pelo administrador americano do campo, continha informações diversas. Seu peso era de 41 kg. Na linha da religião estava escrito *Das Nichts*, nenhuma. Eu olhei e fiquei em silêncio. Quem pode compreender o sofrimento – prisão injusta; anos de fome lenta; manhã, tarde e noite tentando escapar do terror infligido pelos guardas; trabalho duro incessante no frio e no calor; pessoas em agonia por toda parte; não tendo ideia de quando aquilo terminaria ou se o próximo minuto traria sua morte. À medida que seu corpo definhava, sua alma também definhava, qualquer confiança em um Deus bom e gracioso se evaporou.

Herr Mainslinger foi um dos sortudos, levando-se em consideração que sobreviveu. Multiplique a sua experiência por três milhões de outros gentios que morreram naqueles lugares. E, depois, concentre-se especificamente nos seis milhões de judeus que foram sistematicamente detidos e barbaramente mortos nos campos simplesmente por serem judeus. Fica clara a força da interrupção desse evento no projeto religioso de falar de Deus. Os teólogos refletiram que tal mal é uma força absurda e irracional que não pode ser ajustada de forma significativa a um plano divino para o mundo. Mesmo tentar adaptá-lo seria domesticar o mal, diluir o seu terror, dar-lhe, ainda que involuntariamente, o direito de existir. Tais tentativas de racionalização abafam as vozes das vítimas. E permitir que tal evento faça parte de um plano divino geral para o mundo seria transformar Deus num monstro, não importa o quanto se fale sobre a bondade e o poder divinos. A "fissura" no padrão clássico de pensamento é tão grande que, na busca do Deus vivo, alguns teólogos começaram a mudar a questão do sofrimento em si. A questão adequada não é *por que* Deus permitiu que isso acontecesse, ou *como* isso pode ser reconciliado com o governo divino do mundo. Pelo contrário, pensando no outro lado da ruptura provocada por essa experiência, a questão adequada torna-se a angustiada pergunta: *onde* está Deus, onde está Deus agora?

Por uma boa razão, os pensadores religiosos judeus assumiram a liderança na investigação dessa questão em meio à destruição da confiança da fé. Seguindo diferentes caminhos de pensamento, vários estudiosos judeus imaginaram respostas diferentes. Não sabemos onde Deus estava. Deus estava escondido, ou silencioso, ou ausente, ou morto. A face de Deus estava virada. Deus estava lá, sofrendo com as vítimas, chorando com a sua dor. Ou, mais radicalmente, a única forma racional de pensar sobre Deus depois de Auschwitz é admitir que Deus não existe. Seja qual for a teologia, ela leva a uma obrigação ética: Nunca Mais.

3.2 A falha da teodiceia

Tanto os pensadores judeus como os cristãos que lidaram com essa questão fizeram-no tendo como pano de fundo uma longa tradição que remontava à própria Bíblia. Por que existe tanto mal moral e sofrimento no mundo se Deus é todo-poderoso e todo bom? Deus não poderia impedir isso? Se não, então Deus não deve ser todo-poderoso. Deus não quer impedir isso? Se não, então Deus não deve ser todo amoroso. Mas se Deus pode impedir isso e quer fazê-lo, por que o sofrimento continua?

A teologia tradicional é virtualmente unânime em afirmar que Deus não deseja o sofrimento diretamente. Em vez disso, tendo criado um mundo com as suas próprias leis naturais, um mundo, além disso, onde os seres humanos têm livre-arbítrio, Deus consente ou permite que o desastre aconteça. Diferentes escolas de pensamento apresentam uma variedade de razões para explicar por que isso acontece. Deus permite o sofrimento para punir o pecado, ou para testar o caráter, ou para educar as pessoas na virtude madura, ou para refinar e purificar as almas para o céu. Mesmo quando o sofrimento é infligido injustamente aos inocentes, Deus o permite por respeito pela liberdade humana. Não importa o que aconteça, Deus no fim extrairá o bem do mal. Todos esses argumentos tentaram reconciliar o sofrimento humano com o amor e o poder divinos, argumentando que a experiência penosa de alguma forma serviu ao propósito divino.

Na época do Iluminismo, essas tentativas de justificar os caminhos de Deus num mundo doloroso receberam o nome de "teodiceia". O termo foi cunhado como título de um livro do filósofo Gottfried Leibniz em 1710, que procurou dar sentido ao sofrimento como parte do seu argumento de que esse é o melhor de todos os mundos possíveis. Nessa altura, o Deus do teísmo moderno estava em ascensão, e era a interpretação do teísmo de um Ser Supremo onipotente e onisciente que precisava ser defendida face às coisas terríveis que aconteciam no mundo que "ele" criou. Após a Segunda Guerra Mundial, os teólogos começaram a pensar que, comparados com o Holocausto, tanto as explicações da teologia tradicional como o projeto de teodiceia do Iluminismo tinham falhado. Dizer que o povo judeu merecia isso como punição pelo pecado vai contra o fato de que, além de compartilharem a pecaminosidade humana comum, a maioria dos assassinados eram inocentes de más ações flagrantes; um milhão eram crianças. Dizer que tal sofrimento formou almas em virtude desmente o fato de que isso literalmente destruiu pessoas e deixou os sobreviventes com uma vida inteira de luta física, psicológica e espiritual. A defesa do livre-arbítrio levantou mais questionamentos do que respondeu, apenas empurrando a questão de volta para os seres humanos e criando a necessidade de uma "antropodiceia". Na verdade, o Holocausto dos judeus é um escândalo incompreensível que desafia a justificação racional. Tentar reconciliá-lo com um Deus amoroso e poderoso acaba banalizando o mal.

Houve outros genocídios desde esse evento. O regime do Khmer Vermelho sob Pol Pot levou quase um terço do povo cambojano para os campos de extermínio. Em Ruanda, o povo Hutu exterminou com fogo e facões 800 mil dos seus vizinhos Tutsis por várias semanas antes de a intervenção internacional pôr termo à matança. Enquanto escrevo, a agonia de Darfur, inacreditavelmente, continua. Contudo, foi na Europa de meados do século que a questão surgiu pela primeira vez de forma acentuada no pensamento cristão contemporâneo. Foram os teólogos europeus que tiveram de lidar com a questão de Deus na escuridão da Shoá, que destruiu todos os argumentos racionais que tentavam justificar os caminhos divinos. O seu trabalho tem afetado a forma como a teologia lida com o enorme sofrimento público desde então.

3.2.1 Três jovens alemães

Não é pouca coisa que entre o grupo de teólogos que começou a lidar com essa questão estivessem três jovens alemães. Todos eles cresceram sob a sombra escura do Nacional-Socialismo e experimentaram em primeira mão a devastação da guerra durante a adolescência. Todos estudaram teologia em universidades que acabavam de ser restabelecidas na devastada Alemanha do pós-guerra. Agora, já não era o ateísmo do mundo secular que desafiava a fé, mas a questão do terrível sofrimento. Quando se tornaram teólogos, todos se recusaram posteriormente a desviar o olhar do Holocausto, mas antes encararam o acontecimento com a maior seriedade, como um desafio e um guia para pensar sobre Deus.

- Jürgen Moltmann conta como testemunhou o bombardeio incendiário dos Aliados em Hamburgo, que deixou áreas inteiras da cidade em cinzas. Mantido como prisioneiro de guerra pelos britânicos, ele olhou através do arame farpado do campo e perguntou-se como pensar em Deus em meio a um colapso tão total; as ideias da tradição reformada protestante na qual ele foi educado pareciam muito inadequadas. No início de seus estudos, ele redescobriu a cruz de Cristo, que se tornou o terreno firme sob os pés de sua teologia. "Despedaçados e destruídos, os sobreviventes da minha geração retornavam dos campos e hospitais para as salas de aula. Uma teologia que não falasse de Deus aos olhos daquele que foi abandonado e crucificado não teria nada a dizer-nos então." A teologia da cruz tornou-se cada vez mais significativa à medida que ele começou a avaliar o genocídio dos judeus. Tornou-se imperativo para a integridade da teologia conectar a cruz com Auschwitz.

- Dorothee Soelle conta que sua juventude foi "definida pela fome, pelos bombardeios, pelo frio e pela necessidade. Espiritualmente, era também uma paisagem em ruínas". Durante a guerra, sua família escondeu a mãe judia de um de seus colegas de classe no sótão. Um de seus irmãos mais velhos foi morto na frente oriental. Quando jovem teóloga, ela viajou para o campo de extermínio de Auschwitz, na Polônia, uma atitude incomum na época. Lá, onde tantos foram brutalmente assassinados, ela sentiu o terreno teológico mudar silenciosamente sob seus pés. Sua formação e devoção luterana clássica foram fundadas no Deus do teísmo clássico com todos os atributos "oni": onipotência, onisciência, onipresença. Depois da viagem, ela não conseguia mais entender como a teologia podia falar assim. "À luz de Auschwitz, a suposição da onipotência de Deus parecia uma heresia", eticamente ofensiva e impossível de acreditar. Citando frequentemente poesias, últimas cartas (de despedida) e memórias de judeus que estiveram nos campos ou de resistentes alemães nas prisões nazis, ela considera esse crime contra a humanidade o acontecimento mais importante com que a sua geração teve de lidar.

- Johann Baptist Metz conta como, quando era um jovem religioso de 16 anos de idade, foi tirado da escola, forçado a ingressar no exército alemão e enviado para o *front*. Sua tropa de infantaria contava com mais de cem adolescentes, todos jovens como ele. Certa noite, ele foi enviado para entregar uma mensagem ao quartel-general. Durante sua ausência, sua tropa foi exterminada por ataques de tanques e bombardeiros aliados. Ao retornar, "encontrei apenas os mortos [...] Eu só conseguia ver rostos mortos e vazios daqueles com os quais, no dia anterior, eu havia compartilhado medos e risadas juvenis. Não me lembro de nada além de um grito sem palavras. Assim me vejo até hoje, e por trás dessa recordação todos os meus sonhos de infância desmoronaram". Uma fissura abriu-se na sua imaginação católica com sua confiança invencível de que Deus é bom e o mundo é ordeiro. A fissura tornou-se intransponível quando, como estudante de pós-graduação de

Rahner e depois como jovem professor, ele gradualmente levou em conta o horror ilimitado do Holocausto. Em vez de abafar os gritos, ele começou a se perguntar o que aconteceria se alguém se lembrasse das vítimas e com elas tentasse falar de Deus. Assim, a questão de Deus impôs-se a ele "na sua forma mais estranha, mais antiga e mais controversa", nomeadamente, a partir das profundezas do sofrimento. A teologia simplesmente não consegue mais fazer o seu trabalho, concluiu ele, ou seja, falar sobre Deus, de costas para Auschwitz.

À medida que suas vidas se desenvolveram em locais diferentes e cada um ganhou destaque internacional, esses três tornaram-se amigos e deram um ao outro apoio moral e colegiado. O ímpeto para pensar de novas formas sobre o Deus vivo no meio do sofrimento alargou-se no seu pensamento para incluir não só o Holocausto, mas também a abundância bárbara do mal na história humana como um todo. A sua preocupação não era, em primeiro lugar, o sofrimento dos indivíduos que surge no curso normal da vida terrena à medida que os corpos envelhecem, adoecem e morrem, nem ainda o sofrimento que resulta de reveses e perdas nos relacionamentos ou no trabalho. Embora apresentem questões religiosas próprias, esses acontecimentos fazem parte da trama de cada vida humana nesta terra, que não é o paraíso. Mas, para além desse sofrimento pessoal, existencial e relativamente privado, existe um terrível excesso de padecimentos que resulta de danos que as pessoas infligem injustamente umas às outras em massa: pobreza opressiva e fome, escravidão, violência doméstica, estupro, homicídio, guerra, genocídio. Danos esses que destroem as pessoas e a sua capacidade de amar; atacam sua identidade e extinguem violentamente sua vida. Olhando para trás, para a história da raça humana, tal sofrimento é um fio vermelho que atravessa toda a sangrenta tapeçaria.

A solução, escreveu cada um desses teólogos, não reside nem em ignorar intelectualmente o sofrimento, nem em tentar evitá-lo em termos práticos. Essa última tendência, característica da cultura materialista nos países do primeiro mundo, começou a se infiltrar na sociedade alemã à medida que a reconstrução do pós-guerra começou a ter sucesso econômico. A vida da classe média parece funcionar com base na expectativa de que a vida será confortável. Atendendo às satisfações materiais numa sociedade de consumo, as pessoas tendem a pensar que qualquer coisa dolorosa precisa ser expelida. Quando o sofrimento chega à sua porta, eles não sabem como alcançar um significado. Para evitar essa dor e pânico, isolam-se com atividades banais em vez de arriscarem uma vida rica envolvendo-se com luto e consolação. Quanto àqueles que sofrem fora do seu círculo imediato, as pessoas mergulham no seu próprio mundo e olham através, em volta, para além do tormento dos outros, mostrando uma incapacidade de sofrer mesmo na causa de ajudar os que estão aflitos. O resultado dessa evitação, especialmente evidente nos jovens, é o tédio, a estagnação, a incapacidade de experimentar uma alegria intensa – numa palavra, a apatia.

Ao elaborar uma abordagem à teologia que lidasse com o enorme sofrimento público e com a tentativa da classe média de o ignorar, os jovens alemães começaram a usar o termo "teologia política", da palavra grega *polis*, que significa cidade. Isso não é teologia feita em conexão direta com partidos ou movimentos políticos, *lobbies* ou governos, como o nome pode sugerir. Pelo contrário, é a teologia que procura ligar o discurso sobre Deus à *polis*, à cidade, ao bem público de um grande número de pessoas, vivas e mortas. A teologia política, tal como se desenvolveu, desconfia de um tipo privatizado de religião que se concentra apenas na experiência religiosa e na moralidade de um indivíduo. Uma visão tão estreita contribuiu para o fracasso das Igrejas em se oporem vigorosamente a Hitler, permitindo uma complacência que possibilitou que a fé fosse atrelada a uma ordem social injusta. Expressando a intenção de dar à religião uma face pública, a teologia política cria uma visão mais ampla, tentando responsabilizar a crença em Deus na arena pública. Profundamente espiritual na sua abordagem, também se torna prática ao fazer da compaixão solidária para com as vítimas uma parte essencial da fé. Tal como Metz a descreveu, essa teologia enfatiza "o elemento místico-político que desafia a privatização da religião burguesa e localiza a experiência de Deus não numa tranquilidade pacífica, mas num protesto a Deus sobre o mal no mundo, um questionamento de Deus e um sofrimento diante de Deus".

3.2.2 O Deus do pathos

A teologia política pós-Holocausto redescobriu um Deus profundamente envolvido com a dor do mundo. Moltmann e Soelle, entre outros como Eberhard Jüngel, seguiram a famosa visão de Dietrich Bonhoeffer, um teólogo cristão enforcado pelos nazistas, que escreveu na prisão que, no meio desse desastre: "Só um Deus sofredor pode ajudar". Eles desenvolveram o poderoso símbolo do Deus sofredor que suporta e é derrotado com aqueles que sofrem. Esse símbolo abre a ideia de que Deus leva a dor do mundo para o ser divino para ali a redimir. Tomando uma abordagem diferente, Metz, entre outros como Edward Schillebeeckx, imaginou um Deus de profunda compaixão que é solidário com aqueles que sofrem, embora o sofrimento não penetre no ser divino como tal. Seja qual for o símbolo que escolheram, esses teólogos políticos vislumbraram um Deus de *pathos* avassalador, cuja presença permite esperança mesmo no meio de uma morte brutal.

Ao explorar essa ideia, os teólogos políticos consideraram o trabalho do estudioso religioso judeu Abraham Heschel altamente valioso. Heschel, que dedicou o seu livro *The prophets* "Aos mártires de 1940-1945", viu que os profetas bíblicos como Isaías, Jeremias e Amós foram fascinados por um vislumbre do coração de Deus, que ardia de cuidado. Foi essa visão que lhes deu a força para proclamar, em nome de Deus, a sua crítica mordaz do mal social e a consolação esperançosa para os aflitos. Heschel caracteriza esse cuidado divino pelo mundo como "*pathos*". Como termo, *pathos* significa uma espécie de sentimento de sofrimento; é a raiz da palavra, no inglês, "*a-pathetic*", que significa sem sentimento, bem como de seu oposto, "*sym-pathetic*", que significa com sentimento pelos outros em seus problemas. Nos textos proféticos da Bíblia, Deus é um Deus de *pathos* que sente intensamente: ama, cuida, fica feliz, fica irritado com a injustiça, insta, incita, perdoa, fica desapontado, frustrado, sofre justa indignação, chora, sofre, promete, derrama misericórdia, alegra-se, consola, enxuga as lágrimas e ama mais um pouco. *Pathos*, então, é um símbolo central da compreensão de Deus pelos profetas. Serve como uma categoria teológica do cuidado vivo de Deus em relação dinâmica com Israel, um código para a aliança da participação de Deus na história de vida do mundo.

Sabendo que essa visão de Deus contrasta profundamente com o teísmo moderno, Heschel emprega um modelo acadêmico tradicional para explorar a diferença. De acordo com esse modelo, o pensamento cristão sobre Deus segue uma de duas rotas: grega ou hebraica. O caminho grego está impregnado de razão e filosofia, enquanto o caminho hebraico traça a revelação histórica no cerne da religião bíblica. Há muitas *nuances* que falsificam essa divisão, tornando-a menos nítida do que parece à primeira vista. O helenismo grego, por exemplo, penetrou na consciência judaica e pode ser encontrado nos últimos escritos da Bíblia Hebraica. Ainda assim, para se ter uma visão geral, o modelo serve para esclarecer dois métodos genuinamente diferentes que produzem resultados diferentes. Uma diferença fundamental reside na forma como eles avaliam os sentimentos, especialmente a emoção que resulta quando se é afetado por outra pessoa.

- O padrão filosófico grego tem uma forte tendência ao dualismo, criando uma barreira entre o espírito e a matéria. O que pertence ao espírito tem maior valor e está mais próximo do divino, enquanto o que pertence à matéria arrasta o espírito para a bagunça da terra. Aplicado aos seres humanos, esse padrão de pensamento privilegia a alma imortal e o seu poder de raciocínio, enquanto o corpo e as suas emoções são desvalorizados como mais próximos do reino da mudança e, em última análise, da morte. Nessa visão, Deus, sendo puro Espírito, está totalmente acima da contenda, além de toda emoção. Possuindo todas as perfeições de uma forma inimaginável, a natureza divina não tem possibilidade de mudança, não pode ser afetada pelo mundo e, claro, não pode sofrer. A dignidade divina depende disso. O ideal para os seres humanos é também uma autoconquista que permitirá ao indivíduo controlar as suas paixões e habitar no reino imperturbado do espírito.
- O padrão histórico hebraico, por outro lado, implica uma visão não dualista da criação. Assim, a emoção, embora talvez embaraçosa para o temperamento estoico, é tão valiosa espiritualmente quanto o pensamento. Nessa visão, o Deus esmagadoramente transcendente torna-se livremente ativo na história, faz alianças com um povo e, por meio de palavras e

ações, é encontrado como Aquele que está apaixonadamente relacionado com o que acontece. Desse modo, é revelado que o próprio eu de Deus é atencioso, amoroso e envolvido. O ideal para os seres humanos feitos à imagem divina é serem conformados ao coração de Deus por um envolvimento solidário nas alegrias e turbulências da história. O verdadeiro oposto de ser semelhante a Deus nesse modelo não reside em ser apaixonado, mas em ser indiferente. Comover-se com o sofrimento e relacionar-se de forma compassiva com os necessitados é ser teomórfico, conformado à imagem de Deus.

Longe de se enquadrar no modelo filosófico, o Deus da Bíblia é um Deus do *pathos*. Para proteger a liberdade divina, Heschel reflete que o *pathos* não é um atributo divino *necessário*, que pertence ao Deus eterno como infinito. Mas, tendo em conta a história de Israel, é *de fato* a forma como Deus escolhe livremente responder ao dilema humano, nomeadamente, com um envolvimento solidário. *Pathos* tem a qualidade de uma categoria ética, uma postura de cuidado vivo. Dizer que Deus é compassivo, sensível e concretamente preocupado é dizer que Deus se preocupa apaixonadamente com o bem-estar humano para todos, o que inclui especialmente aqueles que são considerados vítimas de injustiça histórica. Portanto, chamar Deus de Deus do *pathos* não é uma afirmação psicológica, mas teológica. Como toda linguagem teológica, é inadequada. Mas não é falsa como forma de iluminar a compaixão de Deus.

Essa teologia judaica do *pathos* divino forneceu um caminho convidativo para a teologia cristã abordar a ideia de Deus em relação ao sofrimento. Pois no cerne da fé cristã está a crença de que no advento de Jesus Cristo a compaixão de Deus tornou-se cada vez mais íntima, partilhando a dor do mundo na carne. A teologia política arrisca essa interpretação. Concentrando-se intensamente na cruz e na ressurreição de Cristo, encontra ali a revelação da compaixão de Deus derramada.

3.2.3 Visão central

Os cristãos lembram que Jesus sofreu sob Pôncio Pilatos, foi crucificado, morreu e foi sepultado. No meio do tormento físico dessa forma romana de execução, ele também suportou a agonia espiritual, transmitida naquele grito inesquecível e angustiado da cruz: "Meu Deus, meu Deus, por que me abandonaste?" (Mc 15,34). No meio daquele inferno, onde estava Deus? A tradição cristã insiste constantemente em que o mistério de Deus está profundamente ligado a esse acontecimento. A cruz significa que Deus, que é amor, cuja vontade se opõe a tal sofrimento, no entanto, mergulha livremente no meio da dor e prova toda sua crueza até o amargo fim para salvar.

A fé gira em torno da crença de que, pelo poder do Espírito, Jesus morreu não no nada, na aniquilação, mas no abraço do Deus vivo. Em solidariedade com essa vítima, Deus envolveu-o com um poder amoroso que finalmente o transformou numa nova vida. Não podemos imaginar isso, mas o coração da fé irrompe na exclamação: "Cristo ressuscitou. Aleluia!" Esse não é um novo capítulo que apaga o que aconteceu antes. Como declara Metz: "Quem ouve a mensagem da ressurreição de Cristo de tal forma que o grito do crucificado nela se torna inaudível, não ouve o Evangelho, mas sim um mito". A ressurreição abre um futuro para o crucificado. Longe de ser uma boa notícia apenas sobre o seu destino pessoal, esse acontecimento promete um futuro de vida para todos os que mergulham nas trevas da morte.

A teologia política interpreta esse evento no quadro da esperança para o mundo inteiro no fim dos tempos, referida na teologia como o "*escaton*" e refletida num campo chamado "escatologia". Aqui, ela se baseia na sabedoria da história do antigo Israel com Deus, que não pode ser subestimada como uma fonte vital de sabedoria para a fé e a teologia cristãs. Ao tentarem aniquilar o povo judeu, os nazistas estavam também destruindo a sua religião, o que teria retirado o indispensável chão debaixo dos pés dos crentes cristãos. Pois o povo judeu não só encontrou o Deus do *pathos* no meio da sua história turbulenta, sempre sob ameaça, como também entendia que Deus era aquele que encerraria a história, estabelecendo a justiça e levando tudo ao cumprimento no fim dos tempos.

Essa visão vitoriosa flui das escrituras hebraicas permeando o Novo Testamento, que termina com o grito de expectativa *Maranata*, "Vem, Senhor!", cheio de desejo pelo momento em que a nova morada de Deus entre o povo enxugará todas as lágrimas, e a morte e o luto cessarão, e todas as coisas serão renovadas (Ap 22,20 e 21,1-5). Diante do mistério do sofrimento, a teologia política afirma: o tempo acabará. Deus, a quem o tempo pertence, estabeleceu limites para ele. O futuro, como acontece com todo o universo, está nas mãos de Deus, e essas mãos cuidam, sustentam, consolam e enxugam as lágrimas. Podemos, então, ousar esperar a salvação, não só para nós mesmos, mas também para todos os derrotados e os mortos com o seu sofrimento indizível.

A história de Israel com Deus deu origem a essa grande promessa. Mas ainda não existem todas as evidências; a resposta divina ao sofrimento ainda não apareceu plenamente. Fez um pagamento inicial na ressurreição de Jesus, mas o cumprimento está à frente, no fim. Assim, uma condição escatológica deve qualificar todas as nossas afirmações, para que o triunfalismo não leve ao esquecimento da cruz. Mesmo à luz da revelação bíblica, andamos por fé, não por vista. Essa fé arrisca a esperança de que YHWH é um Deus tanto dos vivos como dos mortos que não abandona ninguém na sua derrota. Sem essa esperança, todo o projeto cristão fracassa. "Pois o discurso sobre Deus é sobre uma visão e promessa de justiça universal, tocando até mesmo os sofrimentos do passado", escreve Metz, "ou é vazio e sem promessa, mesmo para aqueles que estão vivos hoje".

A presença do Deus vivo na cruz e na ressurreição de Jesus, interpretada nessa perspectiva histórico-global, desperta uma esperança ousada. Isso, por sua vez, tem um significado totalmente social, estimulando a solidariedade com todos os que sofrem agora neste mundo e inspirando a participação na obra divina de trazer vida onde a degradação e o sofrimento oprimem as pessoas. Contra o cansaço, o desânimo e o desejo de esquecer, quem segue Jesus é movido a agir de forma contínua e responsável, com intenção prática e crítica. Resistindo ao que prejudica as pessoas, começaram a trabalhar sem violência ou ódio por um mundo de bondade e graça, mesmo diante de forças contrárias.

Promovendo essa abordagem teológica, cada um do trio de alemães anteriormente mencionado contribuiu com uma ideia distinta que dá corpo à ideia do Deus do *pathos* que emerge na teologia política pós-Holocausto.

3.3 O Deus crucificado

A reflexão cristã sempre sustentou que existe um sentido real em que a cruz revela um Deus crucificado. Na medida em que Jesus crucificado é o Verbo encarnado, o seu sofrimento é o sofrimento de Deus conosco. Mas essa mesma teologia também sustenta tradicionalmente que o Verbo de Deus sofreu apenas na sua natureza humana, estando a natureza divina infinitamente além de tal paixão.

Moltmann vai além dessa limitação para localizar o sofrimento no próprio ser de Deus. Colocando novamente em prática a frase ousada de Lutero, ele propõe a ideia do "Deus crucificado", o que implica que Deus realmente sofre com todos os que sofrem neste mundo. Para explicar isso, ele compõe um *midrash*, uma glosa imaginativa, sobre o evento da crucificação.

Para começar, propõe ele, precisamos compreender que o ser de Deus é amor abnegado. O acontecimento onde esse amor se manifestou mais profundamente foi a morte e ressurreição de Jesus Cristo. O cerne do significado teológico desse evento reside no grito intrigante, terrível e inesquecível de Jesus na cruz: "Meu Deus, meu Deus, por que me abandonaste?" (Mt 27,46). Como devemos pensar sobre Deus a partir do abandono da cruz? Em vez de explicar isso, deveríamos ouvi-lo literalmente. Esse grito terrível revela que na cruz algo está acontecendo entre Deus e Deus. Entregue pelo Pai por amor aos pecadores, o Filho é rejeitado e realmente abandonado por Deus. Ele sofre violência e morre uma morte esquecida por Deus.

Moltmann ousa dar mais um passo. Enquanto o seu Filho morre na cruz, Deus Pai também sofre, mas não da mesma forma. O Pai sofre a perda do Filho, experimentando uma dor infinita. Existe uma separação total entre eles; eles estão perdidos um para o outro. Ao mesmo tempo, porém, eles nunca estiveram tão próximos. Estão unidos numa profunda comunhão de vontade, cada um disposto a fazer aquilo por amor ao mundo. Como resultado, o Espírito Santo, que é amor, o Espírito de seu amor mútuo, flui para o mundo quebrantado e pecaminoso. O seu Espírito justifica os ímpios, resgata os abandonados, torna-se amigo dos solitários, enche de amor os abandonados, dá vida aos mortos e garante que ninguém mais morrerá abandonado por Deus porque Cristo já está nas profundezas do abandono.

A cruz abre uma grande fissura no próprio ser de Deus, o Pai abandonando, o Filho sendo abandonado. Ao fazê-lo, a cruz não apenas mergulha Deus profundamente no sofrimento do mundo, como também abre um caminho inverso pelo qual o sofrimento retorna a Deus, para ser redimido. "Somente se todo o desastre, o abandono por Deus, a morte absoluta, a maldição infinita da condenação e o afundamento no nada estiverem no próprio eu de Deus, a comunhão com esse Deus é a salvação eterna", escreve Moltmann. Todo o tumulto da história, com todos os seus dilemas e desesperos, continua a entrar no ser divino pelo caminho da cruz, para ser redimido no futuro jubiloso que só Deus pode abrir.

Algumas advertências são necessárias para que esse *midrash* funcione. Deus realmente sofre, mas esse não é o mesmo tipo de sofrimento que os humanos experimentam. No nosso caso, o sofrimento nos sobrevém como resultado de nossas deficiências finitas. Somos dominados pelo sofrimento como se fosse uma força estranha; ele desce sem ser solicitado e nós o suportamos sob restrição. Por outro lado, o sofrimento não chega a Deus por necessidade ou por acaso. O Deus crucificado escolhe livremente sofrer conosco e faz isso ativamente na plenitude do amor. É esse amor sofredor no meio da história que leva o mundo à plenitude da vida ressuscitada. A cruz revela que a natureza interior de Deus é o evento trinitário do amor abnegado, capaz de sofrer, libertando assim o Espírito que enche de vida toda a criação. Cada vez que fazemos o sinal da cruz enquanto recitamos os nomes das pessoas trinitárias, testemunhamos essa verdade.

O Holocausto nunca esteve longe da mente de Moltmann enquanto ele elaborava essa tese. Aqui, a teologia do Deus sofredor recebe o seu significado mais profundo: "Não pode haver outra resposta cristã à questão desse tormento. Falar aqui de um Deus que não poderia sofrer faria de Deus um demônio". Isso não significa de forma alguma que os campos de extermínio possam ser justificados. Pelo contrário, no relacionamento com o Deus do *pathos*, tornamo-nos resistentes compassivos a tudo o que profana e viola os seres humanos. Longe de induzir a passividade política, no fim, é apenas a própria cruz que parece capaz de sustentar a nossa esperança ativa, tão sujeita a afogar-se na tristeza. Com a ressurreição dos gaseados, dos assassinados e dos mortos, Deus transformará essa tristeza em alegria eterna. Sustentados por essa esperança, o nosso desejo de trabalhar por um mundo melhor continua a brilhar. "Deus em Auschwitz e Auschwitz no Deus crucificado – essa é a base para uma esperança real que abraça e vence o mundo, e a base para um amor que é mais forte que a morte e pode sustentá-la."

3.4 O grito silencioso

A relação de Deus com o mistério do sofrimento assume um aspecto distintamente diferente na obra de Soelle. Embora apoie o símbolo do Deus sofredor, ela critica o *midrash* narrativo de Moltmann. Sim, em oposição à tradição do Deus apático e ao concomitante ideal de uma vida humana sem lágrimas, é justo sublinhar que Deus se tornou pobre, sofredor e indefeso na cruz por amor. Mas a ideia de que Jesus foi deliberadamente entregue e abandonado pelo seu Pai à sorte da morte é intolerável. Quando você pensa sobre isso, que tipo de Pai é esse? Um sádico. Até Abrão recuou em matar seu próprio filho. Essa interpretação da cruz culpa o Pai pelo que de fato foi feito a Jesus pela história da injustiça humana. Ela educa as pessoas em padrões de pensamento que consideram legítimo o comportamento sádico. Quando traduzida em espiritualidade, encoraja-os a adorar o executor.

Ao traçar um caminho a seguir, Soelle argumenta que o sofrimento da cruz não é um símbolo sadomasoquista da relação entre Pai e Filho. Ainda assim, a natureza antagônica da realidade significa que o sofrimento neste mundo é real. Contra a nossa apatia cultural, precisamos enfrentá-lo, articulá-lo, aprender com ele e acusá-lo. Nesse contexto, a cruz mostra que Deus está sempre sofrendo com quem sofre. Somos chamados a nos unir a Deus ali, a deixar para trás a tristeza e o desespero ao servir a causa da vida. Então, a questão da teodiceia é suplantada no padrão de resistência mística de nossas vidas de amor.

Soelle dá uma grande contribuição à questão do sofrimento com seu trabalho sobre o poder divino. Sua jornada por três posições teológicas oferece uma visão única das possibilidades: ela passou do Pai onipotente do teísmo clássico que exige obediência, ao Deus sem poder na cruz que modela a impotência do amor, ao Cristo crucificado e ressuscitado em quem a vitória divina da vida sobre a morte fortalece a nossa própria participação no poder da vida de Deus.

Em primeiro lugar, tendo em conta a apresentação do Deus onipotente pela tradição, ela questiona por que é que a Igreja encoraja os seres humanos a amar e honrar um Deus cujo atributo mais importante é o poder, cujo ato principal é subjugar, cujo maior medo é a independência. Essa figura paterna descomunal nada mais é do que uma projeção da fantasia de dominação dos homens. É o imperialismo em grande escala. Sua experiência durante a guerra entra em jogo: "O que me vem à mente quando penso no poder masculino? Gritar, dar ordens, berrar...". A submissão e a obediência a tal Deus destroem o nosso potencial como seres humanos para crescermos, sermos criativos e tomarmos iniciativa. Falando como alemã depois do nazismo, Soelle afirma que, longe de ser uma virtude, a obediência em si é um enorme problema.

Então, em seguida, ela restringiu a onipotência em sua ideia de Deus, a fim de enfatizar a ideia de amor altruísta. A cruz está no centro dessa perspectiva. A suposição cristã de que reconhecemos Deus mais claramente na figura de alguém torturado até a morte vai completamente contra a nossa fixação no poder e na dominação. Mostrado nos evangelhos como sendo o homem para os outros, Jesus tem apenas o seu amor. Isso o leva a morrer impotente na cruz, sem exércitos, sem truques de mágica para resgatá-lo. Seu amor é um poder não violento e sem armas, e somos salvos amando da mesma forma impotente. Logo, porém, essa compreensão da cruz na linguagem do amor impotente levantou seus próprios problemas. Por um lado, pode levar a uma passividade terrível face ao sofrimento do mundo. Por outro, não conta toda a história. Os cristãos também acreditam na ressurreição, que, se for alguma coisa, é um resultado do poder de Deus.

Então, Soelle continuou pensando. Ela finalmente percebeu que, em vez de ser uma força dominante ou uma forma ineficaz de amor, o poder divino é um bem criativo, não impositivo e vivificante. Esse é o poder que flui por meio dos relacionamentos que dão vida aos outros, poder como amor. Uma analogia simples seria a força da grama crescendo pelas rachaduras do asfalto, uma onda de vida. Ao ressuscitar Jesus dentre os mortos, Deus agiu de forma criativa e típica com esse poder. Esse não foi um ato único que concedeu a Jesus um privilégio pessoal apenas para si mesmo. Contém em si esperança para todos, para tudo, até para os mortos. "Nesse sentido, a ressurreição de Cristo é uma tremenda distribuição de poder. As mulheres que foram as primeiras a experimentá-lo receberam uma participação no poder da vida. Foi a tremenda certeza de Deus que agora entrou na vida delas", e o seu testemunho desencadeou o fluxo dessa confiança nos outros. O poder divino, então, é o grito silencioso da vida em meio ao sofrimento.

Nada dessa teologização cristã pretende remover o terror do Holocausto dos judeus: "Nenhum céu pode justificar Auschwitz". Mas o Deus que participou do sofrimento e da morte na cruz e que trouxe o poder da vida para atuar na ressurreição de Jesus Cristo estava lá, sofrendo nos campos de extermínio. A linguagem sobre o Deus sofredor que ressuscita os mortos é uma linguagem sobre o poder de Deus que busca justiça em favor daqueles que foram defraudados em suas vidas. Amar esse Deus, partilhando o poder divino para criar vida, dá-nos a possibilidade de uma vida significativa de dedicação à justiça para os outros. E aqui está, para Soelle, a questão: só podemos conhecer o amor de Deus quando nos tornamos parte dele. Só podemos conhecer o Deus da compaixão por meio da leal resistência a todas as formas de sofrimento injusto infligido aos outros.

3.5 Paixão por Deus

Metz se separa de Moltmann e Soelle na ideia de que o símbolo de um Deus sofredor ajudaria. Esse símbolo, pensa ele, oferece uma resposta muito fácil. Entre outros problemas, eterniza o sofrimento ao colocá-lo em Deus; dá ao sofrimento um certo esplendor, tornando-o secretamente belo; passa despercebido pela dissonância radical entre Deus e o sofrimento, reconciliando-os de maneira muito suave; acalmando as nossas perguntas, descarrega a tensão criada pelos gritos das vítimas. Na verdade, não existe um símbolo apropriado, nenhuma resposta clara. Em vez disso, a teologia deveria proteger a questão radical do sofrimento, abrir espaço para ele, protegê-lo para que pudesse continuar a clamar na história e a irritar o nosso pensamento. Para esse fim, Metz propõe dois passos interligados: lembrar e lamentar a Deus.

3.5.1 Lembrar

"Fazei isto em memória de mim." No centro da vida cristã está a recordação da vida, paixão, morte e ressurreição de Jesus Cristo. Isso se torna evidente em cada liturgia eucarística, onde o ato central recorda a doação de Jesus na noite anterior à sua morte, uma recordação que torna essa doação novamente presente por meio do pão e do vinho sacramentais. A primazia da lembrança da paixão na cristologia e na liturgia indica que o tipo de raciocínio que a teologia precisa usar sobre o problema do sofrimento não é transcendental, a abordagem que Metz aprendeu com seu professor Rahner, mas um raciocínio guiado pela memória narrativa e pela solidariedade. Metz introduz a categoria de "perigo" para explorar o dinamismo em ação aqui. Dada a solidariedade de Jesus Cristo com toda a humanidade, o ato fundamental de recordar a sua morte e ressurreição traz consigo a lembrança de todos os que sofreram injustamente na história. Cruzes continuam sendo colocadas no mundo; o grito de abandono ecoa ao longo dos séculos. Para ser fiel, a teologia recorda a cruz de Jesus em solidariedade a todos os mortos e com aqueles que sofrem agora no nosso mundo. Dado que o Crucificado ressuscitou, a recordação implica uma esperança ardente no seu futuro.

Por que isso é perigoso? Romper a nossa amnésia, lembrar das vítimas tem um efeito duplo. Primeiro, ao manter viva a sua história contra a inclinação dos tiranos para enterrá-la, rouba a vitória dos senhores. A história é escrita pelos vencedores, que se pavoneiam como se os mortos sobre os quais escalaram não contassem. Mas a lembrança mantém viva a realidade das suas vidas, em protesto contra a sua derrota e em compromisso com a sua agenda inacabada. Em segundo lugar, ao ligar a sua história à de Jesus, a lembrança desperta a compreensão de que cada um deles é precioso, galvanizando a esperança de que, no tempo certo de Deus, eles também serão justificados. O que existe atualmente, a vitória daqueles que assassinam e prejudicam, não é a última palavra. E assim é criada uma força social contrária à apatia; não agimos como se fôssemos derrotados pelo mal.

Não é acidental que na teologia de Metz a prática da recordação perigosa supere o marxismo. Ascendente nos círculos acadêmicos europeus da época, a filosofia marxista contentava-se em esquecer os mortos e deixar os seus sofrimentos não correspondidos na marcha do progresso em direção à felicidade para outros. No entanto, "em última análise, nenhuma prosperidade dos descendentes pode compensar o sofrimento dos antepassados, e nenhum progresso social pode reconciliar a injustiça que se abateu sobre os mortos". Só a justiça universal, que é o dom último de Deus, pode curar e salvar. Obviamente, então, esse não é um tipo de recordação nostálgica, mas uma recordação que contém a semente do futuro. A perigosa lembrança do sofrimento passado estimula a esperança no futuro para todos os derrotados e mortos. Na verdade, os cristãos podem se arriscar a olhar para esse abismo de dor precisamente porque acreditam na promessa escatológica de Deus. Com base nessa promessa, as recordações perigosas desafiam a sociedade moderna, que tenta anestesiar as pessoas contra o sofrimento dos outros com uma cultura de consumismo, de otimismo feliz e de uma banalidade de tirar o fôlego, que aniquila toda a compaixão. Em vez dessa forma de vida vulgar, impele as pessoas de fé a uma vida significativa por meio de ações que resistem a ações injustas e dominadoras que estão criando uma nova geração de vítimas.

3.5.2 Lamentar

A lembrança perigosa dos mortos em solidariedade ao seu sofrimento e à esperança de bênçãos futuras precisa ser acompanhada por um misticismo de lamentação a Deus. Não há sentido positivo no sofrimento radical injusto que destrói pessoas. Devemos tomar toda a medida da sua negatividade, recusar ignorá-lo, espiritualizá-lo ou glorificá-lo. Então, essa aflição se torna uma questão viva que deve ser dirigida a Deus. Na oração clamamos, protestamos, lamentamos, bradamos indignação, dizemos que isso não deveria ser assim. À sua maneira, essa oração é um "sofrimento para Deus", um envolvimento ativo com Deus proferido na esperança angustiada de que haverá uma resposta. Em vez de se contentar com soluções teóricas claras, mantém a questão em aberto, convivendo com o "ainda não" da história enquanto insiste na promessa de Deus.

Infelizmente, esse tipo de oração foi extirpado dos textos litúrgicos contemporâneos. Nunca se lamenta ou grita de angústia durante as Eucaristias padrão. Tal lamentação, porém, encontra-se por toda a Bíblia, em salmos e textos proféticos, escritos sapienciais e evangelhos. Metz considera a história de Jó um dos melhores guias. Sofrendo uma avalanche de problemas, seus filhos mortos, negócios arruinados, corpo doente, Jó recebe a visita de três amigos. Eles declaram a explicação padrão de que sua aflição é um castigo pelo pecado e instam-no a admiti-lo para que Deus ceda. Jó se recusa. Em vez disso, ele protesta sua inocência diante de Deus. Repetidas vezes, pergunta "Por quê?", insistindo que Deus deveria responder, ao mesmo tempo em que se apega à esperança de ser redimido. Metz ressalta a surpreendente particularidade de que, no fim, Deus afirma que foi Jó, e não seus amigos, quem falou corretamente de Deus (42,7). Não é por acaso que o misticismo divino de Jesus, conforme ouvido em seu grito final "Por que...?" também faz parte dessa tradição. Da mesma forma, o sofrimento do passado e do presente deve nos levar a Deus protestando, reclamando, pranteando, lamentando, clamando das profundezas, questionando insistentemente "Até quando, Senhor?" Em vez de se contentar com explicações racionais, lamentar a Deus, a Deus apesar de tudo, mantém viva a esperança. Tal oração tem a capacidade de nutrir uma resistência contínua à vitimização de outros, no passado e no presente.

Mística e prática, a vida cristã torna-se então uma paixão por Deus que abrange o sofrimento, a paixão, dos outros, comprometendo todos na resistência contra a injustiça para com os vivos, na esperança de uma justiça universal, mesmo para os mortos. O mistério da iniquidade não é assim resolvido. O raciocínio teológico permanece inconciliável com a irrupção do mal. Continua julgando: isso não deveria ser assim. Mas Deus é amor e prometeu provar isso. A perigosa lembrança de Jesus crucificado e ressuscitado, solidário com todos os mortos, mantém a questão em aberto, ao mesmo tempo que estabelece um caminho esperançoso e compassivo para um discipulado maduro. Assim, Metz propôs que falássemos de Deus com a face – e não as costas – voltada para o terrível acontecimento de Auschwitz.

3.6 Discipulado místico-político

O mundo é frágil, fragmentário, obscuro, discordante e opaco – numa palavra, pecaminoso. O Holocausto e todos os outros atos passados e presentes que permitem a plena ação do mal colocam a presença de Deus em eclipse. A vida das pessoas se torna um inferno. Não existe uma resposta lógica ou teológica para o mistério desse sofrimento, mas existe uma forma místico-política de viver que vai abrindo um caminho pela história do sofrimento. As pessoas podem decidir opor-se a esses erros na esfera pública, praticar a justiça e a bondade, visar a beleza e uma mesa cheia de bens de vida para todos. Dentro do atormentado contexto humano, isso traz uma espécie de significado.

A teologia política europeia pós-Holocausto abriu caminho nessa direção. O sofrimento gigantesco e injusto da Shoá irrompeu na forma habitual de pensar do cristianismo, destruindo a sua tradição recebida e precipitando uma crise religiosa. O trio de teólogos aqui descrito, entre outros, entendeu que essa catástrofe pertence à situação interna do discurso cristão sobre Deus. Começando com Auschwitz em particular e depois alargando a sua preocupação a toda a história do sofrimento, formularam a questão de Deus na sua forma mais contestada: a partir da perspectiva daqueles que foram vencidos pelo sofrimento injusto. Concordando que nem mesmo a religião pode responder a essa questão, eles foram pioneiros num padrão de pensamento e ação que honra o mistério de Deus na memória e na esperança. Quer se adote o símbolo do Deus crucificado, ou o grito silencioso da vida, ou o Deus compassivo da promessa a quem se lamenta, o trabalho do trio traz a presença divina indelevelmente na escuridão do sofrimento que clama ao céu.

3.7 Leitura adicional

Não há melhor introdução ao sofrimento do Holocausto do que o testemunho do jovem sobrevivente, mais tarde vencedor do Prêmio Nobel da Paz, Elie Wiesel, *A noite* (Sextante, 2021). As respostas religiosas judaicas ao Holocausto estão claramente expostas em *Holocaust theology*, de Dan Cohn Sherbok (Lamp Press, 1989). As lutas cristãs com a questão estão reunidas em *Holocaust as interruption*, Elisabeth Schüssler Fiorenza e David Tracy, eds. (*Concilium*, vol. 175; T&T Clark, 1984); e *Contemporary Christian religious responses to the Shoah*, Steven Jacobs, ed. (University Press of America, 1993).

A influente discussão de Abraham Heschel sobre o Deus bíblico do *pathos* pode ser encontrada em *The prophets* (Harper & Row, 1962). O trio de teólogos alemães discutido neste capítulo publicou muitos livros. O melhor lugar para começar a ler sua teologia é nas obras individuais enumeradas aqui, das quais também foram retiradas as citações deste capítulo: de Jürgen Moltmann, *O Deus crucificado: A cruz de Cristo como base e crítica da teologia cristã* (Academia Cristã, 2011), especialmente o capítulo 6; de Dorothee Soelle, *Suffering* (Fortress, 1975); e de Johann Baptist Metz, *A passion for God: The mystical-political dimension of christianity* (Paulist, 1998); O ensaio introdutório de Matthew Ashley, "Reading Metz" (pp. 7-21), é especialmente esclarecedor.

Para a história do ensino cristão sobre Deus e o sofrimento, cf. *O mal e o Deus do amor*, de John Hick (UNB, 2018). Uma forte crítica ao projeto de teodiceia do Iluminismo, juntamente com a teologização a partir da perspectiva das vítimas, é apresentada por Terrence Tilley em *The evils of theodicy* (Georgetown University Press, 1991). Para a luta contemporânea com essas questões, cf. *God, evil, and innocent suffering: A theological reflection*, de John Thiel (Crossroad, 2002); e, de Jon Sobrino, *Onde está Deus? Terremoto, terrorismo, barbárie e utopia* (Sinodal, 2007).

4
DEUS LIBERTADOR DA VIDA

4.1 Contexto: abjeta pobreza

Consideremos a descoberta que irrompeu no mundo graças ao encontro com Deus na Igreja dos pobres. Lançada na América Latina, onde foi articulada pela primeira vez como teologia da libertação, essa visão está agora sendo exposta na África e na Ásia, bem como por grupos minoritários em países economicamente desenvolvidos, como os cristãos afro-americanos nos Estados Unidos. O contexto original é duplo: o imenso sofrimento devido à pobreza, e a luta por seu alívio, chamado justiça. Nessa fronteira, torna-se claro que um cuidado particular pelos pobres, por aqueles que são pressionados para uma morte prematura e injusta, caracteriza o Deus vivo, cujo coração está voltado com misericórdia para aqueles que são oprimidos por forças sistêmicas.

A pobreza, no sentido material de pura falta das necessidades físicas da vida, é um fato brutal que aflige milhões e milhões de pessoas neste mundo. A análise social deixa claro que esse empobrecimento não pode ser atribuído à indolência ou ao vício por parte dos grupos assim atingidos. Também não é uma situação produzida aleatoriamente ou por acaso. Pelo contrário, na América Latina é o resultado de decisões históricas tomadas pelas potências europeias conquistadoras no século XVI e continuadas pelos seus descendentes. Essas decisões tiveram a exploração entrelaçada na sua própria estrutura. Foram criadas instituições políticas, econômicas e culturais que desumanizaram os povos indígenas. Como explicou o Arcebispo Oscar Romero, de San Salvador, ao longo do tempo, os egoísmos individuais que executavam as políticas dos poderosos cristalizaram-se em estruturas sociais permanentes que, por sua vez, exerceram um poder opressivo sobre as grandes maiorias. Alguns poucos se beneficiam desses sistemas. Vastas massas pagam o preço com uma vida de aflições desumanas.

Durante séculos, a Igreja Católica, que chegou com os europeus, foi cúmplice dessa situação de injustiça. A sua pregação e ensino oficiais favoreciam aqueles que governavam, apesar de indivíduos notáveis que se destacaram na caridade para com os pobres. Em 1968, num sínodo continental realizado em Medellín, Colômbia, os bispos latino-americanos fizeram pela primeira vez da questão da pobreza e das suas causas, juntamente com os próprios pobres, o foco central do seu ensinamento. Tomando nota dos muitos estudos que descrevem a miséria que assola um grande número de pessoas em todos os seus países, eles emitiram um parecer com palavras proféticas: "Essa miséria, como um fato coletivo, exprime-se como uma injustiça que clama aos céus". A missão salvífica confiada à Igreja por Cristo exige o compromisso de reparar essa terrível pobreza por amor aos nossos irmãos e irmãs sofredores.

Após uma década de fermentação, que viu esse compromisso ser levado a cabo a nível popular, pastoral e profissional, os bispos, num segundo sínodo em Puebla, México (1979), declararam abertamente:

"Marcamos a situação de pobreza desumana em que milhões de latino-americanos vivem como o tipo de flagelo mais devastador e humilhante". Sublinhando a natureza sistêmica dessa pobreza e as suas raízes injustas e pecaminosas, consideraram-na um grande escândalo e uma contradição à existência cristã. Por quê? Porque é um instrumento de *morte*. A falta de alimentos e de água potável, a falta de habitação, educação e cuidados de saúde, a exploração nas remunerações ou a falta de oportunidades de emprego, tudo isso contribui para vidas curtas e miseráveis que vão contra a dignidade humana. Além da privação material, a pobreza também significa ser marginalizado dos corredores do poder onde são tomadas decisões que afetam as condições de vida de uma pessoa. A impotência social, a falta de direitos políticos e as restrições à liberdade de expressão conspiram para manter o *statu quo*. Essa pobreza, sedimentada em estruturas econômicas e políticas mortíferas, constitui um tipo de "violência institucionalizada" que desrespeita o valor humano. A morte chega cedo para inúmeras crianças. A morte chega lentamente, aos poucos, para jovens e adultos, porque as necessidades mais básicas da vida são frustradas. E a morte chega rapidamente, independentemente da idade, por violência aberta, dada a repressão militar necessária para manter essa desigualdade estruturada.

O Documento de Puebla pintou imagens dos rostos dos pobres para tornar a crise gráfica e concreta. Os pobres incluem os rostos das crianças, atingidas pela pobreza no útero que as aflige com deficiências mentais e físicas; os rostos das crianças mendicantes nas cidades, muitas vezes exploradas sexualmente, por vezes assassinadas; os rostos dos jovens, frustrados pela falta de oportunidade de construir um futuro e privados da esperança na sua própria existência; os rostos dos povos indígenas, desrespeitados e marginalizados em situações onde mal conseguem existir; os rostos dos camponeses privados das suas terras; os rostos dos trabalhadores mal pagos e dos desempregados que não têm opções; os rostos das mulheres, envelhecidas antes do tempo na luta para alimentar as suas famílias, discriminadas por causa do seu gênero, ou traficadas e prostituídas; os rostos dos afro-americanos, descendentes de escravos desprezados por causa da sua raça; os rostos dos moradores das favelas superlotadas da cidade, cuja falta de bens materiais é cruelmente contrastada com a riqueza ostentosa exibida por outros na cidade; os rostos dos idosos, rejeitados por não serem mais produtivos. Multiplicado por milhões: um ultraje que clama aos céus.

O mundo dos pobres é mais ricamente complexo do que essa litania poderia sugerir. Onde as comunidades se mantêm unidas, este mundo abrangente também implica uma forma de ser humano, de pensar e amar, de partilhar e ser hospitaleiro, de rezar e acreditar em Deus. As lutas diárias pela sobrevivência manifestam uma força humana potente e elástica. O característico modo comunitário de celebrar exprime uma profunda esperança na vida, tida como uma dádiva. No entanto, quando o Banco Mundial publica dados que mostram que em todo o mundo há 25 mil crianças que morrem de fome todos os dias, e mais de um bilhão de pessoas que vivem com menos de um dólar por dia, torna-se inevitável um julgamento crítico. O navio da pobreza concentrada, construído por sistemas que saqueiam muitos para alimentar a riqueza de poucos e mantido à tona pela negação dos direitos humanos básicos, está abarrotado com uma carga de miséria opressiva e morte cruel. Assim retratados, os pobres são o "lado de baixo" da história. São "não pessoas" que contam menos ou nada contam. Não só na América Latina, mas entre os mais de seis bilhões de pessoas neste planeta, o seu nome é legião.

4.2 Intuição da presença e ação de Deus

A doutrina cristã tradicional apresentava Deus como o Ser Supremo que fez todas as coisas e governava o mundo da mesma forma que um rei todo-poderoso governava o seu reino, com autoridade. Embora não abordasse a questão da pobreza extrema, esse ensinamento pressupunha que a situação, assim como todo o sofrimento, era de alguma forma permitida pela vontade de Deus. Enquanto os ricos eram incentivados a serem caridosos para com os pobres, os pobres eram levados a compreender que suportar o seu sofrimento com paciência, de acordo com o sacrifício de Cristo na cruz, levaria a uma recompensa eterna depois da morte. Os costumes populares da Semana Santa, quando as imagens do Senhor Morto e da Virgem Dolorosa são transportadas em procissão pelas ruas, expressam essa teologia de forma gráfica. Deus está em seu céu; ele enviou seu Filho para sofrer por nós; a vida é um vale de lágrimas; nossos sofrimentos nos colocam no caminho para o céu. Para as comunidades pobres existe uma profunda ligação religiosa com Cristo no seu sofrimento: "Ele entende", ele sabe o que as pessoas estão passando, e dessa relação elas extraem consolo e força para lutar. Essa teologia, no entanto, na maioria das vezes inculca uma atitude resignada em relação à forma como as coisas são. Há pouca motivação para mudar a ordem social.

Começando em meados do século XX no Brasil e espalhando-se rapidamente por toda a América Latina, um movimento pastoral para revitalizar a fé entre os pobres começou a reuni-los em pequenos grupos. Ali, eles liam as Escrituras, refletiam em espírito de oração sobre o seu significado em relação à sua situação e começaram a agir juntos para a mudança. Essas "comunidades eclesiais de base", ou comunidades formadas na base da Igreja, tornaram-se locais onde os pobres fizeram a incrível descoberta de que são amados por Deus. Consequentemente, eles viram que o imenso sofrimento da pobreza vai contra a intenção divina de como as pessoas amadas deveriam viver. Tomando medidas organizadas para transformar a situação, começaram a compreender a sua identidade como sujeitos ativos que poderiam moldar a sua própria história. No processo, receberam o dom de uma intuição recentemente revelada de uma verdade antiga, nomeadamente, *em situações de miséria, Deus não é neutro*. Como Criador e governante máximo deste mundo, o Deus da vida deseja que todas as criaturas floresçam. Quando as pessoas são oprimidas, isso viola a forma como Deus quer que o mundo seja. Em resposta, o Deus vivo toma uma decisão dramática: apoiar os povos oprimidos na sua luta pela vida. Em termos teológicos, isso é conhecido como a opção preferencial de Deus pelos pobres. A única razão dessa parcialidade é o amor divino, que livremente se coloca ao lado dos pobres não porque sejam mais santos ou menos pecadores que os outros, mas por causa da sua situação. O propósito dessa parcialidade divina é curar, redimir e libertar a situação para que o sofrimento desumanizante cesse. Precisamente nessa parcialidade é que a bondade do amor divino se revela verdadeiramente universal, porque inclui as não pessoas que o pensamento poderoso e rico não contava.

"Libertação" torna-se a linguagem para explorar essa visão preciosa e surpreendente. Deus é um Deus libertador cujas ações marcantes libertam as pessoas. As Escrituras fornecem garantias convincentes.

4.2.1 Bíblia Hebraica

A teologia da libertação inspira-se no acontecimento inovador do êxodo, no qual o povo israelita, escravizado numa terra estrangeira, foi libertado. De uma forma surpreendente, o Deus dos hebreus age aqui de forma contrária à aliança habitual das divindades com o poder real. No mundo antigo, os deuses normalmente sustentavam o governante, justificavam seu *status* e eram até identificados com o rei. Em vez de se aliar ao faraó do Egito, porém, o Deus de Abrão e Sara exerce o poder divino ao lado dos escravizados miseráveis, agitando a sua libertação. Falando da sarça ardente no deserto, o Senhor convoca Moisés para liderar a luta. Os quatro verbos desse texto são totalmente reveladores do coração de Deus:

> Eu vi a opressão de meu povo no Egito, ouvi os gritos de aflição diante dos opressores e conheci seus sofrimentos. Desci para libertá-los (Ex 3,7-8).

O verbo "conhecer" nessa litania da compaixão divina refere-se a um tipo de conhecimento experiencial e não intelectual, sendo o mesmo verbo que foi usado anteriormente para a relação sexual: "O homem conheceu Eva, sua mulher, e ela concebeu" (Gn 4,1). Esse encontro revela que o Deus de Israel vê, ouve e "sente" a aflição desse povo escravizado, e assim vem libertá-los. Não admira que a sarça estivesse ardendo em chamas.

Ao longo de todo o Antigo Testamento, numerosos textos testemunham essa verdade de que o coração de Deus está posto na justiça para os oprimidos. Isso é tão verdade que "justiça" pode ser chamada de linguagem de amor da Bíblia. Com uma crítica mordaz do mal social e uma garantia consoladora da libertação de Deus, os profetas, os salmos e os provérbios convocam os crentes a ficarem do lado de Deus, que está do lado dos pobres. Esqueça todos aqueles sacrifícios no templo, diz o Senhor em Isaías, estou cansado deles; mas "deixai de fazer o mal! Aprendei a fazer o bem! Procurai a justiça, corrigi o opressor. Fazei justiça ao órfão, defendei a viúva"

(Is 1,16-17). Ainda mais fortemente em Amós, o Senhor odeia os holocaustos e despreza a música festiva. O que agradaria ao Senhor? "Antes, que o direito corra como a água e a justiça como rio caudaloso!" (Am 5,24). Não apenas o culto público, mas também o sacrifício privado, como o jejum disciplinado, é rejeitado:

> Não, o jejum que eu prefiro é este:
> Soltar as algemas injustas,
> soltar as amarras do jugo,
> dar liberdade aos oprimidos
> e acabar com qualquer escravidão!
> Repartir o pão com o faminto,
> acolher em casa os pobres sem teto!
> Quando vires alguém sem roupa, veste-o
> e não te recuses a ajudar teu semelhante!
> Então tua luz romperá como a aurora,
> e tua ferida depressa ficará curada (Is 58,6-8).

Essa compreensão da paixão de Deus pelos pobres está ligada a uma rica compreensão do que significa para Deus ser Criador. Pois se Deus cria o mundo livremente, por amor, então a glória e a honra divinas estão em jogo no florescimento do mundo, e não na sua transformação em miséria. A experiência humana de criar por amor – uma criança, uma obra de arte, uma nova escola, um poço de água limpa, uma teoria benéfica – reforça essa ideia, pois aqueles que criam por amor querem ver o seu trabalho prosperar. Sob essa ótica, a pobreza e a opressão frustram a intenção divina para o mundo. A conexão orgânica entre criar e promover o bem fica clara quando Israel louva a Deus num fôlego só:

> Ele que fez o céu e a terra,
> o mar e tudo quanto neles existe.
> Ele que guarda fidelidade para sempre,
> faz justiça aos oprimidos,
> dá pão aos que têm fome (Sl 146,6-7).

Qualquer um que diga o contrário simplesmente não sabe nada sobre Deus. Conhecer o verdadeiro Deus como Criador é compreender a paixão divina pela justiça:

> Assim diz o Senhor: Que o sábio não se glorie de sua sabedoria! Que o valente não se glorie de sua valentia! Que o rico não se glorie de sua riqueza! Mas quem quiser gloriar-se, glorie-se disto: De compreender e conhecer a mim, porque eu sou o Senhor que faço acontecer o amor, o direito e a justiça na terra. Porque é disto que eu gosto (Jr 9,22-23).

Um simples experimento mental pode esclarecer a profundidade dessa revelação bíblica sobre a natureza de Deus. Existe um único texto onde, no estilo vigoroso do "assim diz o Senhor", as pessoas são aconselhadas a oprimir os pobres, a roubar a viúva, a fazer uma grande demonstração de sacrifício em detrimento de se fazer justiça? Existe algum texto onde Deus se deleita em ver pessoas – ou quaisquer criaturas – em agonia? O sofrimento acontece; na verdade, alguns textos interpretam a guerra e o exílio como castigo divino pelo pecado do povo como um todo, pecado que inclui precisamente os atos de opressão dos pobres. Mas, mesmo aqui, a ira de Deus dura um momento, a misericórdia divina dura dez mil anos. Tomada do início ao fim, como um todo, a Bíblia revela Deus como um amante compassivo da justiça, ao lado dos oprimidos, a tal ponto que "quem oprime o fraco insulta o Criador" (Pr 14,31).

4.2.2 *Novo Testamento*

A teologia da libertação tira uma segunda indicação importante da história evangélica de Jesus, cuja vida, morte e ressurreição deixam claro que esse mesmo Deus da sarça ardente é fiel ao optar especialmente por aqueles que são marginalizados. Para a fé cristã, essa história recebe o seu poder da crença de que aqui a realidade transcendente de Deus se aproxima radicalmente por meio da encarnação na carne humana. Os detalhes da vida histórica de Jesus, então, são importantes, pois Jesus revela pessoalmente a misericórdia de Deus. Esses detalhes são reveladores. Ele nasceu em uma família pobre, foi colocado na manjedoura de um animal e logo se tornou um refugiado escapando da violência assassina de um governante. Nas memoráveis palavras de Gustavo Gutiérrez, o advento de Deus em Jesus Cristo é "uma irrupção com cheiro de estábulo". No início de seu ministério, o Evangelho de Lucas retrata Jesus lendo no rolo de Isaías a seguinte passagem:

> O Espírito do Senhor está sobre mim,
> porque ele me ungiu
> para anunciar a boa-nova aos pobres;
> enviou-me para proclamar aos aprisionados a libertação,
> aos cegos a recuperação da vista,
> para pôr em liberdade os oprimidos,
> e para anunciar um ano da graça do Senhor
> (Lc 4,18-19).

O que se segue são boas notícias concretas à medida que os sofrimentos do corpo e do espírito, os males da fome e das doenças, o desespero dos ridicularizados párias religiosos são enfrentados e transformados. O Messias cura os enfermos, exorciza demônios, perdoa pecadores e pratica o companheirismo à mesa de forma tão inclusiva que causa escândalo. O encontro com Jesus torna o amor divino disponível experimentalmente a todos os que o escutam e em particular aos pobres, aos desprezados, aos fracos, àqueles para quem viver é um fardo pesado. Iluminadas por suas parábolas instigantes centradas no reino de Deus, essas ações misericordiosas desestabilizam as normas prevalecentes sobre quem é o primeiro e quem é o último. E estabelecem, sem sombra de dúvida, uma identificação divina com aqueles que carecem de necessidades básicas: "Porque tive fome e me destes de comer [...] Porque eu tive fome e não me destes de comer" (Mt 25,31-46). Negligenciar "um desses pequeninos" significa virar as costas a Deus.

Nem essas bênçãos são dadas apenas aos homens. Na cultura latino-americana fortemente marcada pelo machismo, as mulheres pobres das comunidades eclesiais de base escutam a palavra de que elas também estão incluídas, apesar de crenças e práticas que as reduzem à insignificância. A estudiosa bíblica Elsa Tamez enriquece o quadro apontando que as boas novas chegaram às mulheres não como uma reconsideração, em acréscimo à interação de Jesus com os homens pobres e oprimidos, mas para ambos em igual medida, com atenção à situação específica das mulheres: à viúva lamentando a morte de seu filho: "Não chores" (Lc 7,13); para a mulher com hemorragia: "Filha, a tua fé te curou" (Mc 5,34); à estrangeira que busca a cura para sua filha: "Ó mulher, grande é a tua fé!" (Mt 15,28); à adúltera prestes a ser apedrejada: "Nem eu te condeno" (Jo 8,11); à discípula fiel que chorava em seu túmulo: "Mulher, por que choras?" (Jo 20,13). Profundamente afetadas não só pela pobreza, mas também pelo pecado do sexismo nas estruturas da Igreja e da sociedade, as mulheres, as excluídas entre os excluídos, percebem que a opção preferencial de Deus pelos pobres é uma opção pelas mulheres pobres. Num contexto em que são reduzidas à insignificância, continuam a lutar, como descreve Ivone Gebara, esperando, contra toda a esperança, que a última palavra sobre as suas vidas não seja a do Faraó e dos seus carros de guerra, mas a do Deus libertador da vida.

Tal como na história do êxodo, o amargo sofrimento e a morte violenta de Jesus revelam dramaticamente a opção do Deus de Israel de estar com os excluídos. Em vez de endossar o julgamento dos governantes poderosos que o consideraram culpado, Deus fica do lado dessa vítima crucificada em particular, executada injustamente pelo poder do Estado. Precisamente onde não se esperaria encontrar a divindade – em meio à tortura, à fraqueza, ao sofrimento e à morte – o Evangelho localiza a presença divina compassiva. O Senhor vê, ouve, sabe bem o que se sofre na cruz e vem libertar. Até a morte está nas mãos de Deus.

A ressurreição de Jesus para uma nova vida no Espírito assinala a solidariedade libertadora de Deus para com este crucificado, e não apenas para com ele. Ressoa o *Aleluia* Pascal porque essa ação é uma ação salvífica do Deus da vida que antecipa o que será o futuro de todos os homens e do próprio cosmos. Lido pelos olhos dos pobres, este acontecimento recebe uma ressonância especial. Não é qualquer um que ressuscita, mas Jesus, que viveu em solidariedade com os pobres e como consequência foi crucificado injustamente. No seu contexto histórico, a ressurreição assinala uma vitória não só do poder divino sobre a morte, mas também do amor divino sobre a injustiça. *Ecce homo*: eis o rosto emaciado, manchado de lágrimas, aterrorizado de Cristo, profanado na massa de pobres do mundo, dos povos crucificados. Precisamente porque Deus ressuscitou esse Jesus crucificado, os povos crucificados da história podem ter esperança. A ressurreição promete irrevogavelmente que haverá um futuro de bem-aventurança para todos os violados e os mortos, rejeitados como se as suas vidas não tivessem sentido.

4.3 O Deus da vida

À luz dessa história da revelação, a teologia da libertação articula uma constatação radical: a libertação é o ato característico da ação salvadora de Deus na história. Libertar é dar vida, vida na sua totalidade. Consequentemente, fica claro que Deus não quer que a humanidade sofra degradação. Longe de acontecer de acordo com um decreto divino, os sofrimentos dos povos pobres, oprimidos e marginalizados são contrários à intenção divina. As estruturas desumanizantes e mortíferas que criam e mantêm tal degradação são exemplos de pecado social. Elas transgridem a vontade do Deus da vida, que cria o mundo com o amor e a glória quando sua amada criação floresce, e não quando é violada.

Essa redescoberta do Deus da vida está impregnada na experiência da Igreja dos Pobres de que Deus é aquele que protege e defende aqueles que têm menos vida, caminhando com eles ao longo da história, ao seu lado no seu sofrimento, sustentando a sua luta, despertando coragem e esperança. "Estávamos descobrindo que Deus era diferente daquilo que nos ensinaram", escreve Luz Beatriz Arellano. "Estávamos descobrindo Deus como o Deus da vida, mais próximo de nós, como aquele que caminha conosco na história [...] que está imensamente preocupado com os pobres e com os últimos, com aqueles que foram deixados desamparados, e isso nos deu uma profunda esperança e um profundo sentimento de ter encontrado algo novo". Esse é o eixo que sustenta a revelação bíblica, perceberam os pobres, o fio que a atravessa como um todo.

Nessa fronteira, a teologia da libertação explorou a compreensão do Deus da vida usando interpretações criativas de dois temas tradicionais: idolatria e mistério.

4.3.1 O verdadeiro Deus contra os ídolos

Durante décadas, a preocupação dos líderes eclesiásticos e teólogos europeus centrou-se naqueles cuja fé está ameaçada pelo ácido da cultura secular e ateísta. Na América Latina, pelo contrário, o foco não está no incrédulo que luta pela fé, mas na não pessoa que luta pela vida. Aqui, a questão central não é se Deus existe, mas como acreditar em Deus em meio a um sofrimento tão desumano. Como a Igreja prega o Deus de amor às pessoas que estão sendo esmagadas? A busca por uma resposta leva a teologia a proclamar o verdadeiro Deus da vida contra os falsos ídolos.

"Eu sou o Senhor teu Deus [...] Não terás outros deuses além de mim" (Ex 20,2-3). A idolatria implica colocar deuses estranhos antes do verdadeiro Deus da Bíblia, adorando algo que não é divino. Na situação latino-americana, esses deuses são o dinheiro, o conforto que ele traz e o poder necessário para produzi-lo e mantê-lo. Começando com os conquistadores e continuando durante cinco séculos por sucessivos sistemas de governo até as corporações multinacionais de hoje, a ganância divinizou o dinheiro e as suas armadilhas, ou seja, transformou-os num absoluto. As transgressões fundamentais contra o primeiro mandamento criaram um sistema de crenças tão convincente que poderia ser chamado de teísmo monetário, em contraste com o monoteísmo.

Como todos os falsos deuses, o dinheiro e as suas armadilhas exigem o sacrifício de vítimas. Quer os pobres sejam oferecidos indiretamente pelas condições econômicas necessárias para produzir lucro, ou diretamente por meio da violência necessária para sustentar essas condições, as suas vidas são o sacrifício. O que é mais insidioso é a forma como a pregação e a teologia tradicionais colocam um verniz superficial de crença cristã sobre a face desses ídolos, nomeando Deus como rei e senhor que governa objetivamente o mundo. Neutra face à injustiça, a imagem racista, sexista e classista de Deus perverte os contornos reais do Deus vivo da Bíblia a serviço dos interesses monetários. Essa imagem idólatra de Deus manipula o Deus do êxodo, o Deus de Jesus Cristo, numa divindade substituta dos opressores, que então tomam o nome do Senhor em vão para justificar o seu proceder. "Ao deformarmos Deus, protegemos o nosso próprio egoísmo", afirma Juan Luis Segundo com uma visão surpreendente. "As nossas formas falsificadas e inautênticas de lidar com os nossos semelhantes estão aliadas à nossa falsificação da ideia de Deus. Nossa sociedade injusta e nossa ideia pervertida de Deus estão em estreita e terrível aliança." A verdade sobre Deus é distorcida para justificar a opressão humana, e criaturas companheiras são humilhadas em nome de uma visão deformada da vontade divina.

Revelado de forma privilegiada no mundo dos desfavorecidos, o Deus da vida liberta com longo alcance, faz justiça, defende fielmente os pobres e expõe o caráter idólatra das interpretações da divindade que provocam a morte. O Deus libertador dos pobres entra em conflito com "o deus dos senhores" e com o pecado estrutural em que estão inseridos o discurso religioso e as práticas inconscientes dos grupos dominantes. Se Deus é de fato Amor, e se esse Amor está ativo na história para redimir do pecado e da morte, então nas situações em que as pessoas encontram a morte, em que são empobrecidas e desumanizadas, a opção divina de ver, ouvir, conhecer e vir para libertar resulta na permanência, no sofrimento, no trabalho e no derramamento do poder de Deus em solidariedade com a luta pela vida. Essa redescoberta do Deus da libertação e da justiça para os oprimidos tem sido um tesouro alegre e contínuo na experiência da Igreja dos pobres e contrasta profundamente com a divindade que inculcaria o castigo e a resignação passiva, o ídolo imposto pelos grupos dominantes na sociedade e Igreja. Nessa fronteira, um profundo desafio se dirige a toda a Igreja: parar de banalizar as declarações escandalosas que as Escrituras fazem sobre Deus.

4.3.2 O Deus do Mistério Sagrado

Deus não é redutível à nossa maneira de compreender, mas eleva-se além da imaginação humana e da nossa capacidade de apreender ou controlar. A teologia tradicional vinculou essa qualidade "sempre maior" do divino ao caráter limitado do intelecto e da vontade humana, que, sendo finito por natureza, simplesmente não pode abranger o infinito. A moderna teologia europeia de Rahner e outros conectou a incompreensibilidade divina ao impulso dinâmico do espírito humano orientado para o infinito. A fronteira da teologia da libertação abre uma nova perspectiva. Aqui, o mistério de Deus reside não apenas no fim de um processo intelectual, mas no escândalo prático do amor divino. A transcendência divina como mistério indizível e imanipulável não é apenas uma verdade da razão, mas também uma verdade revelada na automanifestação de Deus como Deus dos pobres. Como María Pilar Aquino expressa dramaticamente, o mistério inefável "irrompe como amor, poder libertador e esperança entre os pobres e oprimidos da terra, entre os excluídos da sociedade e da Igreja". Num mundo de poder e riqueza, quem poderia imaginar isso, que Deus faz uma opção pelos pobres, uma decisão de ser solidário com a sua luta pela vida? Nessa perspectiva, o mistério de Deus deve ser apreciado de novo.

A predileção divina pelos últimos, menores e menos importantes da história não significa que Deus opta apenas pelos pobres. O amor de Deus é universal, não exclusivo. Mas significa que Deus tem um cuidado particular por aqueles que sofrem injustiças e procura aliviar a sua situação, o que significa também que, ao amar os opressores, Deus os chama à conversão. Essa visão surge com expressão jubilosa no cântico de Maria, o *Magnificat*. Recém-grávida do Messias, ela canta que Deus, seu Salvador, dispersou os orgulhosos, derrubou os poderosos de seus tronos, elevou os humildes, fartou os famintos de coisas boas, mas despediu os ricos de mãos vazias, tudo em cumprimento da antiga promessa de misericórdia (Lc 1,50-53). Essa é uma parcialidade libertadora. O objetivo não é criar uma nova situação de opressão, invertendo quem é dominante e quem é subordinado, mas criar uma nova comunidade no modelo do reino de Deus pregado por Jesus.

Opção preferencial pelos pobres sinaliza que deveriam receber atenção primária porque seu sofrimento é tão grande. O motivo dessa preferência divina é o que dá novo colorido à noção de Deus como mistério sagrado. Esse motivo é nada menos que o amor, o caráter livre, gratuito e imerecido do amor divino, que procura generosamente aqueles que a sociedade marginaliza e que elege para ser solidário com os fracos e abusados da história. Precisamente por meio dessa particularidade para com os oprimidos, o amor de Deus é revelado como universal – ninguém fica de fora, mesmo os mais excluídos socialmente. O mistério incompreensível de Deus é o amor além da imaginação.

4.4 Totalmente vivo

Enxergar Deus como o Deus libertador da vida é uma ótica muito prática, pois mobiliza o poder do Altíssimo em oposição a tudo o que arranha a imagem divina nas mulheres e nos homens. Onde quer que as pessoas se vejam apanhadas nas garras do sofrimento injusto, onde quer que a vida de multidões seja estrangulada, amordaçada, assassinada ou faminta, ali se encontrará o Senhor, em graciosa solidariedade com os pobres, chamando os opressores à conversão, dando à luz coragem para protestar, lutando para tirar vida da morte.

Com essa visão, Oscar Romero, bispo e mártir, relembrou um famoso provérbio elaborado no século II pelo bispo Irineu. Em latim, essa máxima enérgica e doce diz: *Gloria Dei, vivens homo*, que traduzida significa: "a glória de Deus é o ser humano plenamente vivo". A glória de Deus é *homo*, o ser humano, toda a raça humana, cada pessoa individual, *vivens*, plenamente vivo. A glória de Deus está em jogo no florescimento das pessoas, de cada uma e de todas juntas. Como poderia ser de outra forma se o Mistério incompreensível para o qual o espírito humano tende dinamicamente se autocomunica ao mundo em Jesus e no Espírito como amor absoluto, desafiador e protetor? Ao escolher assim criar, salvar e habitar no mundo, o mistério sagrado tornou o mundo e os seus habitantes indizivelmente preciosos. Prejudicar os seres humanos, infligir violência ou negligenciar o seu bem, traduz-se logicamente num insulto ao Senhor. Os dois estão tão ligados, pela vontade de Deus, que a glória do Um está em jogo no bem-estar de todos os outros.

O Arcebispo Romero reformulou esse axioma para declarar que todo pobre é um tesouro aos olhos de Deus. Ele pregou, *Gloria Dei, vivens pauper*: a glória de Deus é o pobre plenamente vivo – *La gloria de Dios és el pobre que vive*. A reivindicação de ligação à glória de Deus ainda é feita para o *homo*, mas agora é concretizada precisamente onde ocorre o abuso. A glória do Deus libertador da vida está em jogo na alimentação, na habitação, no trabalho, na terra, na assistência médica, na educação e nos direitos humanos dos pobres. Em contraste, a glória divina é pisoteada onde quer que as pessoas sofram fome, miséria, violência e opressão. A antiga revelação ganha vida com um novo impulso: Deus é um Deus libertador de pessoas, que ama e redime a sua humanidade. A fé torna-se então a convicção radical de que no coração do mundo esse tipo de amor existe como uma realidade maior que qualquer outra, e isso deve ser expresso numa práxis que corresponda ao próprio coração de Deus.

4.5 Práxis de justiça bíblica

A teologia da libertação há muito insiste na prioridade da práxis para o pensamento correto. Em vez de começar com um princípio correto, seja de razão ou de fé, você tem que andar como um discípulo, colocando seus pés nas pegadas de Jesus e buscando ativamente realizar o reino de Deus, para que seu pensamento seja verdadeiro. Então, como uma coruja voando ao entardecer, a teologia surge como um segundo ato que reflete sobre o que foi aprendido no calor do dia. Esse conhecimento semeia e fertiliza um novo dia de práxis num ciclo enriquecedor de compreensão cada vez mais profunda.

Que práxis surge da compreensão do Deus libertador da vida na Igreja dos pobres? É a práxis da justiça. Deus simplesmente não pode ser separado do reino de Deus, da vontade divina de que todos floresçam. Assim, a ação em nome da justiça onde abundam as desigualdades estruturadas e onde a violência grassa é uma expressão concreta e fundamental da fé. Enquadrada no amor gratuito de Deus, ela comporta algo diferente das obras de caridade. Dietrich Bonhoeffer deu um exemplo famoso: se um cavalo e uma carruagem se soltam e descem por uma estrada principal atropelando as pessoas, o que se deve fazer? Curvar-se sobre os feridos para curar seus machucados é um ato nobre e necessário. Mas para evitar danos contínuos, alguém tem que agarrar as rédeas ou travar os raios da roda e parar o cavalo. A primeira é obra de caridade; a última, a práxis da justiça. O objetivo é a transformação das estruturas sociais, que, embora nunca inaugure o reino de Deus de uma forma total, permitirá que o reino de Deus chegue em fragmentos de florescimento humano.

Escrevo isto nos Estados Unidos, a nação mais rica do mundo e a única superpotência militar remanescente, sabendo que desafio contracultural a práxis da justiça levanta para mim e para todos os cristãos na nossa cultura. Uma das principais razões para isso é a nossa cultura capitalista de consumo, cujos valores e práticas semelhantes ao kudzu povoam de tal forma a paisagem da vida cotidiana que a solidariedade com os outros encontra pouco terreno no qual se enraizar. Mas consideremos a taça de champanhe na página seguinte, que dá uma imagem gráfica da atual distribuição do rendimento mundial.

A teologia da libertação é uma dádiva dos cristãos angustiados que vivem na haste dessa taça. Jon Sobrino, de El Salvador, coloca a questão de maneira clara: quantitativamente, o sofrimento mais doloroso deste planeta é constituído pela pobreza, com a morte e indignidades muito específicas que a acompanham, e essa pobreza continua a ser a ferida mais grave do mundo. Embora existam enclaves de riqueza nos países pobres e comunidades de pessoas muito pobres nas nações ricas, essa ferida profunda aparece de forma muito mais radical no terceiro mundo do que no primeiro. Apenas por terem nascido em El Salvador, Haiti, Bangladesh ou Chade, os seres humanos têm incomparavelmente menos vida e dignidade do que pessoas nascidas nos Estados Unidos, Espanha ou Japão. "Essa é a ferida fundamental hoje. E – recordemos em linguagem cristã – o que está ferido é a própria criação de Deus."

Ignacio Ellacuría, SJ, o reitor da universidade assassinado por essa práxis em 1989, falou aos cristãos do primeiro mundo em palavras dramáticas:

> Quero que vocês coloquem seus olhos e seus corações nesses povos que estão sofrendo tanto – alguns pela

pobreza e pela fome, outros pela opressão e pela repressão. Então (já que sou jesuíta), diante desse povo assim crucificado, repitam o exame de Santo Inácio da primeira semana dos *Exercícios Espirituais*. Perguntem-se: o que fiz para crucificá-los? O que eu faço para descrucificá-los? O que devo fazer para que este povo se levante novamente?

Tirar os crucificados da sua cruz: não se engane, isso não é apenas ético, embora mesmo que o fosse seria algo precioso. Nem essa práxis se baseia apenas na compaixão humana, sentindo a dor dos outros e procurando aliviá-la, embora isso também seja altamente louvável. A base última da práxis voltada para os pobres é nada menos que o Deus vivo. Essa ação está enraizada no amor de Deus e surge em resposta ao que é exigido por esse amor. Como é que a presença de Deus, precisamente aquele Deus que libertou um povo escravizado e se manifestou em Jesus Cristo crucificado e ressuscitado, é atualizada hoje num mundo de aflição? A resposta: principalmente por meio do escandaloso amor divino pelos pobres e da intenção de que os pobres recebam vida. Se essa é a autodefinição do coração de Deus, então conhecer e amar a Deus significa deixar que a própria vida se configure com essa forma de ação divina no mundo. No meio de pessoas que sofrem a pobreza extrema e a morte prematura e injusta, significa deixar o próprio coração corresponder à compaixão divina, ao amor como Deus ama. Quando está enraizada nessa correspondência, a prática da justiça e da paz medeia, na verdade, uma experiência profunda do mistério de Deus. "Conhecemos melhor a Deus" na solidariedade com os pobres, pois os discípulos reconheceram Cristo ao partir o pão. Sem cuidado para com os que estão sofrendo, pelo contrário, a nossa relação com Deus fica diluída e rompida. A opção preferencial pelos pobres é uma postura absolutamente teocêntrica.

Distribuição global de renda

População mundial organizada por renda

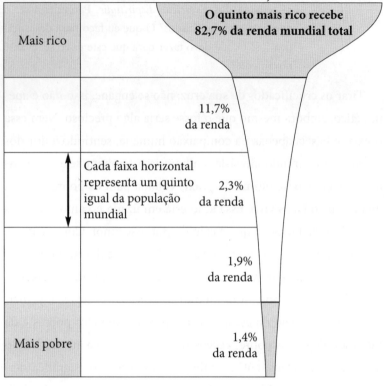

Figura 1. Fonte: Programa das Nações Unidas para o Desenvolvimento, *Human Development Report 1992* (Oxford University Press, 1992)

Chamar Deus de libertador não significa apenas criar mais um símbolo para adicionar ao tesouro de imagens divinas. Coloca um ponto de interrogação junto a qualquer outra ideia de Deus que ignore o sofrimento muito concreto dos povos devido à privação estruturada econômica, social e politicamente. Assim, esse apelo à práxis da justiça é importante não apenas para a fé dos latino-americanos, mas para a fé da Igreja mundial. De uma forma particular, desafia a complacência dos cristãos nos países ricos dos hemisférios Norte e Ocidental em reconhecer e assumir a responsabilidade pela nossa participação na injustiça institucional e estrutural na economia global.

A forma como os cristãos nas sociedades ricas vivem a sua fé tem repercussões, porque ou reforça ou questiona os sistemas responsáveis pela opressão das multidões. É muito fácil para os economicamente abastados ficarem cegos a esses efeitos, mesmo que tenham boa vontade. Nessa fronteira, o Deus da vida clama pela conversão da classe média e dos ricos. Ou o indivíduo se solidariza com os pobres, juntando-se a outros que tentam de alguma forma parar o cavalo, ou – mesmo que não aja deliberadamente de forma injusta – vive em coexistência pacífica com políticas que trazem miséria a milhões de pessoas. De que forma precisamente a justiça pode ser feita em diferentes circunstâncias é uma questão de discernimento ético e de julgamento prudencial. Pessoas de boa vontade podem divergir vigorosamente e de fato o fazem sobre quais políticas sociais e projetos de empreendedorismo social conduzirão aos melhores resultados. Mas o apelo profético da teologia da libertação assegura que, em sã consciência, já não podemos separar Deus dos pobres.

Em termos básicos, isso é simplesmente uma reafirmação do ensinamento de Jesus de amar a Deus e amar ao próximo, estando os dois inseparavelmente interligados. No entanto, tal como está posicionada na história contemporânea, a práxis da justiça constitui o núcleo de uma nova espiritualidade. A espiritualidade é uma forma concreta de viver o Evangelho inspirado pelo Espírito e em companhia de outras pessoas. Uma espiritualidade contemporânea de libertação é caracterizada pela conversão aos próximos que são pessoas exploradas e grupos étnicos desprezados. Além da oração e dos exercícios espirituais, envolve análises sociais e estratégias de ação. Nessa fronteira, a vida de fé compromete-nos ao discipulado em solidariedade amorosa com todos, especialmente com os verdadeiros pobres e despossuídos deste mundo.

Num verdadeiro sentido eclesial, essa práxis pertence à missão central da Igreja. Realizá-la coloca a Igreja em aliança com o Deus da vida, que se encontra em solidariedade compassiva com aqueles que sofrem de empobrecimento miserável. Entre os católicos, ainda há alguns que hesitam sob a impressão de que a teologia da libertação foi condenada por Roma. Para esclarecer: em 1984, o Vaticano emitiu um documento intitulado "Instrução sobre certos aspectos da teologia da libertação", que, embora afirmasse que a poderosa aspiração das pessoas pela libertação da miséria traumática é um sinal dos tempos aos quais a Igreja deve atender, também advertiu contra o uso excessivo da análise marxista e contra a redução da fé a uma dimensão política e puramente terrena. Mas dois anos depois, após muito diálogo, o Papa João Paulo II dirigiu uma carta aos bispos do Brasil na qual afirmava que a teologia da libertação representa uma "nova etapa" na longa evolução da reflexão teológica, e na atual situação histórica ela "não é apenas conveniente, mas útil e necessária". Nesse mesmo espírito, uma nova "Instrução sobre a liberdade e libertação cristã" do Vaticano, em 1986, assumiu uma atitude mais abrangente e positiva em relação ao valor dessa abordagem. Vale a pena notar que raramente o projeto central de uma teologia foi tão rápido e amplamente adptado no ensino dominante da Igreja. Embora ainda contestada por algumas facções, a opção pelos pobres, o compromisso com a justiça e a atenção à dimensão política das grandes verdades da fé fazem agora parte do ensinamento social da Igreja.

Ao contrário dos antigos entendimentos dualistas que relegavam a redenção para o próximo mundo, a abordagem da teologia da libertação vê que a graça salvadora se aplica também a este mundo. Uma escatologia concretizada exige que as "antecipações" sacramentais do reino futuro de bem-aventuranças de Deus se materializem já aqui, agora mesmo, no pão na mesa, na água limpa para as crianças e na confrontação dos sistemas econômicos injustos. Esse caminho de discipulado pode muito bem levar a Igreja até a cruz. Os interesses estabelecidos em jogo são poderosos. As suas táticas defensivas e diversivas reduziriam os negócios da Igreja a um discurso espiritualizado que não tem impacto na realidade, tornando assim o conflito inevitável. Nos nossos dias, tem aumentado um novo tesouro de santos e mártires, destinatários do desprezo e da rejeição social – para não falar de prisão, abuso, calúnia e até morte – que selaram seu destino como resultado do seu compromisso amoroso para com os pobres. Na escuridão do sofrimento e do lamento, o Deus da vida energiza a resistência, a coragem, a esperança, e até a esperar contra a esperança. Mergulhada nessa luta, a própria Igreja, tanto como povo quanto como instituição, torna-se aberta à transformação. "Longe de ser incidental e adjetiva para os cristãos, a opção pelos pobres é central na missão da Igreja, e isso pelo fato de estar intimamente ligada ao próprio coração de Deus e ao centro do mistério revelado" (Clodovis Boff).

Um exemplo impressionante do potencial dos pobres para evangelizar toda a Igreja, essa visão apela àqueles de nós que nadamos no topo da taça de champanhe para encontrarmos Deus onde tínhamos negligenciado procurar: entre os pobres, os insignificantes da história. Graças à sua presença e voz eclesial, isso esclarece uma visão da natureza divina que havíamos esquecido de recordar: que

O Deus da vida se inclina com cuidado apaixonado sobre aqueles que sofrem injustiças. Não podemos mais separar o nosso discurso sobre Deus do envolvimento no processo histórico de libertação.

4.6 Leitura adicional

Um excelente compêndio de teologia da libertação pode ser encontrado em *Mysterium Liberationis: Conceptos fundamentales de la teologia de la liberación*, Ignacio Ellacuría e Jon Sobrino, eds. (Trotta, 1990), com ensaios sobre todos os temas principais, incluindo Deus, Cristo e espiritualidade; ver especialmente "El Pueblo crucificado", Ellacuría, pp. 189-216. Um relato envolvente e popular que permite escutar as interpretações bíblicas das comunidades é *El evangelio em Solentiname*, de Ernesto Cardenal (Sígueme, 1975). Uma antologia de documentos oficiais da Igreja, incluindo a "Instrução" do Vaticano de 1984, está reunida em *Liberation theology: A documentary history*, de Alfred Hennelly, ed. (Orbis, 1990).

Há muito respeitado como o primeiro grande teólogo nessa fronteira (*Teologia da libertação* [Vozes, 1975]), Gustavo Gutiérrez tem duas obras meditativas que iluminam a questão de Deus: *Hablar de Dios desde el sufrimiento del inocente* (Centro de Estudios y Publicaciones, 1986); e *O Deus da vida* (Loyola, 1991). As poderosas interpretações de Cristo que surgiram para moldar a compreensão do discipulado incluem *Jesus Cristo libertador: Ensaio de cristologia crítica para o nosso tempo* (Vozes, 1972), de Leonardo Boff; *O homem de hoje diante de Jesus de Nazaré*, vol. II/I, parte 2, de Juan Luis Segundo (Paulinas, 1985); *Jesus, o libertador*, de Jon Sobrino, na *Coleção Teologia e libertação: Deus que liberta seu povo*, vol. 3 (Vozes, 1994) e *La fe em Jesucristo: Ensayo desde las victimas* (Trotta, 1999), de Jon Sobrino. Para uma bela análise da espiritualidade profundamente enraizada das comunidades de base, ver o ensaio de Sobrino "Le experiencia de Dios em la Iglesia de los pobres" no seu livro *Resurrección de la verdadeira Iglesia: Los pobres, lugar teológico de la eclesiología* (Sal Terrae, 1981), pp. 143-176. Como único jesuíta sobrevivente do massacre de seus irmãos de ordem, da sua governanta e da filha desta em 1989, na Universidade da América Central, em San Salvador, ele fala com autoridade única sobre todo esse tema em *A misericórdia* (Vozes, 2020).

Nosso clamor pela vida, de María Pilar Aquino (Paulinas, 1996), apresenta a teologia da libertação a partir da perspectiva das mulheres, oprimidas não apenas pela pobreza, mas também por sua posição subordinada numa cultura de machismo. Cf. tb. *El rostro feminine de la teología*, de Elsa Tamez, ed. (Departamento Ecuménico de Investigaciones, 1986); *With passion and compassion: Third world women doing theology*, de Virginia Fabella e Mercy Amba Oduyoye, eds. (Orbis, 1988), que traz declarações de conferências continentais de mulheres na África, Ásia e América Latina; e *Longing for running water: Ecofeminism and liberation*, de Ivone Gebara (Fortress, 1999).

Branco, instruído e privilegiado, Daniel Maguire detalha como a solidariedade com os pobres pode ser vivida por cristãos que não são pobres em *A moral creed for all christians* (Fortress, 2005); seus capítulos desafiadores sobre justiça social, paz e amor são simplesmente líricos. Susan Rakoczy explora a espiritualidade em seu belo estudo *Great Mystics and social justice: Walking on the two feet of love* (Paulist, 2006). Christine Hinze lida com as ramificações éticas em seu ensaio "Straining toward solidarity in a suffering world", in *Vatican II: Forty years later*, William Madges, ed. (Orbis, 2006), pp. 165-95, de onde tirei a metáfora do kudzu.

5
DEUS AGINDO COMO MULHER ADULTA

5.1 Contexto: experiência das mulheres

Consideremos a descoberta que abençoou o mundo graças ao encontro das mulheres com o Deus libertador da vida nos nossos dias. Nesse caso, o contexto da nova experiência religiosa não é apenas a luta contra a pobreza desumanizante, embora esta possa desempenhar um papel significativo, mas a luta histórica das mulheres contra a discriminação secular com base no seu gênero. Simone de Beauvoir cunhou a memorável frase "o segundo sexo", significando o sexo inferior, para descrever o *status* das mulheres. O termo aponta para o fato de que, apesar da identidade das mulheres como pessoas humanas e da rica gama dos seus dons, o seu valor tem sido consistentemente subordinado e rebaixado nas teorias, símbolos, rituais e estruturas da sociedade e da Igreja, na maioria dos quais elas não tiveram participação na formação. Esse viés é intensamente exacerbado pelos preconceitos de raça e classe, colocando as mulheres negras pobres no degrau mais baixo da escala social. Na luta pela dignidade humana plena e igual, as mulheres vislumbraram que o

Deus vivo, que criou as mulheres à imagem e semelhança divina, não só deseja o seu florescimento, mas também pode refletir-se nos seus modos femininos.

5.1.1 Sociedade

Durante as celebrações que marcaram o ano 2000, as Nações Unidas elaboraram uma lista de oito objetivos do milênio que os governos e as organizações voluntárias se comprometeram a tentar alcançar até 2015. Cinco dos objetivos, como reduzir para metade a pobreza extrema e a fome e reverter a propagação de doenças como o HIV/Aids, afetam igualmente toda a comunidade de homens, mulheres e crianças. Três desses objetivos, no entanto, dizem respeito especificamente às mulheres: fazer com que tanto as meninas como os meninos recebam uma educação primária completa; reduzir em três quartos as mortes de mulheres durante o parto; e capacitar economicamente as mulheres, promovendo a igualdade entre mulheres e homens. O fato de esses objetivos precisarem ser articulados revela a falta desses bens sociais na vida de milhões de meninas e mulheres.

Décadas antes, a ONU havia compilado estatísticas que pintavam o quadro geral desses objetivos. Embora as mulheres representem metade da população mundial, elas trabalham três quartos das horas de trabalho mundiais, recebem um décimo do salário mundial, possuem um centésimo das terras do planeta e constituem dois terços da população mundial de adultos analfabetos. Juntamente com os seus filhos dependentes, representam 75% das pessoas que passam fome no mundo e 80% dos refugiados sem abrigo. Para tornar o quadro sombrio ainda mais desolador, a violência persegue a vida das mulheres. Sujeitas a violência doméstica e espancamentos por parte de maridos ou namorados aos quais não agradam, são também estupradas, prostituídas, traficadas e assassinadas por homens num grau que não é mútuo. A consideração da raça e da classe torna clara a complexidade das forças contra as quais as mulheres lutam pela plenitude da vida. Isso não significa transformar as mulheres numa classe de vítimas nem negar sua capacidade de ação, tanto pecaminosa quanto virtuosa, que é abundante. Mas é para sublinhar as estatísticas que deixam claro a desigualdade que as mulheres enfrentam na sociedade devido ao seu gênero. Em nenhum país do mundo as mulheres e os homens são iguais.

5.1.2 Igreja

Na Igreja existe uma situação semelhante. Um antigo hino cristão declara que as águas do batismo transformam as pessoas numa comunidade de irmãos e irmãs unidos pelo amor mútuo: "Já não há judeu nem grego, nem escravo nem livre, nem homem nem mulher, pois todos vós sois um só em Cristo Jesus" (Gl 3,28). Apesar dessa teologia enraizada no ministério de Jesus e na presença contínua do Espírito, e apesar da participação insubstituível das mulheres na fundação e difusão da Igreja, as mulheres foram marginalizadas quando a comunidade se tornou de certa forma estabelecida. Impedidas de governar, as mulheres durante séculos não tiveram voz na articulação da doutrina, no ensino moral e na lei da Igreja. Banidas do púlpito e do altar, não lhes foi permitido que sua sabedoria interpretasse a palavra do Evangelho, nem que sua espiritualidade liderasse a Igreja reunida em oração.

O simples fato da omissão das mulheres da esfera pública levou à suposição de que os homens têm um lugar privilegiado diante de Deus. Nesse ambiente, a teologia desenvolveu visões grosseiramente misóginas sobre a própria natureza das mulheres. Um escritor do Novo Testamento desencadeou uma terrível tradição com o seu ensinamento:

> A mulher ouça a instrução em silêncio e com espírito de submissão. Não permito que a mulher ensine ou exerça autoridade sobre o marido, mas permaneça em silêncio. Pois o primeiro a ser criado foi Adão, depois Eva. E não foi Adão que se deixou iludir, mas a mulher que, enganada, caiu em pecado. Contudo, ela poderá salvar-se pela geração e cuidado dos filhos (1Tm 2,11-15).

Pensadores notáveis de toda a tradição concordaram. No terceiro século, Tertuliano via a mulher como uma segunda Eva; assim como ela "suavizou com suas palavras persuasivas aquele contra quem o diabo não poderia prevalecer pela força", também todas as mulheres são "a porta de entrada do diabo"; elas tentam os homens, e por causa do pecado delas o Filho de Deus teve que morrer. Agostinho, embora afirmando que a mulher seja igual ao homem em sua capacidade espiritual, ensinou que, em vista de seu corpo e de seu papel social, "ela não é a imagem de Deus", mas pode ser considerada assim apenas quando tomada em conjunto com o homem, que é sua cabeça. O período medieval viu Tomás de Aquino definir a mulher como um "homem deficiente", falha quando o homem atua com vigor menos que perfeito durante a relação sexual. No século XVI, Martinho Lutero ensinou que a esposa deve viver em obediência ao marido; enquanto ele sai para cuidar dos negócios e do Estado, ela deve ficar em casa "como um prego cravado na parede", cuidando da casa: "Dessa forma, Eva é punida". A litania poderia continuar. Ao longo dos séculos, o impacto cumulativo dessas opiniões tendenciosas, juntamente com práticas de exclusão, relegou as mulheres à estatura do "segundo sexo" na Igreja, bem como na sociedade, com efeitos deletérios sobre a sua pessoa e, portanto, sobre toda a comunidade.

5.1.3 *"Mulher, estás livre" (Lc 13,12)*

O movimento das mulheres na sociedade civil nas décadas de 1960 e 1970 estimulou-as a analisar as causas da sua situação subordinada e a traçar estratégias para a mudança. Isso repercutiu na vida religiosa das mulheres, levando a algo semelhante a uma revolta espiritual. Reunindo-se em grupos de oração, clubes do livro e comitês de ação política norte-americanos; ou em comunidades eclesiais de base e clubes de mães latino-americanos; ou em associações de bairro e sociedades de ajuda mútua asiáticas; ou em centros comunitários e parcerias de educação para a saúde africanos; ou em centros de retiro e grupos de apoio ministerial europeus; ou nas alianças reformistas australianas, as mulheres enfrentaram a sua subordinação na Igreja e na sociedade e criticaram-na à luz do Evangelho. Silenciosas e invisíveis durante séculos, começaram a ficar eretas como a mulher do Evangelho de Lucas, curvada durante 18 anos, a quem Jesus declarou estar livre. Tal como ela, as mulheres encontraram a sua voz e começaram a falar no meio da assembleia. Expressando-se de forma crítica, examinaram o pecado do sexismo e expuseram os seus abusos. Numa vertente mais positiva, sondaram o significado da fé cristã, descobrindo as suas ricas possibilidades emancipatórias para elas próprias, para as suas filhas e para toda a comunidade cristã.

No processo, as mulheres tiveram a experiência religiosa de que, ao contrário do que se disse sobre elas durante séculos e ao contrário do que internalizaram, elas têm um valor inestimável aos olhos de Deus. A onda resultante de adequado amor-próprio leva à conversão, ao afastamento de avaliações que banalizam a sua identidade em direção a uma afirmação profunda do seu eu humano feminino em toda a diversidade. Posteriormente, algumas abandonaram a instituição eclesial cujo domínio masculino tanto distorceu a sua experiência religiosa; outras desertaram, permanecendo *dentro* do sistema, mas não *fazendo parte* dele; outras ainda permanecem com a convicção de reformar a Igreja para o benefício do Evangelho nas gerações vindouras. A efervescência é provocada pela descoberta das mulheres de que são amadas por Deus, que deseja para elas a plenitude da vida.

5.2 Diversidade

A articulação de uma teologia sob a perspectiva da experiência das mulheres foi originalmente identificada pelo adjetivo "feminista", do latim *femina*, que significa mulher. Lançado na América do Norte, esse padrão de fé que procurava a compreensão diversificou-se quase imediatamente em muitas formas diferentes de pensar, de acordo com os compromissos políticos e filosóficos das praticantes. Hoje, podemos identificar teologias feministas liberais, sociais, culturais, radicais, de libertação e pós-modernas, rótulos descritivos para o trabalho realizado por mulheres brancas americanas de ascendência anglo-europeia. Todas se baseiam no ensinamento de Gênesis, que retrata mulheres e homens como sendo criados igualmente à imagem de Deus; todas, de alguma forma, sublinham a solidariedade divina com a luta das mulheres pela dignidade humana. Rosemary Radford Ruether deu expressão clássica ao critério que orienta essa reflexão quando escreveu: "Tudo o que nega, diminui ou distorce a plena humanidade das mulheres é avaliado como não redentor; [...] o que promove a plena humanidade das mulheres é do Sagrado, reflete a verdadeira relação com o divino, a autêntica mensagem de redenção e a missão da comunidade redentora". Afastando-se das formas de interpretação da sociedade e da Igreja dominadas pelos homens, as teologias feministas abraçam uma visão alternativa de comunidade, de igualdade e mutualidade entre sexos, raças, classes, todos os povos, e entre os seres humanos e a terra, e procuram ativamente tornar essa visão realidade.

Ao contrário das mulheres anglo-europeias, as mulheres afro-americanas veem-se confrontadas com preconceitos não só por causa do seu sexo, mas também por causa da sua raça. A classe, na maioria das vezes, também é um fator. Para assinalar que a sua luta pela vida implica resistir aos ataques à sua dignidade humana em todas essas frentes, as mulheres negras nos Estados Unidos deram ao seu projeto o nome de teologia "mulherista" (*womanist*). Conforme definido pela romancista Alice Walker, o termo "mulherista" deriva do termo negro "*womanish*" (comportamento de mulher adulta), que se opõe ao comportamento de garota e significa ser chocante, audaciosa, corajosa ou engajada em comportamento voluntarioso. Uma mulherista é adulta, continua a definição, e não se importa em deixar que todos ao seu redor saibam disso; seu amor é universal, incluindo homens e mulheres, música, dança, comida, singularidade e o Espírito; ela ama a si mesma, "independentemente"; ela está comprometida com a sobrevivência de todo o seu povo, homens e mulheres. Na e pela libertação da comunidade negra, a visão da teologia mulherista abrange o objetivo da libertação de todos os que são oprimidos por razões de raça, sexo e classe.

As mulheres de ascendência latino-americana nos Estados Unidos também sofrem opressão devido à etnia e classe, além do gênero. Algumas teólogas trabalham sob a bandeira da teologia *mujerista*, do espanhol *mujer*, que significa "mulher"; outras preferem a designação "latina" ou "feminista latina". Fazer teologia *mujerista* ou latina é uma ação reflexiva que coloca as mulheres e a especificidade cultural de sua religião popular no centro da interpretação. De forma paralela, as mulheres de ascendência asiática nos Estados Unidos investigam o significado do Evangelho à luz da sua herança distintiva, que inclui uma mistura de culturas religiosas, folclóricas e formais, nativas da Ásia. Afirmando o valor da vida cotidiana das mulheres, todas essas teologias procuram entendimentos e afirmam práticas que nutrem a relação das mulheres com Deus, ao mesmo tempo que apoiam as suas lutas pela sobrevivência, que abrangem as comunidades das quais não podem ser separadas.

Indo para além da América do Norte, encontramos mulheres engajadas na teologia, muitas vezes às duras penas, onde quer que a educação teológica se tenha aberto à sua presença e a situação econômica o permita. Da Índia à Austrália, da Bélgica ao Brasil, da Nigéria à Costa Rica, da Itália à Coreia do Sul, o seu trabalho procura uma compreensão que promova a glória de Deus, que está intimamente ligada a todas as mulheres – negras, pardas, amarelas, vermelhas e brancas, e especialmente mulheres em comunidades pobres, oprimidas e marginalizadas – estando plenamente vivas: *Gloria Dei, vivens femina*. Essas teólogas abordam não apenas o preconceito de gênero, mas todas as forças que roubam às mulheres a dignidade humana. Como explica Teresia Hinga, do Quênia, "a expressão 'teia de opressão' é usada no discurso feminista africano para descrever os níveis múltiplos e interligados de opressão que as mulheres enfrentam como resultado do racismo, classismo, colonialismo, militarismo e sexismo, uma situação semelhante à de todas as chamadas mulheres do 'terceiro mundo'". A essas opressões, várias pensadoras também acrescentam o heterossexismo, que utiliza a lente patriarcal para definir as mulheres lésbicas como menos que integral e propriamente mulheres, porque não desejam os homens. Dando atenção a essas forças interligadas e sobrepostas, a teologia está agora sendo exposta nas vozes das mulheres em todos os continentes.

A teologia das mulheres utiliza termos técnicos para destacar padrões opressivos de comportamento social e mental. *Patriarcado*, ou governo do pai, refere-se a estruturas sociais onde o poder está sempre nas mãos do homem ou homens dominantes. Sob o patriarcado, as mulheres nunca têm acesso igual ao poder na esfera social. *Androcentrismo*, ou centralização no homem, refere-se a formas de pensar que privilegiam os homens; torna o modo de ser humano dos homens normativo para todos os seres humanos. No pensamento androcêntrico, as mulheres são sempre derivadas, descentralizadas, menos que verdadeiramente humanas. Hoje, torna-se claro que o objetivo libertador da teologia feminista, mulherista, *mujerista* ou latina, e das mulheres do terceiro mundo não é alcançado pela simples integração das mulheres numa sociedade e numa Igreja onde as estruturas patriarcais e a teoria androcêntrica ainda prevalecem como norma. Essa receita de "adicionar mulheres e mexer" apenas resulta em mais problemas, pois as mulheres desconsideram os seus próprios dons para tentarem se encaixar num mundo definido pelos homens. Pelo contrário, toda a estrutura da Igreja e da sociedade precisa de ser transformada para abrir espaço para uma nova comunidade de parceria mútua. O objetivo é uma nova justiça.

5.3 Vislumbre da presença e ação de Deus

Nessa fronteira, a teologia vislumbra uma verdade antiga e incontestável com nova clareza: Deus ama as mulheres e deseja apaixonadamente o seu florescimento. Quando a violência é cometida contra a mulher, contra o seu corpo ou contra o seu espírito, é um insulto à glória divina. Quando são feitos avanços libertadores que superam preconceitos e promovem a dignidade das mulheres, é uma vitória para o reino de Deus. Lutando para reivindicar a sua dignidade humana em todos os níveis, as mulheres encontram o Deus da vida caminhando com elas e apoiando os seus esforços, pois o Senhor que tirou os escravos do Egito e ressuscitou Jesus dentre os mortos não se arrepende de se aliar aos que estão privados da plenitude da vida.

Na imaginação de sua oração e vida espiritual, as mulheres dessa forma empenhadas experimentaram um forte desconforto com as imagens dominantes de Deus como pai, senhor e rei. Isso é mais do que simplesmente uma questão de palavras. Embora a linguagem reflita o nosso mundo, ela também molda a forma como construímos a nossa experiência do mundo. Tal como consagradas pela tradição e utilizadas atualmente, as imagens de Deus exclusivamente masculinas são imagens hierárquicas enraizadas na relação desigual entre mulheres e homens e funcionam para manter essa disposição. Quando as mulheres já não se relacionam com os homens como patriarcais pais, senhores e reis na sociedade, essas imagens tornam-se religiosamente inadequadas. Em vez de evocar a realidade de Deus, bloqueiam-na.

A teóloga latina María Pilar Aquino descreve a mudança que ocorre: "Quando as mulheres perceberam que a sua antiga opressão poderia ser removida e, além disso, que Deus estava do seu lado, essa constatação desafiou a visão tradicional de Deus governando no interesse masculino". O senhor patriarcal que exigia a sua obediência começou a ser substituído por um Deus cuja essência é o amor, "que concebe e cria livremente, cujo modo peculiar de ser é a compaixão e a misericórdia". A partir da sua própria situação de vida, as mulheres procuraram novas formas de compreender o divino que trouxessem reciprocidade ao relacionamento. Elas encontraram Deus como amante de acordo com o padrão do Cântico dos Cânticos bíblico, em que tanto a mulher como o homem tomam a iniciativa de se procurarem e, uma vez encontrados, elogiam a beleza um do outro. Descobriram Deus como um Espírito vivificante que pode ser encontrado dentro delas e em tudo que promove a vida. Em vez de um Deus soberano que cuida de todos os problemas, como um pai ou um irmão mais velho que cuida de uma menina indefesa que, por sua vez, lhe agrada mais por ser quieta e obediente, as mulheres enfatizaram o amor abrangente que as solta para a sua própria liberdade. Nessa relação, elas começaram a confiar no seu próprio poder pessoal em função da feminilidade em toda a sua plenitude. Como observou Astrid Lobo, cientista e líder leiga ativa na Igreja Católica na Índia: "Já não vejo Deus como um salvador. Eu a vejo mais como um poder e uma força dentro de mim", que nos convoca a usar nossos próprios recursos. Deus é a força criativa, orientadora, amiga e companheira que valoriza as mulheres em sua alegria e dor, gratidão e raiva, e capacidade de mudar o mundo.

Ao visualizarem o mistério incompreensível de Deus de formas tão não autoritárias, as mulheres se deparam com uma outra questão. O mistério sagrado que é fonte, poder sustentador e meta do mundo não pode ser confinado a nenhum conjunto de imagens, mas transcende todas elas. A feminilidade deveria ser um obstáculo para nomear o divino? Ou pode a realidade das mulheres funcionar como um sinal sacramental da presença e da ação de Deus? Se Deus criou as mulheres à imagem e semelhança divinas, raciocinaram as teólogas, então não poderíamos retribuir o favor e empregar metáforas tiradas da vida das mulheres para designar o Deus vivo? Não se pode falar do Deus vivo em termos femininos?

A condição para que isso aconteça é que as mulheres se considerem verdadeiramente amadas por Deus. Numa peça dramática sobre o dilema de ser negra, ser mulher e estar viva, Ntozake Shange capta o dinamismo dessa nova experiência religiosa. Depois de aventuras turbulentas de preconceito, mágoa e sobrevivência, uma altiva mulher negra sai do desespero e grita: "Encontrei Deus em mim e amei-a, amei-a ferozmente". É essa descoberta e esse amor feroz do eu feminino em relação a Deus que dá origem à redescoberta das imagens femininas de Deus. Essas imagens, por sua vez, funcionam para afirmar a excelência da humanidade das mulheres em todos os níveis. Marcadas pelo pecado e abençoadas pela graça, as mulheres carregam a profunda dignidade da imagem e semelhança de Deus. Percebendo isso, os sinos de seu espírito anunciam a mudança na tradicional imagem masculina de Deus.

5.4 A imagem gravada

O pano de fundo contra o qual se destaca esse vislumbre de Deus é a prática secular de falar sobre Deus numa linguagem descritiva de homens no poder. Exercendo a autoridade pública na Igreja, os homens assumiram o direito de falar de Deus; sua própria posição privilegiada serviu então como principal modelo para o divino. Como resultado, as representações verbais de Deus na liturgia, na pregação e na catequese, juntamente com as representações visuais na arte, forjaram uma forte ligação na mente popular entre a divindade e a masculinidade. Vejamos, por exemplo, o teto da Capela Sistina em Roma, que influenciou indelevelmente a imaginação do Ocidente. De uma extremidade à outra da capela, essas pinturas conhecidas retratam Deus como velho, branco, bem alimentado e masculino, o epítome daqueles que detinham o poder na sociedade de Michelangelo. Num painel famoso, ele estende o dedo divino para criar um jovem branco à sua própria imagem. Observe que raça e classe, bem como sexo, entram nesse quadro. Por que Deus não poderia ser retratado como jovem, ou negro, ou mulher, ou os três juntos? Mas a imagem tradicional é tenaz. Como Celie diz em *A cor púrpura*, de Alice Walker: "Não consigo tirar aquele homem branco dos meus olhos". Quando se tornou de conhecimento público que os avós de Mikhail Gorbachev, então chefe da União Soviética, o haviam batizado quando era bebê, um repórter americano lhe perguntou se ele acreditava em Deus. Ele respondeu: "Oh, eu não acredito nele". Até os ateus tomam como certo que Deus é homem.

O símbolo de Deus funciona. Nunca é neutro nos seus efeitos, mas expressa e molda as convicções e ações fundamentais de uma comunidade. O trabalho inovador das mulheres sobre esse assunto tornou extremamente claro que a prática de nomear Deus exclusivamente à imagem de homens poderosos tem pelo menos três efeitos perniciosos.

Primeiro, porque não oferece alternativas, é interpretado literalmente. Assim, reduz o Deus vivo a um ídolo. A linguagem exclusivamente masculina leva-nos a esquecer a incompreensibilidade do mistério sagrado e, em vez disso, reduz o Deus vivo à fantasia de um homem que governa infinitamente. Certa vez, enquanto Rosemary Radford Ruether falava sobre esse assunto durante uma conferência, um teólogo levantou-se para objetar. Com grande exasperação, ele argumentou: "Deus não é homem. *Ele é Espírito*". A resposta de Ruether apontou que, se esse fosse realmente o caso, por que tanto alarido quando imagens femininas ou o pronome "Ela" são usados para designar Deus? Os conflitos que surgem em torno de tal designação indicam que, ainda que subliminarmente, a masculinidade *é* pretendida quando dizemos Deus. Mais sólido que a pedra, mais resistente à iconoclastia que o bronze, é o substrato masculino dominante da ideia de Deus expresso em linguagem teológica e gravado na oração pública e privada.

Em segundo lugar, além desse erro teológico, o uso exclusivo da linguagem patriarcal para Deus também tem efeitos sociais poderosos. "Um Deus, um papa, um imperador": desde a época de Constantino em diante, essas imagens masculinas dominantes têm funcionado para justificar o patriarcado na Igreja e na sociedade. Em nome do Rei dos Reis e Senhor dos Senhores que governa o mundo, os homens assumiram o dever de comandar e controlar, exercendo autoridade na terra como no céu. A frase sucinta e inimitável de Mary Daly capta a lógica: "se Deus é homem, então o homem é Deus".

Terceiro, ao dar origem à ideia injustificada de que a masculinidade tem mais em comum com a divindade do que a feminilidade, as imagens exclusivamente masculinas implicam que as mulheres são de alguma forma menos parecidas com Deus. Tal linguagem rouba assim às mulheres a dignidade que adviria se a graciosa realidade de Deus fosse abordada à sua própria imagem e semelhança feminina. Como Carol Christ observou astutamente, uma mulher só pode se ver como criada à imagem de Deus abstraindo-se da sua corporeidade concreta. Mas ela nunca poderá ter a experiência que está gratuitamente disponível para todos os homens e rapazes na sua cultura, a de ter a sua plena identidade sexual afirmada como sendo a imagem e semelhança de Deus. Assim, estabelece-se uma dinâmica largamente inconsciente que aliena as mulheres do seu próprio poder espiritual, ao mesmo tempo que reforça a dependência das autoridades masculinas para agirem como intermediários para elas junto de Deus.

Os profetas e pensadores religiosos há muito insistem na necessidade de nos afastarmos dos falsos ídolos e escaparmos de sua associação ao Deus vivo. Nesse contexto, procurar o rosto feminino de Deus tem um significado profundo. Relativizar o imaginário masculino tira o ídolo do seu pedestal, quebrando o domínio do discurso patriarcal e os seus efeitos deletérios. Deus não é literalmente um pai, um rei ou um senhor, mas algo muito maior. Assim a verdade é mais honrada. Isso não quer dizer que as metáforas masculinas não possam ser usadas para significar o divino. Os homens também são criados, redimidos e santificados pelo amor gracioso de Deus, e as imagens tiradas de sua vida podem funcionar de forma tão adequada ou inadequada como as imagens tiradas da vida das mulheres. Mas designar Deus com metáforas femininas liberta o mistério divino da sua antiga jaula patriarcal para que Deus possa ser verdadeiramente Deus – fonte incompreensível, poder sustentador e meta do mundo, Santa Sabedoria, Espírito que habita em nós, a base do ser, o além no meio de nós, o futuro absoluto, sendo ela mesma, mãe, matriz, amante, amiga, amor infinito, o mistério sagrado que envolve e sustenta o mundo. Essa designação, crítica para a integridade da teologia, também tem a vantagem no contexto atual de abrir novos e ricos veios de justiça.

As representações femininas da abundância de Deus ao criar, redimir e chamar o mundo à paz escatológica funcionam com poder profético, desafiando todos à conversão numa nova comunidade onde reina a justiça. Como a história das religiões deixa claro, a linguagem de Deus por si só não pode provocar essa transformação. Divindades femininas e a subordinação das mulheres coexistiram e ainda coexistem. Mas, no contexto do movimento social pela igualdade das mulheres e pela dignidade humana, que agora atinge todo o mundo, o discurso sobre Deus tem um potencial único para efetuar mudanças a um nível profundo e duradouro. Se Deus é tanto "ela" como "ele" – e na verdade nenhum dos dois –, pode-se imaginar uma nova possibilidade de uma comunidade que honre a diferença, mas que permita que mulheres e homens partilhem a vida em igual medida.

5.5 Deus-mãe

Um conjunto de imagens femininas do divino nas Escrituras e na tradição centra-se na experiência maternal das mulheres. Precisamos ser claros sobre as dificuldades que essa metáfora traz consigo. Nem todo mundo tem uma boa experiência com a mãe; existem mães coléricas, pouco confiáveis, temperamentais, obsessivas, viciadas, inadequadas e aterrorizantes. Além disso, na sociedade patriarcal, um quadro de distorções definiu a instituição da maternidade, em oposição à experiência da maternidade. Promovendo o culto à maternidade, essa sociedade utiliza uma retórica sentimental sobre a natureza misteriosa e terna da mulher, estabelecendo a ideia de que, para ser uma mulher verdadeira e realizada, é preciso ter filhos. Para aquelas que têm filhos, promove uma ideologia de serviço e sofrimento a ponto de encorajar as mulheres a se sacrificarem patologicamente. A sua visão sentimental da maternidade ignora o fato de que o pensamento materno é uma atividade moral; a sobrevivência de outros depende de sua iniciativa e diligência. Para aquelas que não têm filhos, seja por circunstância ou por escolha, a retórica confere uma sensação degradante de que não estão à altura. Para todas as mulheres, exaltar a maternidade em detrimento de todas as outras opções vocacionais circunscreve severamente o âmbito da sua experiência de vida.

Apesar dessas dificuldades, contudo, imaginar Deus como mãe tem um grande poder positivo para conotar a fonte criativa e a origem da vida. Para a criança, a maternidade está associada a experiências humanas primordiais de conforto, segurança, nutrição, compaixão; a segurança e a garantia de ser abraçado, embalado, amparado e protegido – a experiência de ser amado. Também para as mulheres, quando a maternidade é empreendida como uma experiência ativa de envolvimento criativo, pode ser uma das experiências mais extasiantes e gratificantes da sua vida. Uma vez que são as mulheres cujos corpos geram e dão vida a novas pessoas e, como a sociedade é tradicionalmente estruturada, são mais frequentemente encarregadas da responsabilidade de nutri-las e criá-las até a maturidade, a linguagem sobre Deus como mãe carrega um poder único para expressar o relacionamento humano com o mistério que gera e cuida de tudo.

Na Bíblia, vários textos, especialmente os dos profetas, retratam o Senhor de Israel como uma mulher que está grávida, chorando em trabalho de parto, dando à luz, amamentando, carregando os seus filhos e nutrindo o seu crescimento. O ponto subjacente sempre procura transmitir a compaixão inquebrantável de Deus pelo povo da aliança:

> Pode uma mulher esquecer seu bebê,
> deixar de querer bem ao filho de suas entranhas?
> Mesmo que alguma esquecesse, eu não te esqueceria!
> (Is 49,15).

A metáfora maternal continua no Novo Testamento, onde Jesus se compara a uma galinha que reúne seus pintinhos sob as asas para protegê-los do mal (Mt 23,37).

Fortemente associada a todas essas imagens maternais está a compaixão divina. Os estudiosos da Bíblia apontam que o substantivo hebraico para compaixão ou amor misericordioso vem da raiz da palavra que designa o útero feminino, *rehem*, que também é a raiz do verbo "mostrar misericórdia" e do adjetivo "misericordioso". Aqui, o órgão físico vivificante do corpo feminino serve como uma metáfora concreta para um modo distintamente divino de ser, sentir e agir. Quando as Escrituras apelam a Deus por misericórdia, um tema frequente, na verdade estão pedindo ao Senhor que nos trate com o tipo de amor que uma mãe tem pelo filho do seu ventre. "Para a imaginação responsiva", escreve Phyllis Trible, essa conexão semântica "sugere o significado do amor como participação altruísta na vida. O útero protege e nutre, mas não possui e controla. Ele entrega seu tesouro para que a totalidade e o bem-estar possam acontecer. Na verdade, é o caminho da compaixão". Testemunhando a viagem bíblica dessa metáfora desde o ventre das mulheres até a compaixão de Deus, não podemos deixar de pensar que diferença faria se esse conhecimento se tornasse uma parte explícita do ensinamento sobre o amor divino, em vez de ser deixado escondido no texto.

A tradição mística em teologia e espiritualidade há muito articula a experiência de Deus em metáforas maternais. As revelações da mística inglesa do século XIV, Juliana de Norwich, tornaram-se recentemente influentes na nossa época. Escrevendo sobre a graciosa cortesia de Deus, que nos sustenta e nos alimenta, nos educa e nos ama como uma mãe, ela ensinou:

> Tão verdadeiramente como Deus é nosso Pai, assim verdadeiramente é Deus nossa Mãe [...] Entendo três maneiras de contemplar a maternidade em Deus. A primeira é a base da criação da nossa natureza; a segunda é a tomada de nossa natureza, onde começa a maternidade da graça; a terceira é a maternidade em trabalho. E nisso, pela mesma graça, tudo é penetrado, em comprimento e em largura, em altura e em profundidade sem fim; e é tudo um só amor (*Showings*, capítulo 59).

Uma referência semelhante à maternidade divina surpreendeu o mundo em 1978, quando o Papa João Paulo I, comparando a guerra a uma doença febril, disse num discurso dominical:

> Deus é nosso pai; ainda mais, Deus é nossa mãe. Deus não quer nos machucar, mas apenas fazer o bem para nós, para todos nós. Quando as crianças ficam doentes, elas têm reivindicação adicional de serem amadas pela mãe. E nós também, se por acaso estivermos doentes de maldade e estivermos no caminho errado, temos mais uma reivindicação de sermos amados pelo Senhor (*Osservatore Romano*, 21 set. 1978).

Aqui o intensificador "ainda mais" conecta o discurso sobre Deus com uma experiência típica de uma mãe com seu filho doente para significar um certo tipo de cuidado divino pelo bem-estar daqueles que estão doentes com o pecado, grupo em que o papa inclui o mundo que continua indo para a guerra. Com amor de mãe, Deus mantém vigília durante a longa noite da nossa doença e tenta de tudo para sanar a febre violenta e trazer a paz.

Na sua importante "experiência mental" sobre o modelo de Deus como mãe, a análise de Sallie McFague estabelece uma ligação inesperada e bela entre a maternidade e a justiça. Baseando-se na experiência das mulheres, ela propõe que a maternidade envolve três elementos. Em primeiro lugar, as mães dão o dom da vida aos outros e, quando isso acontece, exclamam com alegria: "É bom que você exista". Além disso, o amor materno nutre aquilo que trouxe à existência, principalmente alimentando os pequenos e também treinando-os para adquirirem comportamentos pessoais e sociais. Por último, esse amor deseja apaixonadamente que os pequenos cresçam, floresçam e se realizem; levanta-se para defendê-los contra qualquer coisa que possa lhes fazer mal. O bom amor paterno também faz todas essas coisas. O amor parental é a experiência mais poderosa e íntima que temos de dar amor cujo retorno não é calculado. Mas o papel insubstituível dos próprios corpos das mulheres no parto e a sua estreita ligação com a amamentação e a educação dos filhos conferem uma ressonância especial ao modelo materno.

O amor maternal do Deus vivo é caracterizado por esses mesmos três elementos. Tal como uma mãe, Deus dá vida ao mundo, nutre esta vida preciosa e vulnerável e deseja o crescimento e o florescimento de todos. A prática das mães em todo o mundo mostra que, longe de ser uma relação passiva, implica zelar por todos os membros da família. Se houver pouca comida, a mãe cuida para que ela seja distribuída de forma justa. Se uma criança tem uma necessidade especial, ela tenta fornecer o que for necessário. "O Deus-mãe como criador, então, também está envolvido na 'economia doméstica', na gestão da família do universo, para garantir a distribuição justa do bem a *todos*." A opção preferencial de Deus pela justiça para os pobres é a expressão do forte instinto de uma mãe para cuidar da criança mais necessitada. E à medida que as mães se levantam para defender os seus filhos, também quando as pessoas praticam violência umas contra as outras, negligenciam os pobres, engrandecem-se por meio de sistemas de troca injustos ou arruínam o bem-estar ecológico da Terra, o amor maternal de Deus é ativo para defender, buscar justiça e curar. Como a mãe ursa do profeta Oseias, Deus, a mãe, se levanta para proteger seus filhotes, até mesmo arrancando do peito o coração do agressor (Os 13,8). A ira de Deus tem um lugar nessa metáfora maternal.

No relacionamento com Deus, as pessoas precisam de mais do que modelos parentais, que, se usados exclusivamente, podem colocar-nos no papel de crianças e não de adultos responsáveis. Além da ideia de Deus como mãe vivificante e nutridora, a busca das mulheres descobriu outros grupos de metáforas. Um dos centros mais importantes está na figura da Sabedoria.

5.6 Santa Sabedoria

Num dos hinos favoritos do Advento, "Ó vinde, Ó vinde, Emmanuel", os fiéis cantam palavras cujo significado não é imediatamente óbvio:

> *Ó vinde sabedoria do alto,*
> que ordena todas as coisas poderosamente;
> para nós o caminho do conhecimento mostrai,
> e nos ensinai vossos caminhos a seguir.

Escondida à vista de todos nesse hino está uma imagem feminina de Deus que corre como um fio de ouro por toda a tradição cristã.

Os escritos posteriores do Antigo Testamento apresentam uma figura feminina de força e poder gracioso que se aproxima do mundo com atividades de criação, redenção e santificação. Ela é chamada de *Sophia* em grego, que se traduz em inglês como Sabedoria. Os pensadores religiosos judeus e cristãos há muito ponderam sobre a sua identidade. Quem é Sofia? Será que a sua presença nas Escrituras significa que Israel traiu a sua herança de monoteísmo e se voltou para adoração à deusa? Alguns estudiosos pensaram em interpretar Sofia como uma dimensão feminina de YHWH, ou um anjo ou mensageiro enviado ao mundo. Elisabeth Schüssler Fiorenza e outras mulheres estudiosas da Bíblia apresentam uma interpretação diferente. Dada a atividade de Sofia, que é obviamente própria apenas de Deus, essa figura não é um anjo ou um mero aspecto feminino do divino. Em vez disso, Sofia representa o Deus robusto de Israel num envolvimento ativo e redentor com o mundo, e faz isso de uma forma que utiliza imagens femininas equivalentes às imagens masculinas usadas em outras partes das Escrituras.

O Livro de Provérbios começa com a Sabedoria gritando no mercado e nos portões da cidade. Ela critica aqueles que não ouvem as suas palavras de instrução, mas promete vida a quem a escuta e segue o seu caminho: "Quem me encontra encontra a vida" (8,35). Quem mais pode fazer essa promessa senão o Deus vivo? Sofia está presente na criação, brincando cheia de alegria com o mundo recém-nascido (8,31). Ela trilha os caminhos da justiça, e os reis que governam com justiça o fazem por sua luz (8,15). Num ato de hospitalidade incomparável, ela prepara um banquete e põe a mesa, mandando suas servas convidarem a todos: "Vinde comer do meu pão e beber do vinho que preparei. Deixai a ingenuidade e vivereis, segui o caminho da inteligência!" (9,5-6). A batida constante de suas palavras soa o chamado à idade adulta espiritual apoiada pela promessa generosa de seu alimento constante.

O Livro da Sabedoria delineia cada vez mais claramente o envolvimento de Sofia com o mundo. Ela não apenas faz nascer o mundo, sendo, como diz Salomão, a mãe e modeladora de todas as coisas (7,12.22), mas alcança de ponta a ponta o universo, governando todas as coisas doce e poderosamente (8,1, a fonte do texto do Advento). Sendo capaz de fazer todas as coisas, ela usa seu poder para redimir. Quando os israelitas foram escravizados no Egito:

> Foi ela que livrou dos pagãos opressores
> o povo santo e a descendência irrepreensível. [...]
> e os conduziu por um caminho maravilhoso.
> Tornou-se para eles abrigo durante o dia
> e resplendor de estrelas à noite.
> Ela os fez atravessar o mar Vermelho
> e os conduziu através de águas impetuosas.

Quanto aos seus inimigos, submergiu-os
e depois os expeliu do fundo do mar (10,15-18).

Seu espírito santo, inteligente, sutil, móvel e amoroso permeia o mundo, renovando todas as coisas e tornando as pessoas amigas de Deus e dos profetas. Radiante e perene, ela é mais bela que o sol e excede o brilho de cada constelação de estrelas. O mais revelador é que, embora a noite supere o dia, "sobre a sabedoria não prevalece o mal" (7,30).

O Novo Testamento se baseia nessa tradição de sabedoria para suas interpretações de Jesus. Paulo identifica o Cristo crucificado com a sabedoria de Deus (1Cor 1,24), iniciando assim a ligação entre o profeta desonrado de Nazaré e aquele que estabelece a ordem cósmica. O Evangelho de Mateus coloca as palavras de Sofia na boca de Jesus e o vê praticando as obras dela (11,19). O prólogo do Evangelho de João conta toda a pré-história de Jesus como a história da Sabedoria sob o disfarce da metáfora do Verbo. E quando o Verbo/Sabedoria se fez carne e habitou entre nós, Jesus é identificado como o ser humano que Sofia se tornou. Seu ministério está repleto de temas da literatura sapiencial, como busca e descoberta, pão e vinho, luz e trevas, vida e morte. "Eu vim para que tenham vida e a tenham em abundância" (Jo 10,10), palavras da boca de Jesus joanino que brincam com a promessa de Sofia de dar vida. Indicando a importância da identificação de Cristo com a sabedoria, a maior Igreja da antiguidade foi dedicada a Cristo sob o título de Hagia Sophia, Sagrada Sabedoria; ela ainda permanece como um museu em Istambul.

Longe de apontar para uma mera dimensão feminina do divino, a linguagem sobre Sofia revela o mistério insondável do Deus vivo nas imagens femininas. Embora o amor maternal atinja um certo grau, a Santa Sabedoria expande-se para além disso, abrangendo governar, brincar, ensinar, caminhar, fazer justiça e dar vida na arena pública em todo o universo.

5.7 Uma sinfonia de símbolos

Uma verdadeira sinfonia de imagens além de mãe e sabedoria permite que mulheres e meninas se reconheçam na linguagem sobre Deus. O Espírito de Deus, designado com o substantivo feminino *ruah*, em hebraico, é frequentemente representado na arte cristã como uma pomba, um antigo símbolo da deusa do amor. Salpicadas nas Escrituras, as representações de seu trabalho vivificante incluem nascimentos pelas mãos de parteira, tecer conexões, lavar manchas, inspirar profetas, defender a verdade, despertar a beleza, criar comunhão e renovar a face da terra. Há representações de Deus como uma mulher amassando pão (Lc 13,18), ou tricotando (Sl 139,15), ou perseguindo seu amante (Cântico dos Cânticos), e como uma ave escondendo sua ninhada à sombra de suas asas (Sl 17,8).

Uma imagem preciosa é a da mulher procurando uma moeda perdida de sua reserva de dez moedas de prata (Lc 15,8-10). Essa visão de Deus foi elaborada por Jesus em uma parábola que ele contou sobre o cuidado divino para com aqueles que se perderam. A mulher acende uma lâmpada e procura de cima a baixo até encontrar seu dinheiro. Quando ela reúne suas amigas e vizinhas para juntas comemorarem, é uma imagem da alegria no céu por um pecador que se arrepende. No Evangelho de Lucas, essa parábola segue imediatamente a parábola do bom pastor, que deixa 99 ovelhas para procurar aquela que se extraviou. Ambas as histórias retratam a obra de Deus, o Redentor – as imagens de uma tirada do mundo dos homens, a da outra do mundo das mulheres daquela época. Certa vez, Agostinho começou um sermão sobre a parábola da moeda perdida exclamando: "A Santa

Divindade perdeu seu dinheiro, e este somos nós!". Mas ao longo dos séculos essa buscadora do dinheiro que é muito importante para ela não se tornou uma imagem familiar do divino, ao contrário do bom pastor. Ela foi até menosprezada. Certa vez, ouvi um cardeal pregar esse evangelho e ele acusou a mulher de ser "mercenária". Compare esse julgamento com o de uma mulher numa comunidade eclesial de base no sul do México que me disse que esse comportamento é exatamente o que faria uma mulher pobre que precisasse desses pesos para comprar tortilhas para o café da manhã dos seus filhos.

Além de exaltar imagens bíblicas, as mulheres hoje vislumbram Deus refletido na sua própria experiência contemporânea. Na comunidade hispânica, a *abuela*, a avó, é uma figura de sabedoria fundamental na família, transmitindo tradições e mantendo vivos os rituais. Uma jovem escreveu que vê Deus como a sua *abuela*, dando-lhe coragem na *lucha* (luta), um sentimento partilhado por muitos outros. Um padre ordenado na Igreja anglicana trabalhou com sua paróquia em Vancouver para elaborar orações em linguagem inclusiva para as liturgias de domingo e festas principais. A oração para o dia de Natal diz:

> Criador desta terra, nosso lar,
> Você varre os céus com sua saia estrelada de noite
> e lustra o céu do leste para trazer luz ao novo dia.
> Venha até nós no nascimento do menino Cristo,
> para que possamos descobrir a plenitude da tua redenção em todo
> o universo;
> Mãe e Filho da Paz unidos pelo Espírito do Amor,
> Um em três para sempre. Amém.

Dessa e de muitas outras formas, as mulheres estão explorando a fronteira da sua própria interface com o divino, procurando, por muitos caminhos diferentes, novas expressões de linguagem e celebração religiosas, novas leituras das fontes clássicas das tradições religiosas e novos padrões de espiritualidade que abençoam em vez de rebaixar a realidade de ser mulher. Despertando uma nova apreciação do profundo mistério de Deus, os conceitos que surgem dessa imagem feminina também transformam os atributos divinos tradicionais, enfatizando a relação do Deus vivo com o mundo, a imanência abrangente, o profundo vínculo maternal com a vida em toda a sua vulnerabilidade e surpresa, capacidade de sofrer com os outros, poder que fortalece a resistência criativa ao dano e compaixão e inclusão absolutas. Não sendo aliada de estruturas opressivas, o propósito da Sabedoria tem como objetivo a vida e a libertação. Nem se trata apenas de uma questão de imagens. O dinamismo desses símbolos femininos, proferidos em contextos de injustiça e violência, capacita a ação para um novo mundo onde, como escreve a teóloga coreana Chung Hyun Kyung, as mulheres já não têm de funcionar como a lua que reflete o sol, mas podem se tornar "o sol que brilha com sua própria luz a partir de seu núcleo ardente de vida, promovendo a vida na Terra".

5.8 O perigo do dualismo

É importante sinalizar um perigo para essa empreitada. Vários teólogos estão utilizando essas descobertas em seu trabalho ao falar de Deus tendo "características" ou "dimensões" ou "qualidades" femininas, resultando em Deus, o Pai, tendo um lado maternal, por assim dizer. Por trás de tais movimentos, esconde-se a ideia controversa de seres humanos brotando da tradição filosófica grega em relação à matéria e ao espírito. A ideia é profundamente dualista, estabelecendo uma separação estrita entre mulheres e homens. Tudo começa com as óbvias diferenças sexuais biológicas entre homens e mulheres; em seguida, são atribuídos traços de personalidade predeterminados a homens e mulheres com base em seus papéis na reprodução; e termina com a extrapolação dos papéis sociais distintos que necessariamente devem ser seguidos. Concretamente, essa visão identifica a natureza masculina com o que é ativo, poderoso, racional, capaz de dar forma – portanto, o que é adequado para a liderança na arena pública. Em contraste, a natureza feminina das mulheres é identificada com o que é passivo, maleável, emocional, receptivo à forma – portanto, com o que se destina a papéis nutrizes na esfera privada.

O "mito" filosófico do dualismo de gênero nos tempos antigos foi alimentado pela ignorância da biologia reprodutiva. Ele via a mulher apenas como a receptora passiva do espermatozoide que molda a vida, sem que ninguém soubesse ainda da existência do óvulo feminino. Independentemente das descobertas biológicas, no entanto, o dualismo ainda é promovido pela cultura patriarcal com a sua imaginação androcêntrica atrofiada. Os estudiosos que seguem esse caminho às vezes reforçam suas teorias com ideias junguianas, associando o feminino ao inconsciente, aos sonhos e às fantasias, ao *eros* (desejo) em vez do *logos* (razão), à escuridão, à morte, à profundidade e à receptividade, ou com instinto, emoção e corporeidade. Quando traduzidas para a prática real, essas definições, tidas como "naturais", significam que assim como Deus (ativo e masculino) governa o mundo (receptivo e feminino), também o marido governa a esposa, o pai governa os filhos, o clero governa os leigos, a cabeça governa o coração. Espera-se que as mulheres se submetam à autoridade do pai, do marido e do sacerdote, caso contrário, perturbarão a ordem divinamente dada ao mundo.

Quando Deus é representado em imagens femininas nesse quadro de dualismo de gênero, o Sagrado adquire de fato características femininas gentis. Mas esses atributos não são suficientes para governar o mundo e precisam ser complementados pelos chamados traços masculinos de racionalidade, poder, justiça e liderança. No fim das contas, Deus ainda é visto na imagem do homem governante, só que agora possui um lado mais suave e doce que compensa a dureza do modelo puramente masculino. O feminino é assim incorporado de forma subordinada a um símbolo do divino que permanece predominantemente patriarcal. O que não gostamos é de um ícone feminino de Deus em toda plenitude e força.

Em oposição ao antigo dualismo surge uma nova questão: qual é de fato a natureza da mulher e, ainda mais criticamente, quem decide? Os fatos no terreno ultrapassam agora em muito a teoria tradicional. Saindo do dualismo de gênero, ele próprio uma criação do patriarcado que mantém o *statu quo*, e reivindicando o direito de falar que lhes foi negado durante séculos, as mulheres estão respondendo a essa questão com a sua própria voz. Em todas as suas diferenças, reivindicam toda a gama de qualidades humanas e exortam também os homens a explorarem o que perderam sob as tradicionais descrições tendenciosas.

Falando de Deus, os teólogos sublinham a verdade de que o Sagrado não tem traços masculinos e femininos dualisticamente organizados, tão certamente como Deus não tem traços animais (mãe ursa, pássaro pairando) ou traços minerais (rocha). Tal compreensão doma a sabedoria perturbadora e abrangente que está sendo descoberta nessa fronteira. Em vez disso, teólogas feministas, mulheristas e latinas de todo o mundo argumentam que as mulheres são capazes de simbolizar todo o mistério de Deus de uma forma tão adequada e inadequada como as imagens masculinas o fizeram. Em outras palavras, as mulheres refletem Deus não apenas como maternal, nutridor e compassivo, embora certamente isso, mas também como poderoso, tomando iniciativa, criando-redimindo-salvando, irado contra a injustiça, em solidariedade com os pobres, lutando contra e às vezes saindo vitorioso sobre os poderes deste mundo. Reorientando a imaginação a um nível básico, essas imagens femininas abrem uma visão sobre a paixão maternal, a proteção feroz, o zelo pela justiça, o poder de cura, a hospitalidade inclusiva, a vontade libertadora e a relacionalidade não hierárquica e onipresente que caracterizam o amor divino. No processo, elas levam de volta às mulheres a marca da semelhança divina.

5.9 Práxis de justiça bíblica para mulheres

A luta histórica ainda em desenvolvimento pela igual dignidade humana das mulheres é o contexto para o crescente tesouro de ícones femininos do Deus vivo que age como uma mulher adulta: chocante, audacioso, corajoso, desejando voluntariamente o florescimento das mulheres. A ação reflexiva e crítica que decorre dessa percepção é a práxis da justiça orientada preferencialmente para os subordinados com base no gênero. Essa é uma práxis social regida pelo princípio de que "as mulheres são plenamente humanas e devem ser tratadas como tal", como diz sucintamente Margaret Farley. Como ação transformadora, procura curar tudo o que degrada e viola a dignidade humana das mulheres. Deus não pode ser separado do reino de Deus, da vontade divina de que todos estejam plenamente vivos. Trilhando esse caminho, os crentes cristãos lançam a sua sorte com a compaixão libertadora de Sofia-Deus presente no meio do silenciamento e da degradação especificamente das mulheres. Isso implica que a Igreja seja chamada a se afastar do seu próprio patriarcado profundamente enraizado para construir comunidades de discipulado de iguais, nas oportunas palavras de Elisabeth Schüssler Fiorenza. Isso também desafia as pessoas de fé a colaborarem na luta para transformar a sociedade num lugar onde a discriminação, a exclusão e a violência contra as mulheres e as meninas cessem e onde as mulheres de todas as raças e classes sejam parceiras mútuas dos homens, em vez de auxiliares subordinadas ou objetos marginalizados.

Longe de ser tola ou um modismo, a abordagem teológica pioneira das mulheres avança com a convicção de que *somente* se Deus for designado dessa forma mais completa, *somente* se a plena realidade das mulheres históricas de todas as raças e classes entrar em nosso símbolo do divino, *somente* então a fixação idólatra numa imagem de Deus será quebrada, as mulheres serão capacitadas no seu âmago mais profundo e as comunidades religiosas e cívicas serão convertidas para a justiça curativa de forma concreta. Ao longo do caminho, cada designação feminina do Sagrado produz mais um fragmento da verdade do mistério da graciosa hospitalidade da divina Sofia para com todos os seres humanos e a Terra.

5.10 Leitura adicional

A história da fé das mulheres em tensão com definições e exclusões patriarcais está documentada em *Women and religion: The original sourcebook of women in Christian thought*, de Elizabeth Clark e Herbert Richardson, eds. (HarperSanFrancisco, 1996). Um excelente levantamento dos conceitos básicos da teologia sistemática é fornecido por Anne Clifford em *Introducing feminist theology*

(Orbis, 2001). *Women's Bible commentary*, de Carol Newsom e Sharon Ringe, eds. (Westminster John Knox, 1998) contém ricos recursos para uma nova interpretação bíblica.

Os primeiros clássicos da teologia feminista anglo-europeia e sua preocupação com Deus incluem *Beyond God the Father*, de Mary Daly (Beacon, 1973), que analisa e rejeita nitidamente o Deus patriarcal; *Sexism and God-talk: Toward a feminist theology*, de Rosemary Radford Ruether (Beacon, 1983), que propõe uma recuperação do Deus libertador da tradição profética; e *In memory of her: A feminist theological reconstruction of Christian origins*, de Elisabeth Schüssler Fiorenza (Crossroad, 1983), que desenvolve o símbolo bíblico de Sofia.

Além do trabalho feminino citado no capítulo anterior sobre a teologia da libertação, o alcance global da teologia das mulheres pode ser visto em *Feminist theology from the Third World*, de Ursula King, ed. (Orbis, 1994); *Struggle to be the sun again: Introducing Asian women's theology*, de Chung Hyun Kyung (Orbis, 1994); *Daughters of Anowa: African women and patriarchy*, de Mercy Amba Oduyoye, (Orbis, 1995); *Women resisting violence: Spirituality for life*, de Mary John Mananzan et al., eds. (Orbis, 1996) (Filipinas); *Breaking silence: Theology from Asian women*, de Meehyun Chung, ed. (ISPCK, 2006); e *Body and sexuality: Theological-pastoral perspectives of women in Asia*, de Agnes Brazal e Andrea Lizares Si, eds. (Ateneo, 2007). Um compêndio de ensaios de todo o mundo, incluindo Europa e Austrália, aparece em *The power of naming: A concilium reader in feminist liberation theology*, de Elisabeth Schüssler Fiorenza, ed. (Orbis, 1996); cf. especialmente "Critical theologies for the liberation of women", de Shawn Copeland, pp. 70-80; e "Mother God", de Sallie McFague, pp. 324-329.

As principais obras que dão atenção específica à questão do falar sobre Deus incluem os estudos bíblicos de Phyllis Trible em *God and the rhetoric of sexuality* (Fortress, 1978); o experimento mental de Sallie McFague, *Models of God: Theology for an ecological, nuclear age* (Fortress, 1987); e a investigação sistemática de Elizabeth Johnson, *She who is: The mystery of God in feminist theological discourse* (Crossroad, 1992). *Seasons of the feminine divine: Christian feminist prayers for the liturgical cycle*, de Mary Kathleen Speegle Schmitt, 3 vols. (Crossroad, 1993-95) contém a oração para o dia de Natal no vol. 2, ciclo B.

O compêndio *Womanspirit rising: A feminist reader in religion*, editado por Carol Christ e Judith Plaskow (Harper & Row, 1979) apresenta noções criativas do divino por pensadores judeus e cristãos. O trabalho dos teólogos católicos é reunido em *Freeing theology: The essentials of theology in feminist perspective*, de Catherine LaCugna (HarperSanFrancisco, 1993), especialmente no ensaio de LaCugna sobre a Trindade, "God in communion with us", pp. 83-114; e em *In the embrace of God: Feminist approaches to theological anthropology*, Ann O'Hara Graff, ed. (Orbis, 1995), especialmente "Cry beloved image: Rethinking the image of God", de Mary Catherine Hilkert, pp. 190-205.

O trabalho contínuo nessa área é apresentado em *The Cambridge companion to feminist theology*, de Susan Frank Parsons, ed. (Cambridge University Press, 2002); e *Oxford readings in feminism: Feminism & theology*, de Janet Martin Soskice e Diana Lipton, eds. (Oxford University Press, 2003).

6
Deus que quebra as correntes

6.1 Contexto: privilégio branco e racismo

Consideremos a visão sobre Deus que emergiu da experiência dos povos africanos escravizados no "novo mundo", uma visão posteriormente transmitida por seus descendentes e agora articulada novamente por teólogos afro-americanos. A partir do século XVI e continuando durante quase quatro séculos, estima-se que dez milhões de africanos foram comercializados através do Oceano Atlântico para as Américas, uma tragédia de tamanha dimensão que é difícil imaginar, e muito menos compreender. Roubados das suas aldeias e transportados através do oceano em horríveis condições e superlotação, aqueles que sobreviviam à Passagem do Meio tinham então de enfrentar o leilão, o trabalho incessante e não recompensado nas plantações e nas residências de famílias brancas, espancamentos violentos, agressões sexuais, fome e morte precoce. Privados da sua liberdade, aos escravizados eram brutalmente negados laços familiares estáveis; o proprietário poderia desmembrar grupos de parentesco vendendo indivíduos à vontade. Para que esse sistema econômico funcionasse, os africanos eram definidos como propriedade, e não como seres humanos.

Apesar dos esforços dos proprietários de escravizados para erradicar as culturas africanas, as crenças e costumes religiosos que os negros trouxeram consigo persistiram, centrados no respeito pelo poder espiritual onde quer que houvesse se originado. Com o tempo, os escravizados foram expostos à religião da comunidade branca, o cristianismo, que alguns possivelmente já tinham conhecido na África. O que resultou em duas coisas interessantes. O povo escravizado interpretou o cristianismo de forma radicalmente nova à luz da sua própria experiência de opressão, encontrando em seu âmago ações libertadoras de Deus na história. E expressaram essa fé nos ritmos, estilos de culto e perspectivas fundamentais das suas próprias tradições africanas originais. Transmitida pelos escravizados aos seus descendentes, essa forma de fé no Deus de Jesus Cristo sustentou os afro-americanos durante séculos de escravização. Após a Guerra Civil (1861-1865), acompanhou-os durante mais um século de segregação, leis Jim Crow e linchamentos, e ao longo do movimento pelos direitos civis das décadas de 1950 e 1960. Continua a sustentar os cristãos afro-americanos hoje numa sociedade americana marcada pela surpreendente prevalência e persistência do racismo entre os brancos. Uma resposta única a uma flagrante injustiça histórica, essa fé dá alento para suportar tristezas indescritíveis, coragem para resistir às forças de desumanização e esperança que luta até a liberdade.

No seu centro está o Deus que quebra as correntes.

6.2 O cerne

Os brancos proprietários de escravizados e os pregadores que eles apoiavam ensinaram o cristianismo aos escravizados como uma religião de lei e ordem na terra sob o único grande Mestre no céu. Docilidade em vez de rebelião era a atitude desejada. Uma injunção bíblica que reflete as práticas escravistas do Império Romano, "Escravos, obedecei a vossos senhores nesta terra como a Cristo, com temor e tremor, na simplicidade do coração" (Ef 6,5), tornou-se um texto favorito nas costas americanas. Os bons escravos deveriam estar satisfeitos com sua sorte, ser cooperativos na execução dos comandos, produtivos nos campos e na casa, e dispostos a esperar até que a morte os libertasse.

Na verdade, porém, os africanos escravizados ouviram algo mais nas histórias bíblicas que lhes eram contadas. Por meio da sua luta contra a degradação, ouviram a doutrina potencialmente revolucionária de que Deus não faz acepção de pessoas, mas criou e ama todas elas, todos os "seus filhos". Ao resistirem ao terrível sofrimento da escravização, eles ouviram que Jesus morreu e ressuscitou por todas as pessoas, escravizados ou livres, negros ou brancos, ricos ou pobres. Por meio de uma visão espiritual surpreendente e imensamente criativa, eles discerniram o cerne da verdade no Evangelho, a saber, que Jesus vem para libertar todas as pessoas. Consequentemente, eles viram a hipocrisia nas práticas dos seus senhores comparada com o coração profundo da fé cristã.

Na América pré-guerra, o resultado foi esta situação reveladora: os "não pessoas" negros escravizados compreenderam e viveram a fé cristã de forma mais verdadeira do que os respeitáveis brancos proprietários de escravizados. E eles sofreram por isso. Em seu estudo *Slave religion: The "invisible institution" in the antebellum South*, Albert Raboteau observa que, se solicitados a discutir exemplos históricos da perseguição ao cristianismo, muitos de nós mencionaríamos os primeiros séculos da Igreja, quando muitos mártires morreram nas mãos das autoridades romanas. Poderíamos também mencionar as ondas modernas de perseguição sob regimes comunistas na Europa Oriental e na União Soviética. Mas poucos citariam o sofrimento dos cristãos escravizados afro-americanos como o principal exemplo de perseguição ao cristianismo nos Estados Unidos. No entanto, a extensão com que sua fé cristã foi dificultada e suprimida justifica vê-los como confessores e mártires do Evangelho. Como escreve Raboteau: "O que os escravizados afirmaram e os proprietários de escravizados rejeitaram foi a crença de que a escravização e o cristianismo eram incompatíveis – que um cristianismo escravista era uma contradição em termos, em outras palavras, uma heresia".

A percepção vislumbrada pelos africanos escravizados de que Deus era um libertador dos oprimidos deu-lhes um poderoso incentivo para lutar pela liberdade, tanto espiritual como física. Às vezes, a sua fé apoiava a rebelião por meio da fuga; narrativas falam de oração antes da fuga. Outras vezes, a própria prática da religião era rebelde. Enquanto muitos senhores encorajavam os seus escravizados a irem à igreja para uma dose de domesticação da religião que inculcaria docilidade, outros, temerosos do poder da religião para unificar os escravizados e assim capacitá-los a resistir, proibiram os seus escravizados de se reunirem para rezar. Isso levou a reuniões clandestinas de oração à noite nas florestas, barrancos ou ravinas, com pleno conhecimento de que a descoberta resultaria em espancamentos severos. A ex-escravizada Sarah Rhodes fala dessas reuniões clandestinas, apropriadamente chamadas de reuniões de "porto silencioso", desta forma:

> Costumávamos escapulir em segredo para a floresta e realizar nosso culto, como o Espírito nos impelia – para cantar e orar do nosso modo e para satisfazer a alma – e com certeza tínhamos boas reuniões, batismo com mel

no rio, como Deus disse. Tivemos reuniões cheias do Espírito Santo à noite na margem do rio, e Deus nos encontrava lá.

Deus nos encontrava lá. Era uma fé desafiadora que os levava a contrariar seus senhores em obediência ao seu Deus. Mantinha-os em contato com um mundo interior que se opunha ao tratamento que os proprietários de escravos lhes aplicavam como propriedade. Dava-lhes força para, silenciosa, mas obstinadamente, recusarem participar de sua própria desumanização. Da religião dos escravizados, com sua dor e alegria irresistível, surgiu uma tradição viva que representou um desafio profundo e profético ao cristianismo americano padrão.

6.3 Ideia de Deus

A fé num poder superior a eles próprios e superior àqueles que os escravizaram deu aos afro-americanos uma base para lidar tanto com a esmagadora opressão institucional quanto com a opressão psicológica – incluindo o desespero e os sentimentos de inutilidade pessoal – que ela criou. Afirmar que Deus é meu Criador é afirmar que os brancos senhores de escravizados não são a base do meu ser. O resultado é uma certa autonomia moral de mim mesmo como pessoa humana. Mais especificamente do que isso, porém, a religião dos escravizados foi moldada por dois acontecimentos bíblicos específicos de sofrimento e libertação: o êxodo dos israelitas do Egito e a cruz e ressurreição de Jesus.

Expressando a vontade divina que lhe foi revelada na sarça ardente, Moisés confrontou o Faraó com a exigência inesquecível: *"Deixa partir o meu povo"* (Ex 5,1). Depois de muitas provações e tribulações, a escravização dos israelitas chegou ao fim quando atravessaram o mar seco para o deserto. A vitória divina é alcançada em liberdade para o povo que agora parte para a terra prometida. A religião afro-americana dos escravizados apropriou-se criativamente do Êxodo num grau extraordinário. Os escravizados identificaram-se imediata e intensamente com os filhos de Israel escravizados no Egito. Os gritos dos escravizados hebreus sob o comando dos capatazes egípcios eram os *seus* gritos; o anseio pela libertação era o *seu* anseio; o desfecho da história garantiu-lhes que Deus estava do lado *deles*. Narrar e cantar essa história era uma forma de manter o significado, encontrar um propósito em sua experiência caótica e ganhar esperança ao projetar um futuro radicalmente diferente. Deus quebraria suas correntes.

A ênfase na morte e ressurreição de Jesus levou, por vezes, a uma aceitação passiva do sofrimento e a uma esperança sobrenatural, que os pregadores exploram em detrimento dos oprimidos. O cristianismo dos escravizados encontrou outra interpretação mais perigosa. Tendo ele próprio sofrido, Jesus sabe o que eles estão sofrendo melhor do que ninguém. Há uma intimidade na dor que os sustenta em meio à angústia. A sua ressurreição dentre os mortos transmite esperança em Deus, não de uma forma que transfira a lealdade da terra para o céu, mas de uma forma que capacite uma luta significativa contra a iniquidade agora. Como o teólogo afro-americano James Cone resume a lógica, "acreditar no céu é recusar aceitar o inferno na terra". Para os escravizados, imaginar o futuro revelado na ressurreição de Cristo era também ver a contradição entre a injustiça terrena que sofriam e a forma como Deus pretendia que vivessem em Cristo. O céu significava que eles voltariam para casa. Esse futuro prometido e significativo não só evitou o desespero; também enraizou a sua resistência à ordem vigente porque a humilhação da escravização é incoerente com a coroa que está por vir. Isso irradia das músicas que eles criaram:

> Ó liberdade! Ó liberdade!
> Ó liberdade, eu te amo!
> E antes que eu seja um escravizado,
> Serei enterrado no meu túmulo,
> E irei para casa, para meu Senhor, ser livre (*Spiritual* americano).

6.4 *Spirituals*

Nenhum outro legado desse período sombrio transmite melhor a ideia de Deus como quem quebra as correntes do que a música religiosa criada pelos próprios escravizados. Conhecidas como *spirituals*, essas canções expressam a verdade sustentadora da sua fé não num discurso racional, mas em termos comoventes, coloquiais e muitas vezes dramáticos. Combinando ritmos, cânticos e padrões de lamento africanos com temas bíblicos do cristianismo europeu, os *spirituals* eram executados de forma flexível e improvisada: muitas vezes eram acrescentadas palavras à medida que as melodias se desenrolavam; podiam ser acompanhados por palmas rítmicas, batidas de pés e rodas de dança. Eram o meio de adoração comunitária, cantados nas igrejas, nas reuniões de oração, nas senzalas e nos campos sob o sol quente.

Os *spirituals* tinham um poder extraordinário para moldar a experiência e a identidade dos escravizados. Expressando sentimentos de tristeza, medo, alegria e esperança, eles sustentavam as almas dos negros diante de uma degradação quase insuportável. Como explica James Cone, nos *spirituals*, o próprio Espírito de Deus entrava na vida das pessoas, "edificando-as onde foram derrubadas e sustentando-as em todos os lados alquebrados". As canções suscitavam na comunidade um sentimento palpável de que Deus estava com eles e lhes daria coragem para superar:

> Ó meu Senhor libertou Daniel
> Ó, por que não me liberta também?

Carregada de dor, a letra soava uma nota de salvação, "atravessando o Rio Jordão, até a costa brilhante de Canaã". Naquele dia, quando o povo chegasse à terra prometida, finalmente estaria em casa, e todos poderiam "sentar-se à mesa de boas-vindas".

De uma forma poderosa, característica da música dos povos oprimidos, alguns *spirituals* transmitiam comentários e críticas sociais velados. Aparecem frequentemente temas de liberdade e de regresso ao lar, objetivos almejados que não estavam apenas reservados para um futuro no céu, mas que poderiam ser alcançados ali mesmo, por meio da luta e da fuga. Diana Hayes faz a conexão desta forma:

> Então eles cantavam sobre Canaã e fugiam para o Canadá. Cantavam "Steal away to Jesus" enquanto escapavam em segredo para o Norte, e "Wade in the water" enquanto atravessavam os rios Ohio, Delaware e Mississippi. Os senhores e feitores podem ter sido enganados, mas os escravizados não.

Embora os *spirituals* pudessem ter esse duplo significado, e tinham, especialmente em situações em que a tentativa de libertação era iminente, Raboteau adverte contra vê-los principalmente como canções de liberdade política, por mais importantes que fossem nesse aspecto. É verdade que, ao longo dos séculos difíceis, a libertação da escravização na terra sempre foi vista como um elemento-chave na redenção conquistada por Jesus Cristo. Ainda assim, sem qualquer perspectiva realista de que isso acontecesse hoje ou amanhã, a relevância dos *spirituals* para a situação de escravização transpareceu num nível profundamente religioso. As canções codificavam a resistência à desumanização e ajudavam os escravizados a encontrar sentido em meio ao seu sofrimento. Temas e acontecimentos do Antigo e do Novo Testamento, do Gênesis ao Apocalipse, foram usados para interpretar a sua própria experiência, comparando-a com um sistema mais amplo de significado. Personagens cuja fé foi testada – Jacó lutando com o anjo, Moisés confrontando o Faraó, Daniel na cova dos leões, "Maria chorando" diante do túmulo vazio, "Pedro afundando" nas ondas da Galileia, "Tomé duvidando" no cenáculo – tornaram-se vivos no presente como incentivo para persistir e lutar. No processo, os símbolos bíblicos foram traduzidos em faróis de ajuda em meio à difícil experiência diária dos escravizados. O contato com Deus passou a ser então uma experiência comunitária nos cultos de adoração e louvor, onde esses símbolos elevavam o espírito. Para a grande maioria dos escravizados, que não sabia ler, os *spirituals* eram o seu canal para a palavra de Deus. E "pelo menos por um tempo, a tristeza e o trabalho duro na vida do indivíduo eram amenizados e recebiam significado". Os *spirituals* não forneciam uma resposta, mas um meio para atravessar a provação e afirmar que sua vida era valiosa, independentemente de tudo.

Um dos segredos do poder dos *spirituals* está na forma como nomeiam explicitamente o sofrimento que os escravizados suportavam. A vida era um vale de lágrimas, uma estrada de tristeza, exaustão e labuta:

> Às vezes estou em cima, às vezes estou em baixo,
> Às vezes estou quase no chão.

Ainda assim, a fé provoca uma nota de alegria; o versículo anterior aparece em um *spiritual* cujo refrão repetitivo conecta intimamente o sofrimento com Jesus:

> Ninguém conhece os problemas que vi,
> Ninguém sabe, exceto Jesus,
> Ninguém sabe dos problemas que tive,
> Glória aleluia!

Os escravizados sabiam que na terra Jesus havia usado seu poder para ajudar os humildes. Eles também conheciam os detalhes de seu sofrimento: "Eles o chicotearam morro acima... eles o coroaram com uma coroa de espinhos... eles o pregaram na cruz...". Longe de ser uma glorificação da dor, as referências à paixão de Cristo falavam do amor de Deus envolvido compassivamente na condição humana. Eles compreendiam intuitivamente que nesse evento Deus se solidarizou com eles, dando-lhes uma dignidade que a escravização negava. O seu valor não era definido pelos brancos proprietários de escravos, mas pelo que Jesus disse e fez por eles. Esse foi um *insight* impressionante, que se manifestou em um lamento duradouro:

> Você estava lá quando crucificaram meu Senhor?
> Você estava lá quando crucificaram meu Senhor?
> Oh, às vezes isso me faz tremer, tremer, tremer,
> Você estava lá quando crucificaram meu Senhor?

A cruz permitiu aos escravizados verem que a sua vida tinha sentido apesar da servidão. Visto que o futuro deles estava nas mãos daquele que morreu no Calvário, um "aleluia" poderia arrematar a história de sua provação:

> Às vezes eu baixo a cabeça e choro,
> Mas Jesus vai enxugar as lágrimas de meus olhos.

A razão dessa esperança está no fim da história, com o grande Senhor Jesus ressuscitado dos mortos. A vitória de Deus sobre a morte ressoa com o apelo a enxugar as lágrimas:

> Não chore mais, Marta,
> Não chore mais, Maria.
> Jesus ressuscitou dos mortos,
> Manhã feliz!

uma vitória muito corretamente relacionada com o evento original da Páscoa:

> Ó Maria, não chore, não gema,
> Ó Maria, não chore, não gema,
> O exército do Faraó se afogou
> Ó Maria, não chore.

A compreensão que os escravizados tinham da cruz e da ressurreição de Cristo permitiu-lhes ver que a sua dignidade, o seu valor como seres humanos, não deviam ser equiparados simplesmente à sua presente situação, enredados no mal e no perigo da escravização. A redenção divina afirma que nenhuma corrente prenderá sua humanidade para sempre:

> Sou um filho de Deus com a minha alma libertada,
> Pois Cristo comprou minha liberdade.

O tema da liberdade flui pelos *spirituals*, chegando a um crescendo com o símbolo do céu. Não um símbolo idealizado, mas um poderoso marcador do limite da dor, graças a Deus que vence. A salvação estava chegando, fosse na forma de um navio, de um trem ou de uma bela carruagem para levá-los para casa. Jesus estava vindo, e a expectativa de sua chegada revela tal esperança:

> Voltarei com Jesus quando ele vier,
> Voltarei com Jesus quando ele vier,
> Ó, Ele pode não vir hoje
> Mas Ele está vindo de qualquer maneira,
> Voltarei com Jesus quando ele vier.
> E não morreremos mais quando Ele vier,

> E não morreremos mais quando Ele vier,
> Ó, Ele pode não vir hoje
> Mas Ele está vindo assim mesmo,
> E não morreremos mais quando Ele vier.

Não mais "berros do sinhô, ordens do feitor, repreensão da sinhá"; todos à mesa, à vontade; as lágrimas secaram; um longo dia de adoração sem fim, um dia de descanso eterno: todas essas imaginações da felicidade do céu foram acrescentadas ao estoque de símbolos de vida pelos quais os escravizados expandiam os horizontes de seu presente sofrimento. A observação histórica comum diria que o caso deles era desesperador. Mas as visões de um novo céu e de uma nova terra tiveram um impacto poderoso no seu espírito, permitindo-lhes viver ao longo do lado sombrio da história sem serem derrotados por ele.

Uma das imagens mais comoventes do céu era a da reunião. No céu, pais e filhos, amantes, parentes e amigos iriam se encontrar novamente – uma esperança devota para pessoas que tinham visto os seus entes queridos serem vendidos à força, sem qualquer esperança de reencontro neste mundo. Uma narrativa de escravizados descreve uma cena de partida onde, à medida que os que haviam sido vendidos a outro proprietário começavam a se afastar pela estrada, os que permaneceram na plantação corriam por dentro da cerca: "[...] alguns gritavam e torciam as mãos, enquanto outros cantavam pequenos hinos a que estavam acostumados para consolar os que iam embora, como:

> Quando todos nos encontrarmos no céu,
> Não haverá separação lá;
> Quando todos nos encontrarmos no céu,
> Não haverá mais separação."

O *spiritual* estava embutido na angústia dessa separação forçada. A esperança de que eles se encontrariam novamente pelo desígnio de Deus manteve a sua humanidade no meio do quebrantamento injusto da existência dos escravizados negros.

Naquela manhã, "quando as estrelas começarem a cair", não só chegaria a glória, mas também o julgamento. A vingança não constituía uma grande parte da religião dos escravizados. Mas não lhes passou despercebido que ovelhas e bodes seriam separados, e os malfeitores seriam destinados a um castigo decretado pela justiça divina. A crença em Deus não era sentimental. O amor divino implicava justiça e uma ira que acertaria contas com os traficantes de escravizados à maneira de Deus.

Os *spirituals* são criações religiosas únicas que permitiram a um povo oprimido experimentar Deus sustentando o seu espírito em lugares miseráveis. A questão deles não era se Deus existe, mas se Deus estava com eles em sua luta. Sabiam que, a longo prazo, não poderiam confiar na própria força para sobreviver, muito menos para quebrar os grilhões da escravização. Canções sobre o relacionamento libertador de Deus com as pessoas no passado abriram uma visão esperançosa do futuro, que manteve viva a sua dignidade humana no presente. "Deixa ir o meu povo": assim ressoou o compromisso de que Deus libertará os fracos da injustiça dos fortes. A presença divina tornou-se assim "um enorme rochedo em terra árida", um "refúgio contra o temporal", uma mão a segurar "para que eu não caia"[1]. Num sistema econômico, jurídico e social que tratava

---

1 Do hino religioso "Precious Lord take my hand":
Precious Lord, take my hand, lead me on, help me stand –
I am tired, I am weak, I am worn:
Thro' the storm, thro' the night, lead me on to the light –
Take my hand, precious Lord, lead me home.

essas pessoas humanas como propriedade para ganho monetário, os *spirituals* alimentaram a sua humanidade no longo caminho até a liberdade.

> As correntes da escravização finalmente romperam, finalmente romperam, finalmente romperam,
> As correntes da escravização finalmente romperam,
> Vou louvar a Deus até morrer.

6.5 Teologia da libertação negra

A herança religiosa gerada pelos escravizados fluiu ao longo das gerações seguintes. Pressionando para estabelecer a igualdade cívica e legal para os negros e, assim, pôr fim a um século de segregação violenta pós-Guerra Civil, o movimento pelos direitos civis recorreu de forma poderosa a esse legado, presente agora nas Igrejas negras. Com estilo sermônico negro e perspicácia profética, um líder importante, Martin Luther King Jr., inspirou-se de forma memorável nessa tradição na luta pela liberdade. Seus discursos e escritos eram ricos em imagens esperançosas de estradas endireitadas, topos de montanhas escalados, lamparinas bruxuleantes restauradas, justiça fluindo como uma poderosa corrente, rumo à glória; rico em visões proféticas de um mundo onde todos os filhos de Deus habitarão em paz; rico em lamentos pelo sonho de liberdade negado: "Até quando, ó Senhor... Não muito!"; e rico de paixão pela história do êxodo, incluindo, de forma pungente, a noite anterior ao assassinato de King em Memphis, a terra prometida: "Posso não chegar lá com vocês, mas quero que saibam esta noite que nós, como povo, chegaremos à

When my way grows drear, precious Lord linger near –
When my life is almost gone;
Hear my cry, hear my call, hold my hand lest I fall –
Take my hand, precious Lord, lead me home [N.T.]

terra prometida...". Essa foi a herança que o colocou frente a frente com a agonia e o desespero, mas também com a alegre esperança de que a justiça estava chegando. Porque Deus estava do lado da justiça, "nós venceremos".

Como parte desse movimento e de suas consequências, teólogos da comunidade negra trouxeram essa visão de fé para uma linguagem explícita e sistemática, elaborando uma teologia da libertação negra num contexto norte-americano. Como toda teologia da libertação, essa obra, nas palavras de um dos principais contribuidores, James Cone, "é um estudo racional do ser de Deus no mundo à luz da situação existencial de uma comunidade oprimida, relacionando as forças de libertação com a essência do Evangelho, que é Jesus Cristo". Coloca em discurso ordenado o significado da atividade de Deus no mundo, que é libertação. Nesse caso, a teologia tem como base o tema bíblico apreendido pelos escravizados, de que a revelação de Deus ocorre na libertação dos israelitas oprimidos do Egito e na vida, morte e ressurreição fortemente compassiva de Jesus Cristo, que esteve sempre ao lado dos marginalizados. Ativo ao longo da História, esse ainda é um Deus que participa da libertação dos oprimidos da terra, presente na luta de agora dos negros pela liberdade. Cheia do Espírito, a comunidade negra tem o poder de trabalhar para quebrar as correntes humilhantes que a prendem, sejam elas políticas, econômicas, jurídicas ou culturais.

O problema, porém, é que também os brancos, desde os proprietários de escravos até os privilegiados da sociedade de hoje, acreditam nesse mesmo Deus de Jesus Cristo. Invocam esse Deus para uma bênção, mas fazem-no numa sociedade que é racista, com as suas instituições construídas de modo a favorecer os brancos e a discriminar os negros por causa da cor da sua pele. Esse padrão é tão insidioso que os brancos nem percebem o quanto são privilegiados. A brancura é amplamente normativa, enquanto a marca "negro" é adicionada às pessoas que se desviam dessa norma, um pequeno ponto que significa uma vida inteira de diferença. Todos os adeptos da religião cristã afirmam ser de Deus, com as Igrejas brancas assumindo a liderança. Mas atos ímpios contra os negros foram perpetrados em nome desse Deus. Mesmo na ausência de violência física, que, no entanto, nunca está longe da superfície, as forças da violência institucional causam estragos nas vidas das pessoas negras. A experiência negra significa a existência diária num sistema de racismo branco. Portanto, a questão para a teologia negra a partir da perspectiva da comunidade negra torna-se necessariamente: "Como podemos falar de Deus sem estarmos associados aos opressores da terra?"

Para resolver esse dilema, a teologia da libertação negra, além de refletir sobre o Deus criador, redentor, inspirador, cuja ação é libertadora e que promete um futuro a todos os oprimidos, faz um movimento muito específico. Está convencida de que "numa sociedade racista, Deus nunca é daltônico" [*color blind*], o que significaria ser cego à injustiça, cego à diferença entre o bem e o mal. Vendo com clareza, Deus fica do lado de quem sofre, ou seja, dos negros. A teologia negra coloca o vinho novo dessa visão no odre novo do símbolo: *Deus é negro*. Como declara Cone: "A negritude de Deus, e tudo o que ela implica em uma sociedade racista, é o cerne da doutrina de Deus da Teologia Negra".

O significado dessa imagem torna-se claro quando colocada no seu contexto social de uma sociedade e Igreja predominantemente brancas. Nesse cenário, infelizmente, a pregação e a catequese interpretaram o Evangelho de acordo com os interesses políticos e culturais da raça majoritária. Os teólogos brancos americanos também, devido à sua identidade com a estrutura de poder, analisam a natureza de Deus no interesse da sociedade branca como um todo. Em grande parte encurralados pela sua própria história cultural, raramente fazem a transição para analisar o Evangelho à luz da consciência dos negros que lutam pela dignidade humana, pela igualdade e pela liberdade. Embora os teólogos, juntamente com a maioria das pessoas, se lhes fosse perguntado, reconheceriam que Deus não tem características raciais, a imagem predominante na Igreja e na sociedade é a de Deus como um homem branco todo-poderoso. Esse Deus branco é um ídolo criado pelo racismo e funciona para apoiar o *status* dominante dos brancos na sociedade. Os profetas sempre foram chamados para a tarefa iconoclasta de destruir imagens falsas. Declare "Deus é negro" e uma nova visão da realidade surgirá.

Dizer que Deus é negro significa que Deus pega a condição de oprimido e faz dela a própria condição de Deus, algo que fica claro na história do êxodo e na história da vida de Jesus. A Bíblia revela que Deus se identifica com pessoas que passam por humilhação e sofrimento intenso. Significa, além disso, que a solidariedade divina não se manifesta na devoção sem ação. Em vez disso, o ato característico de Deus é a libertação. Não há Deus exceto aquele que participa da libertação dos oprimidos da terra. Em solidariedade com a luta dos negros pela liberdade, portanto, Deus não é o Deus branco complacente e profundamente racista da sociedade dominante. Nem Deus é simplesmente sem cor, uma condição que não desafiaria nem contrariaria uma sociedade onde as pessoas sofrem precisamente por causa da sua cor. Optando pelos negros, vinculando o seu destino à vitória da glória divina, Deus é negro.

Consequentemente, para sermos crentes fiéis, "temos de nos tornar negros com Deus". Para os negros, isso significa rejeitar o ideal branco que lhes é imposto e amar a si mesmos como são, em toda a sua negritude física. Como observa a teóloga católica negra Diana Hayes, isso implica "celebrar a imagem de Deus na nossa negritude", estar confiante na nossa autocompreensão como filhos e filhas de Deus, ao mesmo tempo que afirmamos que todos os seres humanos são amados pelo Autor da vida. Para os brancos, isso significa converter-se do profundo racismo que permeia a sua religião e sociedade e receber o dom da salvação, que é o amor a Deus e um verdadeiro amor ao próximo, que reorienta a sua vida. Para todos os cristãos, conhecer o Deus Totalmente Outro que é negro implica estar ao lado daqueles que sofrem, participando na luta histórica em direção ao objetivo da libertação.

O símbolo do Deus negro é transferido para a cristologia. No lugar do Jesus branco, de cabelos cor de mel e olhos azuis, cuja imagem adorna igrejas, casas e cartões comemorativos, Cristo é negro. Essa não é necessariamente uma afirmação biológica, embora alguns argumentem que alguns casamentos entre judeus e africanos podem muito bem ter ocorrido na ascendência de Jesus. E isso, pelo cálculo maluco das definições raciais americanas, que considera que mesmo uma gota de sangue negro é suficiente para remover alguém da raça branca, o tornaria negro. A importância crucial da negrura de Cristo não é genealógica, porém, mas religiosa. No seu nascimento, ministério e morte, e na sua presença agora na comunidade, os compromissos existenciais do Cristo negro aliam o poder salvador de Deus feito carne com os desprezados da terra. Esse símbolo evoca a verdade que Cristo assume como a experiência de racismo do seu próprio povo negro, o seu protesto contra ele e a sua luta pela vida e pela integridade.

Ao utilizar a experiência religiosa do povo negro como uma fonte proeminente de teologia, a teologia da libertação negra mostra que a vida histórica de trabalho e alegria desse povo proporciona uma visão valiosa sobre a natureza de Deus. Levando adiante a herança religiosa do povo africano escravizado para uma nova era de luta contra o racismo branco, essa teologia oferece a toda a Igreja um vislumbre desafiador do Senhor ativo na história: "O Deus dos oprimidos é um Deus da revolução que quebra as correntes da escravização".

6.6 Teologia da sobrevivência mulherista

Nem todos os teólogos afro-americanos se contentaram em deixar o assunto por aí. Embora reconheçam que a teologia da libertação e o símbolo da negritude divina articulam o vislumbre de Deus que a comunidade tem face ao racismo, as mulheres, em particular, mostraram que há mais do que isso nessa história. A análise mulherista deixa claro que, além do racismo, as mulheres negras também sofrem preconceitos contra elas devido ao seu sexo. Ser uma pessoa negra e mulher é, portanto, enfrentar tanto o racismo branco quanto o patriarcado que existe em todas as cores.

O preconceito contra as mulheres negras permeia a comunidade negra e as próprias Igrejas negras, que são profundamente patriarcais. Lutando hoje para abrir um caminho para si e para os seus filhos, as mulheres negras vivem uma experiência religiosa que não é adequadamente capturada na teologia da libertação ou no símbolo do Cristo negro.

Existem, no entanto, outros paradigmas bíblicos para o encontro com Deus que falam da experiência das mulheres negras. Um dos mais abrangentes envolve a figura bíblica de Agar, que tem sido transmitida em escultura, poesia e pregação na comunidade afro-americana há gerações. Ricamente reinterpretada na obra de Delores Williams, a história de Agar, enfatizando a atividade feminina, tornou-se amplamente influente. O movimento-chave aqui não é o êxodo da escravização para a terra prometida, mas a permanência no deserto. O motivo principal da atividade de Deus não é a libertação, mas a sobrevivência.

A história de Agar se desenrola nos capítulos 16 e 21 de Gênesis. Ela não era judia, membro do povo escolhido por Deus, mas uma escravizada de ascendência africana. Por duas vezes, ela teve encontros dramáticos com Deus sobre questões de vida e morte; uma vez, ela tomou a iniciativa de nomear o Altíssimo. Como uma egípcia escravizada por Sara, a esposa de Abrão, ela continuou encontrando maneiras de contornar os obstáculos levantados em sua situação para abrir um caminho em direção ao futuro. As semelhanças entre a sua experiência e a das mulheres negras, tanto sob a escravização como desde então, são impressionantes.

A história começa com Sara não conseguindo conceber um herdeiro, incentivando o marido a se deitar com sua escravizada. Quando a união dos dois resulta na gravidez de Agar, a tensão entre as duas mulheres aumenta. Com a concordância de Abrão, Sara trata Agar com severidade. A escravizada resiste com coragem a essa brutalidade: foge. No deserto, a mulher grávida encontra o Senhor. Qual é a resposta divina à sua situação? Em vez de encorajar a sua fuga libertadora, Deus lhe dá uma instrução surpreendente: "Retorne". Essa ordem é acompanhada por uma promessa em muitas camadas. Ela dará à luz um filho e o chamará Ismael; seus descendentes se multiplicariam tanto que não poderiam ser contados; na verdade, ela seria a mãe de um grande povo. Agar chamou aquele que falou com ela de *El-roi*, o Deus da visão, cujo nome ainda é atribuído ao poço de sustentação da vida no deserto onde seu encontro ocorreu. O que Williams observa é que, em algumas circunstâncias, a presença divina leva as mulheres a agirem para sobreviver e salvaguardar o fio da vida no futuro, em vez de procurarem a liberdade como um valor supremo, correndo o risco de morte. Visto que os melhores recursos para a criança nascer e crescer saudável estavam na casa de Abrão e Sara, Agar age de acordo com a inspiração de Deus para a sobrevivência.

Esse tema é reiterado quando Agar se vê exilada no deserto pela segunda vez, agora com sua criança a tiracolo. Após o nascimento do filho primogênito de Abrão com Agar, Sara finalmente concebeu seu próprio filho, Isaque. Observando os dois meninos brincarem, ela temeu que Ismael compartilhasse a herança de Abrão, por isso expulsou o menino e sua mãe da casa. Sem recursos suficientes para sobreviver no deserto árido e desolado, Agar e seu filho estavam à beira da morte por fome e sede. Ela colocou o menino debaixo de um arbusto para não ter que vê-lo morrer. Chorando, ela ouviu então a voz do anjo de Deus reiterando a promessa de que Ismael se tornaria uma grande nação. "Deus abriu os olhos de Agar, e ela viu um poço de água. Foi então encher o odre de água e deu de beber ao menino" (Gn 21,19). Esse encontro com o Senhor suscitou uma visão vivificante para Agar. Mais uma vez, ela viu o que era necessário para sobreviver e agiu. Anos mais tarde, Agar arranjou um casamento para Ismael com uma mulher do Egito, e a promessa divina continuou ao longo da história.

Como observa Williams, a resposta de Deus às crises de Agar, em ambas as ocasiões, levou-a a sobreviver e a desenvolver uma qualidade de vida apropriada à sua herança e situação. Congruente com a situação de muitas mulheres afro-americanas no passado e ainda hoje, Agar enfrentou a escravidão, a pobreza, o preconceito étnico, a exploração sexual e econômica, a violação, a maternidade de substituição, a violência doméstica, a condição de sem-teto e a monoparentalidade. Elas se encontram, como Agar, no deserto, com os recursos esgotados, em busca de água. Em meio à desgraça, ouvem a voz do anjo de Deus. "Repetidas vezes, as mulheres negras nas igrejas testemunharam sobre os seus sérios encontros pessoais e salvíficos com Deus, encontros que ajudaram a elas e às suas famílias a sobreviver." Fortalecidas por esse encontro, elas descobrem como encontrar uma saída numa situação sem saída.

A história de Agar no deserto chama a atenção para a história de inteligência de sobrevivência das mulheres afro-americanas, utilizando uma variedade de estratégias silenciosas, sutis e dramáticas. Agarrando-se à vida face a forças formidáveis, eles encontram formas de as suas famílias sobreviverem e crescerem. Os *insights* da teologia negra são, portanto, duplos. Além da tradição de libertação, que vê Deus como Libertador que conduz os oprimidos à liberdade, existe a tradição de sobrevivência, que vê Deus como Sustentador no deserto. A libertação é o objetivo final, mas, ao longo do caminho, o Espírito de Deus apoia os esforços diários de se permanecer vivo, ajudando as pessoas a enxergarem novos recursos, prometendo um futuro para as crianças: "Eis que porei um caminho no deserto" (Is 43,19).

6.7 Um foco mais nítido

Utilizar a experiência das mulheres afro-americanas como fonte para a teologia traz novos *insights* para questões perenes.

- No que diz respeito às imagens de Deus, a questão não é apenas como as mulheres podem considerar-se feitas à imagem de Deus se as metáforas mais frequentemente utilizadas – pai, senhor e rei – são predominantemente masculinas. Mas também surge a questão de saber por que razão as mulheres negras devem se relacionar com um Deus identificado dessa forma, uma vez que esses nomes conotam poder sobre os outros e suscitam um medo correspondente de autoridade naqueles que foram abusados por tal poder. Embora possa ajudar saber que, se Deus é Senhor, então o senhor de escravizados não tem a palavra final sobre o meu ser, a imagem, por sua própria natureza, transfere um modelo terreno defeituoso para o céu. Como observa Patricia Hunter: "Os títulos patriarcais de Senhor e Mestre não evocam imagens amorosas ou gentis para aqueles cuja história inclui a escravização".

- Da mesma forma, apesar de toda sua força para resistir às pretensões racistas brancas, o Símbolo do Cristo Negro não confronta a opressão das mulheres dentro da própria comunidade negra, aderindo, como o faz, a uma imagem de Cristo identificada com os homens. Somente quando as mulheres forem vistas como o ícone de Cristo, argumenta Kelly Brown Douglas, a presença sustentadora, libertadora e profética do Cristo que é negro servirá ao crescimento de toda a comunidade. Precisamos aprender a ver e honrar o rosto de Cristo nos rostos das mulheres negras mais pobres, nos rostos de uma Sojourner Truth, de uma Harriet Tubman ou de uma Fannie Lou Hamer enquanto cada uma lutava para ajudar a comunidade negra a sobreviver, a fim de que esse símbolo libere sua bênção.

- A experiência de maternidade de substituição das mulheres negras traz uma sensibilidade crítica às interpretações da cruz. Sob a escravização, as mulheres eram coagidas a assumir papéis de substitutas nas famílias (a aia negra cuidava dos filhos da mãe branca), nos campos (80% das escravizadas aravam, plantavam e colhiam, trabalho normalmente confiado aos homens) e nas camas dos proprietários de escravizados (estupradas para proporcionar prazer não disponível por parte da esposa branca). As escravizadas não tinham poder para recusar esses papéis, pois eram propriedade. A experiência deixou uma profunda desconfiança quanto a substituir outro, uma vez que os papéis substitutivos assumiam uma dimensão única de dominação na vida das mulheres negras.

A teologia tradicional da cruz faz de Jesus uma figura substituta, ensinando que na morte ele sofreu o castigo que a humanidade pecadora merecia. O fato de ele ter assumido a pecaminosidade humana, aliviando assim o nosso fardo, mostra seu profundo amor e faz dele nosso Salvador. Essa construção, no entanto, é extremamente falha. A redenção não pode ter nada a ver com o ato sangrento de uma pessoa ser morta no lugar de outra. Tal substituição é repulsiva. Pelo contrário, por meio do ministério de Jesus, com as suas curas esperançosas e a sua pregação sobre o reino de Deus, e por meio da sua ressurreição e o consequente florescimento do Espírito no mundo, Deus obteve a vitória sobre o mal que tentou matar a dádiva que Jesus trouxe. A teologia da cruz hoje precisa empregar diferentes modelos sociopolíticos, argumenta Williams, mostrando às mulheres negras "que a sua salvação não depende de qualquer forma de substituição tornada sagrada pela compreensão humana de Deus".

- Caso contrário, a repugnante imagem de Deus, senhor de escravizados, surgirá novamente. A história da escravização também limita a utilidade da ideia religiosa de ser serviçal ou servo do Senhor. "Algumas pessoas são mais servas do que outras", observa Jacqueline Grant ironicamente, ressaltando que, embora os membros da hierarquia da Igreja se autodenominam servos de Deus, é provável que sejam homens, instruídos e economicamente abastados. Entretanto, as pessoas que efetivamente são empregadas, tanto a nível doméstico como nas indústrias de serviços, são provavelmente mulheres de cor, com baixa escolaridade e no degrau mais baixo da escala econômica. Em vez da servidão como um ideal religioso, na verdade um ideal que incentiva situações sociais pecaminosas em vez de resistir a elas, Grant argumenta que o discipulado é um modelo preferível para a relação humano-divino. Deus não é honrado por nenhuma relação senhor-escravizado, nem a atividade divina no mundo resulta em subordinação. Ser discípula, pelo contrário, capacita as mulheres, tanto na vida pessoal como na sua participação na Igreja, para assumirem responsabilidade, tomarem a iniciativa e assumirem o comando.

Assim, a teologia negra traz a sabedoria de relações justas para as discussões teológicas.

6.8 Práxis de justiça racial

Vislumbres de Deus que liberta os oprimidos e abre caminho no deserto onde não há caminho também emergiram com vigor na teologia negra forjada na África do Sul sob o *apartheid* e na teologia criada a partir da experiência dos povos aborígenes na Austrália. Em cada caso, o rolo compressor do colonialismo branco causou estragos na vida de pessoas cuja pele é de cor mais escura. Em meio a intenso sofrimento, miséria e morte, os negros vislumbraram um

Deus diferente daquele que chegou com os conquistadores, ou seja, um Deus que participa de sua luta para sobreviver e se libertar. Fora da história do "pecado original" da escravização da América, a teologia afro-americana está dando sua própria e distinta contribuição nas vozes dos negros para a compreensão de Deus pela Igreja.

Que tipo de práxis flui desse *insight*? A práxis da justiça racial nas esferas social e pessoal. Ser negro na América ainda é muitas vezes ser discriminado por causa da cor e do que essa cor significa para os brancos. Essa presença contínua de racismo, sutil ou escancarado, na sociedade é um pecado amargo cujos danos dilacera a alma da comunidade branca, os perpetradores, ao mesmo tempo que inflige danos desumanizantes à comunidade negra. Fazer justiça racial vai contra essa violação. Num dos seus discursos, Martin Luther King explicou lindamente: "Justiça é o amor corrigindo aquilo que se revolta contra o amor". Para as pessoas de fé, agir com justiça em questões raciais expressa um amor ao próximo específico que está totalmente entrelaçado com a crença no Deus vivo. Fazer justiça é intrínseco à fé porque o Deus que aponta fontes de água no deserto não pode ser separado daquele que por ali vagueia; o Deus que quebra as correntes é sempre solidário com aqueles que marcham em direção à terra prometida.

> Filhos, seremos livres,
> Quando Jesus, ele virá.

6.9 Leitura adicional

Albert Raboteau é o autor de um trabalho de pesquisa original belamente escrito sobre a religião dos escravizados: *Slave religion: The "invisible institution" in the antebellum South* (Oxford, 1978, 2004). Nessa obra, ele estuda os *spirituals*, enquadrando-os em seu contexto. Para uma avaliação teológica dessas canções, cf. *The spirituals and the blues: An interpretation*, de James Cone (Seabury, 1972; reimpressão: Orbis, 1991).

Ressoando com referências bíblicas, os principais discursos, sermões e escritos de Martin Luther King Jr. foram reunidos em *A testament of hope: The essential writings and speeches of Martin Luther King, Jr.* (HarperCollins, 1991). Cf. *Bearing the cross: Martin Luther King Jr. and the Southern Christian leadership conference*, de David Garrow (Wm. Morrow, 1986) para conhecer a história de King, incluindo as suas raízes na Igreja negra.

Para uma visão geral do desenvolvimento das vozes negras na teologia, cf. *Black theology: A documentary history*, vol. 1, 1966-1979, de James Cone e Gayraud Wilmore, eds. (Orbis, 1979); vol. 2, 1980-1992 (Orbis, 1993). Um dos principais pensadores da teologia da libertação negra é James Cone, cujas obras mais influentes são *Teologia negra* (Recriar, 2020) e *Deus dos oprimidos* (Recriar, 2020). O trabalho de J. Deotis Roberts dá mais ênfase à reconciliação da comunidade negra com os brancos; cf. *Liberation and reconciliation: A black theology* (Westminster, 1971). Os livros de ambos os autores ampliaram reflexões sobre Deus e Cristo como negros. *And still we rise: An introduction to black liberation theology*, de Diana Hayes (Paulist, 1996), fornece uma excelente visão geral do campo.

A teologia da sobrevivência sob a perspectiva da experiência das mulheres negras foi trabalhada pela primeira vez por Delores Williams, cujo livro dialoga criticamente com a miopia da teologia tanto dos homens negros quanto das mulheres brancas: *Sisters in the wilderness: The challenge of womanist God-talk* (Orbis, 1993). Um trabalho mulherista criativo sobre Deus é *Dancing with God: The Trinity from a womanist perspective*, de Karen Baker Fletcher

(Chalice Press, 2006). Kelly Brown Douglas em *The black Christ* (Orbis, 1994) amplia o símbolo de Cristo ao levar em conta a existência e a experiência das mulheres negras. Uma abordagem mulherista da cristologia, em contraste com a crítica do feminismo, é desenvolvida em *White women's Christ and black women's Jesus: Feminist christology and womanist response*, de Jacqueline Grant (American Academy of Religion, série 64; Scholars, 1989). Para um excelente conjunto de ensaios que tratam da herança dos escravizados à luz da experiência de luta das mulheres negras hoje, cf. *A troubling in my soul: Womanist perspectives on evil and suffering*, de Emilie Townes, ed. (Orbis, 1993), especialmente "Wading through many sorrows", de M. Shawn Copeland, pp. 109-129.

A crescente voz católica na teologia negra é ouvida em *Taking down our harps: Black Catholics in the United States*, de Diana Hayes e Cyprian Davis, eds. (Orbis, 1998); *Black and Catholic, the challenge and gift of black folk: Contributions of African American experience and thought to Catholic theology*, de Jamie Phelps (Marquette University, 1997) (também publicado como livro eletrônico); e *Many faces, one Church: Cultural diversity and the American Catholic experience*, de Peter Phan e Diana Hayes, eds. (Rowman & Littlefield, 2005).

7
DEUS ACOMPANHANTE DA FIESTA

7.1 Contexto: la lucha

Consideremos a compreensão do mistério sagrado de Deus que surgiu entre os povos com raízes ancestrais latino-americanas e caribenhas que vivem nos Estados Unidos. Essas próprias comunidades são muito diversas, oriundas de diferentes países de origem e transplantando diferentes costumes locais. No ano 2000, o censo nacional revelou que, coletivamente, esses povos constituem 13% da população dos Estados Unidos, formando agora a maior minoria. O censo identificou ainda seis subgrupos que variam numericamente do maior ao menor, provenientes de México, Porto Rico, América Central, América do Sul, Cuba e República Dominicana, respectivamente. O termo hispânico, adotado pelo U.S. Census Bureau e frequentemente usado na linguagem comum para descrever essas comunidades, tende a nivelar as diferenças no que é na verdade uma identidade flexível e dinâmica partilhada entre povos de diversas etnias, raças e nacionalidades. Uma alternativa que está sendo utilizada entre os acadêmicos é latino ou latina, muitas vezes escrita de forma condensada como latino/a, que, embora tenha a vantagem de ser uma designação autoescolhida, também é marcada por muitas das mesmas ambiguidades.

Qualquer que seja a denominação, e este capítulo utiliza os termos indistintamente, as estatísticas indicam que, em termos de situação econômica e educacional, dois terços das pessoas dessas comunidades estão no extremo inferior da escala. Sendo a maioria pobre e com baixa escolaridade, o grupo como um todo está sub-representado nas instituições que dirigem a sociedade. O estatuto geral de subclasse também significa que a cultura dominante dos Estados Unidos tende a ignorar, menosprezar ou compreender mal a sua cultura, considerando-a não essencialmente "americana". Para a maioria, viver significa engajar-se na luta, *la lucha*.

7.1.1 Duas conquistas

A história dos povos hispânicos e de sua sabedoria religiosa é sangrenta e violenta, marcada por duas conquistas. A primeira foi a conquista pela Espanha das terras e dos povos do "novo mundo" descoberto por eles em 1492. Na caça ao ouro e às riquezas, a Espanha colocou as populações indígenas em servidão, matou os seus líderes, apropriou-se das suas terras e recursos naturais e quebrou a espinha de suas culturas. Vinte e três milhões de pessoas morreram no espaço de cinquenta anos no México durante o início do período colonial. Foi nesse estado de derrota que as pessoas ouviram pela primeira vez falar de cristianismo por meio dos missionários que chegaram com os conquistadores. Sofrendo escravização, pilhagem, estupro e opressão, o sofrimento deles deu um tom especial à maneira como ouviram a "boa-nova".

A segunda conquista aconteceu no século XIX, quando os Estados Unidos expandiram as suas fronteiras nacionais pela conquista militar, anexação e compra. A maior ruptura ocorreu em 1848, quando o México, derrotado na guerra, cedeu aproximadamente metade do seu próprio país aos Estados Unidos. Esse vasto território incluía os atuais estados da Califórnia, Arizona e Novo México, além de grandes áreas do Colorado, Nevada e Utah. O tratado de 1848 também aprovou a anexação prévia do Texas pelos Estados Unidos. A presença de latinos e latinas no sudoeste hoje não aconteceu por causa da migração, mas porque comunidades assentadas centenárias foram engolidas pelos Estados Unidos e pelo seu "destino manifesto". Como Gary Riebe-Estrella deixa claro: "A nossa presença neste país historicamente aconteceu não porque atravessamos a fronteira, mas sim porque a fronteira nos atravessou". Os Estados Unidos já haviam comprado a Flórida do México. A guerra com a Espanha em 1898 resultou na hegemonia dos Estados Unidos sobre Cuba e Porto Rico, embora essas ilhas não tenham sido incorporadas como estados. Essa segunda conquista resultou na imposição de sistemas políticos, econômicos e sociais que marginalizaram as populações hispânicas. E isso também colocou eles e suas tradições religiosas face a face com o cristianismo anglo protestante, cuja vanguarda evidenciava um desdém persistente por aqueles "papistas, degenerados e mestiços" (Elizondo). A segunda conquista colocou os latino e latinas numa posição minoritária dentro de uma nação governante que pouco se importava com a sua história ou bem-estar.

7.1.2 Mestizaje/*Miscigenação*

O resultado dessa história cruel é um povo formado, como um novo rio, a partir de duas correntes anteriormente separadas. O conceito de *mestizage*, ou mistura de raças, foi elaborado pela primeira vez por Virgilio Elizondo para identificar o conjunto de caracteres específicos e especiais dessas duas correntes. Segundo ele, a *mestizaje* representa uma realidade fronteiriça em que as pessoas têm um pé em dois mundos, misturando em si diferentes raças, culturas e tradições religiosas.

- Racialmente, a mistura de povos indígenas e espanhóis que ocorreu na primeira conquista é em si um fenômeno complexo. Os ancestrais ameríndios emigraram da Ásia e acabaram em diferentes grupos populacionais nativos, como os taínos, caribenhos, astecas, maias e incas. Os próprios espanhóis combinavam genes ibéricos, gregos, árabes, godos e ciganos em sua composição. A mistura dessas duas linhagens produziu indivíduos denominados *mestizo* ou *mestiza*. Os espanhóis também se envolveram no comércio de escravizados; a mistura de sua herança biológica com povos de ascendência africana produziu pessoas denominadas mulatos ou mulatas. Dessa história conflituosa de *mestizaje/mulataje* surgiram os povos hispânicos dos Estados Unidos, racialmente descendentes tanto dos conquistadores como dos conquistados.

- Culturalmente, a mistura original das tradições mediterrâneas espanholas com as tradições ameríndias e africanas produziu um povo cujas características positivas incluem um dom para a celebração, uma forte ligação à família e um entusiasmo apaixonado pela vida desenvolvida em comunidade. Do lado negativo, a cultura pode inculcar um certo fatalismo ou passividade face às aflições da vida e, com a sua ênfase no machismo, promover estruturas familiares opressivas e um sentido restrito de identidade entre as mulheres. A segunda conquista posicionou ainda mais esse povo já mesclado entre duas culturas díspares, do sul e do norte. Esse contexto social é muitas vezes colidente, sendo os valores e expectativas de uma cultura frustrados pelo comportamento da outra.

- Religiosamente, a visão de mundo dos povos indígenas da Mesoamérica estava imbuída da presença do sagrado, que era ritualizado em símbolos visuais, musicais e dramáticos. Em momentos-chave do ciclo do ano, o povo organizava grandes e pomposas cerimônias religiosas em locais públicos, como praças de cidades ou no topo das pirâmides. Pequenos altares, tanto de clãs como familiares, proporcionavam acesso local ao sagrado no dia a dia. A forma ibérica de cristianismo trazida com os conquistadores e implantada nesse solo indígena era em si profundamente simbólica. Numa série de estudos cuidadosos e perspicazes, Orlando Espín demonstrou que esse cristianismo tinha uma forma medieval, anterior à divisão ocasionada pela Reforma Protestante, sendo, portanto, intocado pelos novos padrões estabelecidos pela Igreja Católica no Concílio de Trento. Com raízes na Igreja patrística e medieval, era o cristianismo pré-moderno tal como existia antes mesmo de o Ocidente conhecer as palavras protestante e católico no seu atual sentido dividido. A sua visão religiosa nada sabia da divisão posterior entre secular e sagrado, pois o mundo do espírito estava presente em toda parte. Seu estilo era profusamente sacramental, aproximando-se do sagrado por meio de imagens, histórias e rituais populares baseados na crença de que tais coisas criadas podem mediar entre os mundos visível e invisível e transmitir graça.

Tanto a religião ameríndia como a europeia medieval dirigiam-se a uma população em grande parte analfabeta e, consequentemente, dependiam de meios visuais e orais de ensino e celebração da fé. A mistura dos dois produziu uma nova forma de cristianismo mestiço ibero-americano, não vinculado aos problemas religiosos da Europa que produziram o protestantismo e o catolicismo tridentino, nem aos modernos modos de conhecimento ocidentais. Pelo contrário, como herdeiro de duas grandes tradições místicas, tornou-se uma personificação da fé dos pobres sofredores no novo mundo. A adição de tradições religiosas da África à mistura reforçou, à sua maneira, a ênfase na mediação visual, oral e dramática.

7.2 Religião popular

Nos séculos seguintes, essa inculturação do cristianismo desenvolveu-se não de acordo com os modelos da Igreja na Europa ou nos Estados Unidos, mas "de acordo com a dinâmica interna do Espírito que trabalha ativamente" nas pessoas, como argumenta Elizondo. Seu centro último de atenção é o mistério de Deus que caminha com as pessoas na vida cotidiana. Essa presença divina é mediada de forma gráfica e tangível. Altares domésticos onipresentes, arrumados singelamente num canto, com uma cruz, imagens ou gravuras de Jesus, Maria ou dos santos e adornados com flores e velas votivas, manifestam que Deus está presente para as pessoas em suas próprias casas, acessível de manhã, de tarde e de noite, numa relação de compromisso e responsabilidade mútuos. Os terços pendurados nos espelhos dos carros, as imagens de Nossa Senhora de Guadalupe tatuadas nos corpos dos jovens e pintadas nos muros dos *barrios*, os ex-votos (textos de agradecimento) e os *milagritos* (pingentes representando partes do corpo) levados aos locais de peregrinação em agradecimento por curas, as *fiestas* religiosas públicas, as *posadas* de Natal e as procissões da Sexta-feira Santa que pontuam o ano servem para expressar um forte sentimento de ligação ao Sagrado de formas polivalentes e imaginativas, permeadas por um estilo profundamente afetivo.

Essa é a "religião popular", assim chamada não porque seja aprovada por um grande número de pessoas, mas porque os seus criadores e praticantes são o povo. É o trabalho da comunidade, a forma como as pessoas se apropriam das crenças tradicionais do cristianismo e as expressam nas suas próprias práticas espirituais cotidianas. A definição de Sixto García sublinha o contexto: a religião popular é "o conjunto de experiências, crenças e rituais que grupos humanos mais ou menos periféricos criam, assumem e desenvolvem [...] para encontrar acesso a Deus e à salvação que eles sentem que não podem encontrar no que a Igreja e a sociedade apresentam como normativo". É uma fé vivida que encontra e nomeia Deus "a partir de suas experiências de vida e morte, palavra e silêncio, alegria e sofrimento, libertação e opressão", como descreve María Pilar Aquino. Suas práticas expressam uma forte espiritualidade que reconhece a presença do divino nas rotinas e surpresas do dia a dia.

Esse estilo de cristianismo é encarnado sem constrangimento, transmitindo o conhecimento básico de uma forma experiencial. Ao contrário da lógica sistemática do Ocidente moderno, pensa com uma racionalidade estruturada em torno de relacionamentos. O conhecimento é adquirido por meio da participação afetiva nos símbolos e rituais, produzindo não um conhecimento primordialmente cerebral das doutrinas, embora seu repertório doutrinário seja amplo e profundo, mas confiança pessoal e amor a Deus, que é a fonte da existência da comunidade. Comparadas com o padrão mais calmo do cristianismo dos climas nórdicos, as suas expressões são exuberantemente imaginativas. Os sociólogos as estudaram como exemplos de costumes exóticos ou folclóricos. Mas longe de ser uma coleção de curiosidades coloridas, essa constelação de práticas e a visão de mundo que elas carregam são uma forma de religião viva. Moldada numa matriz de sofrimento e abuso, essa religião compreende uma rede de crenças, expectativas éticas, ritos e experiências de oração que juntas transmitem a presença vibrante de Deus no meio da vida diária. Em vez de ficar restrita ao lugar sagrado da Igreja institucional (o edifício consagrado) e aos tempos sagrados (culto formal liderado pelo clero), aqui a presença divina migra para a comunidade a fim de estar com as pessoas em suas casas, ruas e principais praças das cidades.

Um aspecto notável da forma de cristianismo desse povo é que a sua observância é acessível a todos, sendo liderada por leigos e não organizada pelo clero ordenado ou profissional. No período colonial havia boas razões para isso: vastas distâncias geográficas, grandes populações, clero europeu relativamente pequeno em número e racismo eclesiástico que não permitia a entrada de homens indígenas ou *mestizos*/mulatos nos seminários (sem falar as mulheres). O resultado tem sido um padrão cultural-religioso que diminui a importância da Igreja institucional, tornando o relacionamento íntimo com Deus bastante mais acessível na vida diária do que nas liturgias oficiais. Recordando as *abuelitas*, as sábias mulheres mais velhas presentes na sua comunidade de infância, Elizondo escreve que, quando não havia clérigos presentes para atender às necessidades dos habitantes, "as nossas avós estavam por perto para nos abençoar, rezar por nós e para oferecer uma *velita* (vela) como sacrifício dos pobres". Quanto aos rituais religiosos públicos da comunidade,

Elizondo, ele próprio agora um sacerdote católico, escreve com aprovação que "são verdadeiramente as celebrações de fé do povo de Deus nas quais os bispos, o clero e os religiosos são muito bem-vindos, mas não fazem falta se não estão por perto".

O fato de a maioria das pessoas lidar com a pobreza e o *status* de segunda classe dá a toda essa abordagem um tom de luta e esperança. Tanto historicamente como na vida contemporânea, o conflito e a injustiça moldam a experiência das pessoas. Como elas podem manter o ânimo em meio a essa matriz de sofrimento? A religião popular responde de forma significativa – por meio da vida cotidiana com suas práticas religiosas que confrontam o pecado e afirmam que Deus está caminhando com elas. A teóloga *mujerista* Ada María Isasi-Díaz destaca a relevância especial que esse padrão tem para mulheres e crianças pobres que, embora seu idioma principal não seja o inglês nem o da teologia acadêmica, podem descobrir e ser abençoadas pela presença de Deus no espaço privado marginalizado de sua própria casa, por mais precário que seja. A religião popular tem valor salvífico, argumenta Aquino, "porque Deus habita nela, entre os desprezados da terra".

Longe de ser um mero vestígio do cristianismo, a religião popular é uma forma robusta de se relacionar com a realidade e de viver o Evangelho que leva adiante o padrão sacramental medieval da fé cristã inculturado nas cosmovisões sagradas ameríndias e africanas. Embora diferente do estilo contemporâneo de fé ocidental praticado na Europa e nos Estados Unidos, é uma configuração que traz Deus para a vida cotidiana dos pobres, ao mesmo tempo que interpreta e transmite a revelação cristã de uma forma significativa. Os teólogos hispânicos dos Estados Unidos observam que, como acontece com todas as religiões, existem limites. A religião popular é mediada por uma cultura ferida e necessitada de cura e correção. O discernimento é necessário para garantir que o Evangelho seja comunicado em toda a sua força, incluindo o chamado para substituir na esfera social a passividade pela resistência esperançosa. Ainda assim, essa fé de intimidade vivida com Deus, baseada na confiança de que o divino é acessível em meio ao sofrimento, e culturalmente temperada com símbolos de compaixão e esperança, tem sustentado durante séculos a vida de milhões de pessoas com beleza e alegria.

"Enquanto o ser humano desejar entrar em contato com a dimensão transcendente da vida cotidiana", declara Roberto Goizueta, "enquanto procurarmos encontrar sentido na vida e na morte, enquanto nos esforçarmos para expressar o inefável e relacionar a crença religiosa com a vida cotidiana – ou seja, sempre –, haverá religião popular".

7.3 Fazendo teologia latinamente

Tradicionalmente esquecida nos livros de história, a presença dos povos hispânicos com a sua religião popular é uma das mais antigas do panorama dos Estados Unidos. A teologia feita latinamente em conexão orgânica com essas comunidades, porém, é relativamente jovem. Datando do início da década de 1970, começou quando alguns poucos membros da comunidade formados em teologia começaram a se concentrar na fé vivida do povo e começaram a argumentar que a sua rede popular de costumes religiosos recebe, acredita e transmite a verdade cristã sobre Deus e o mundo de maneira legítima.

Essa teologia não deve ser confundida com a teologia da libertação que se originou na América Central e do Sul. Embora as duas tenham muitos pontos em comum, especialmente o apreço pelo cuidado especial de Deus para com os pobres, surgiram em contextos históricos claramente diferentes. Na sua luta pela presença de Deus em meio à injustiça econômica, a teologia da libertação poderia pelo menos considerar garantido o seu próprio contexto cultural, incluindo a linguagem. Em contraste, os teólogos e teólogas latinos norte-americanos procuram dar voz à fé de povos profundamente moldados por sua herança latino-americana enquanto vivem, seja por nascimento ou por imigração, numa sociedade dominante muito diferente e de língua inglesa. Para isso, interpretam a "grande história" da tradição cristã como mediada pelas "pequenas histórias" que compõem o cotidiano das pessoas. Apesar da dor e do sofrimento da sua experiência, elas sobrevivem, utilizando práticas culturais/religiosas para construir uma vida de amor, beleza e alegria. Atentando a isso, os teólogos e teólogas latinos não fazem apenas uma opção pelos pobres. Também fazem uma opção pela *fé* dos pobres, para cunhar uma frase, procurando interpretar o significado da prática religiosa popular com uma voz nova e original. Condizente com seu pertencimento à comunidade, muitas vezes trabalham em conjunto, fazendo da teologia um esforço partilhado objetivando a relevância religiosa, o cuidado pastoral e a implementação da justiça bíblica na sociedade.

Para respaldar essa abordagem, Orlando Espín recorre ao ensinamento clássico sobre o *sensus fidelium*, o sentido dos fiéis. Esse é o ensinamento de que o corpo dos fiéis como um todo, batizados, ungidos e movidos pelo Espírito, tem uma compreensão intuitiva das questões de crença que é, em última análise, confiável. Acreditando na palavra de Deus, o povo cristão pode sentir que algo é verdadeiro ou não de acordo com o Evangelho e pode saber em seu âmago o que incentiva a conduta correta, a oração e o testemunho.

Consequentemente, juntamente com o magistério, a liturgia, o ensino oficial e os teólogos, o povo é portador da tradição, a ser consultado, como observou o Cardeal John Henry Newman, em questões de doutrina.

No contexto atual, isso significa que a religião popular, a religiosidade vivida pelo povo, é um elemento constitutivo da Igreja e uma fonte indispensável de compreensão de Deus. Sim, é culturalmente específico, mantendo viva a fé não apenas por meio de dogmas e liturgias oficiais, mas também por meio de grandes símbolos e rituais que envolvem a imaginação, a emoção e o coração. Mas cada instanciação do Evangelho desde o início foi culturalmente específica; não há outra possibilidade para uma fé encarnada que permaneça viva na história. Em profundo contato com mitos, imagens gráficas, histórias e celebrações, a religião popular funcionou durante séculos como uma portadora indispensável de tradição. O Deus que ela valoriza é "um Deus que defende, protege, corrige e nutre os mesmos grupos sociais que o mundo despreza", sublinha Aquino. Até hoje a teologia hispânica tem mantido seu perfil distinto ao levar a sério a religião popular como uma fonte fecunda para a reflexão teológica.

7.3.1 *Nossa Senhora*

Uma importante área de trabalho que tem implicações surpreendentemente de longo alcance para a teologia de Deus trata da devoção popular a *la Virgen*, um fenômeno católico difundido e profundamente sentido que suscita consternação entre os principais cristãos protestantes, evangélicos e pentecostais que hoje também compõem a ampla comunidade hispânica (as divisões europeias alcançaram o novo mundo). Cada grupo nacional tem sua versão do símbolo mariano acompanhada de histórias que mostram o cuidado da Mãe de Deus com suas lutas. A mais conhecida é Nossa Senhora de Guadalupe, do México, cuja aparição a um índio pobre logo após a conquista espanhola é um exemplo brilhante de *mestizaje* religiosa, fundindo símbolos cristãos e indígenas. Flores e cantos, símbolos do divino na religião ameríndia, acompanharam a vinda da Virgem. Ela apareceu na colina Tepeyac, local do recentemente suprimido santuário da amada deusa Tonantzin. O mais marcante é que a imagem de seu rosto deixada no manto artesanal de Juan Diego é indígena, dando origem ao carinhoso nome de *la Morenita*, a moreninha. A sua presença e palavras consoladoras serviram para promover a dignidade humana dos povos derrotados no momento da conquista e têm continuado desde então: testemunha César Chávez, cujas marchas dos anos de 1970 por justiça para os trabalhadores agrícolas imigrantes na Califórnia saíram sob a bandeira de Nossa Senhora de Guadalupe. Qualquer que seja a imagem e o título, a devoção mariana do catolicismo popular é calorosa e amorosa, relacionando-se com a Mãe de Deus como uma manifestação tangível de cuidado. Ela "caminha com pessoas culturalmente marginalizadas", explica Miguel Díaz; "quando ela olha, acolhe e assume a face cultural daqueles que foram rejeitados, esquecidos e oprimidos, eles são acolhidos, lembrados e ressuscitados".

A reflexão dos teólogos e teólogas latinos nos Estados Unidos é virtualmente unânime em interpretar a figura de *la Virgen* nas suas comunidades como um símbolo do amor divino e a devoção das pessoas como um encontro mediado com a compaixão divina. Um grupo de teólogos em busca de compreensão vai além e questiona o nó tão fortemente amarrado entre as imagens hispânicas da Virgem e a verdadeira mulher judia do século I, Maria de Nazaré, mãe de Jesus. Orlando Espín, por exemplo, defende uma interpretação diferente. "Quando sou confrontado com a profundidade da confiança e do carinho que os latinos têm pela *Virgen*, e quando vejo o belo e reverencial relacionamento que eles nutrem com ela, e também quão profundamente tocados e fortalecidos são por ela, então, como teólogo, tenho que me admirar". A sua admiração leva-o a sugerir que, em vez de um encontro com Maria, o que está acontecendo é uma experiência do Espírito Santo soberbamente inculturada.

Espín não está sugerindo que Maria seja o Espírito Santo, ou que de alguma forma ela seja a mediadora da face feminina de Deus. Ele está argumentando que a Maria histórica não tem nada a ver com esse fenômeno. Não é a judia Miriam de Nazaré que os latinos e latinas veneram na sua devoção a *la Virgen de Guadalupe*. É antes o Espírito Santo de Deus, expresso não nas categorias do mito grego ou da cultura e filosofia europeias, mas agora em categorias fundidas a partir dos conquistadores espanhóis e dos povos conquistados da Mesoamérica. As autoridades eclesiásticas dos tempos coloniais insistiram numa interpretação mariana, num movimento compreensivelmente defensivo para proteger a pureza doutrinária, uma vez que a única imagem feminina do divino que conheciam estava associada à religião que tentavam erradicar. Além disso, falar demais sobre o Espírito Santo poderia atrair a atenção indesejada da Inquisição. Mas na experiência do povo de então e de agora, as referências à Maria dos evangelhos estão notavelmente ausentes em relação à devoção a Guadalupe. Em vez disso, o que é mediado é uma experiência profundamente envolvente de amor sagrado e compaixão que dá coração, sabedoria e coragem aos adeptos. Portanto, não será verdade, reflete Espín, que "o que temos aqui não é a mariologia, mas a pneumatologia numa mediação cultural inesperada e brilhantemente conseguida?". As práticas marianas do catolicismo hispânico podem, assim, vir a significar uma pneumatologia ortodoxa, soberbamente inculturada.

7.4 O Deus que acompanha

Ao contrário da ideia inadequada de Deus no teísmo moderno que prevalece em grande parte da sociedade dos Estados Unidos, os vislumbres de Deus captados nas comunidades hispânicas são ricos em imanência e relacionamento. Esse é um Deus que está *com* as pessoas, sustentando-as e fortalecendo-as onde quer que vão, especialmente em meio a *la lucha*. As pessoas não se relacionam com uma realidade metafísica ou com uma divindade distante, mas com um Deus pessoal e comunitário de grande compaixão. Experimentando o Criador do céu e da terra como um amigo amoroso e afetuoso, as pessoas podem invocar o divino como *Diosito*, um termo carinhoso para aquele que é conhecido intimamente: Deusinho querido. Esse Senhor protetor e solidário caminha todos os dias com a comunidade. Por sua vez, e não de forma insignificante, o Deus vivo é conhecido pela companhia que o Amor mantém.

A metáfora do acompanhamento desempenha um papel central na articulação da experiência do mistério sagrado que as pessoas têm e que as acompanha na vida cotidiana. O seu significado ganha profundidade e clareza quando enquadrado na experiência das pessoas de "estar com" no nível humano. Uma das características mais significativas da cultura hispânica tem a ver com o significado do indivíduo. Nessa cultura, a unidade fundamental da sociedade é vista como um grupo, principalmente a família. A identidade do indivíduo emerge de sua pertença ao grupo. Nessa perspectiva cultural, como explica Gary Riebe-Estrella, "as pessoas humanas amadurecem reconhecendo o seu lugar dentro do grupo e refinando até certo ponto as obrigações e direitos mútuos que esse lugar implica". Nessa cultura "sociocêntrica orgânica", a identidade de uma pessoa é intrinsecamente relacional, sempre limitada pelo grupo. Um axioma popular diz de forma sucinta: diga-me com quem andas e eu te direi quem és. Em contraste, a antropologia liberal moderna da cultura dominante dos Estados Unidos prevê a unidade fundamental da sociedade como o indivíduo. A pessoa humana amadurece distanciando-se dos outros para descobrir as próprias capacidades. "Quando essa identidade atinge força e forma suficientes, o indivíduo associa-se livremente com outros para benefício mútuo na tarefa de desenvolvimento da intimidade ao longo da vida." A relação é contratual, dependente do consentimento mútuo. Assim, o modelo pode ser caracterizado como "contratual egocêntrico", com prioridade do indivíduo sobre o grupo. Até hoje, o padrão sociocêntrico orgânico da cultura hispânica tem persistido ao longo da segunda e terceira gerações nos Estados Unidos, mesmo em meio ao sucesso financeiro e social.

Tal análise cultural fornece uma estrutura útil para interpretar a noção do Deus que acompanha. Assim como as latinas e os latinos se entendem comunitariamente, encontrando a plenitude da sua identidade caminhando juntos, também eles imaginam que Deus está caminhando com eles, dotando-os de vida e força. Os muitos rituais da religião popular, especialmente aqueles que cercam o nascimento e a morte de Jesus, são indicações dessa caminhada conjunta, encenando a percepção de que Deus compreende: as lutas, os sofrimentos e as alegrias da existência humana não são estranhos ao divino, mas sim recipientes da solidariedade e do cuidado divinos.

- *Posada*. Esse ritual pré-natalino reencena a história de Belém com ênfase na busca por abrigo, por não haver vagas na pousada. Acompanhados pela comunidade, os indivíduos que encarnam Maria e José caminham de casa em casa no bairro em busca de hospitalidade. Repetidamente rejeitados, eles continuam procurando um lugar para ficar até que uma família (pré-designada) finalmente os acolhe, momento em que as bebidas são compartilhadas por todos. Essa procissão ritual torna vivamente presente a verdade de que o Deus do céu e da terra caminhava com esse pobre casal. Com efeito, a pobre menina de Nazaré é agora o lugar onde o Senhor habita na carne. Aqueles que participam da procissão entendem sua forte ressonância com a migração, a falta de moradia e a rejeição, tão conhecidas na comunidade. A celebração que se segue afirma que Emmanuel passa a habitar entre aqueles que o mundo rejeita, o que é motivo de alegria.

- *Procissões da Sexta-feira Santa.* É um paradoxo que entre aqueles que conhecem de forma mais angustiante a força da morte encontremos a fé mais obstinada na força da vida. Essa fé é posta em prática nos costumes da Semana Santa, que situam a presença divina no caminho não do nascimento, mas da morte. Para pessoas bem estabelecidas, a ênfase hispânica na cruz nas artes gráficas e na encenação religiosa pode parecer mórbida. Mas para aqueles cuja experiência fundamental foi a derrota e cuja vida cotidiana é repleta de lutas, somente um Deus sofredor que caminha até a cruz pode dar sentido aos dolorosos absurdos que a vida multiplica. A representação assombrosa de Roberto Goizueta da reconstituição da Sexta-Feira Santa na Catedral de San Fernando, em San Antonio, Texas, transmite sua energia:

Às dez da manhã uma trombeta alta sinaliza a entrada de Pilatos no palco para confrontar Jesus de Nazaré. A partir desse ponto, as palavras e ações seguem as narrativas da paixão nos evangelhos, com os paroquianos de San Fernando interpretando os diferentes personagens do relato da paixão. Pilatos envia Jesus a Herodes, que por sua vez o devolve a Pilatos para julgamento. Depois que a multidão pede a libertação de Barrabás, Jesus é açoitado e coroado de espinhos. Pilatos apresenta o Nazareno espancado e quebrantado ao povo – isto é, à multidão reunida em San Fernando/Jerusalém –, que clama pela sua crucificação. A cena só pode ser descrita como perturbadora: esse não é um evento que aconteceu há dois mil anos, mas um evento que ocorre hoje e no qual participamos ativamente.

O evento continua ao ar livre enquanto Jesus carrega sua cruz pelas ruas apinhadas da cidade até o Calvário. Os comerciantes fecham suas lojas e ficam em posição de reverente atenção. As mulheres se aproximam para sussurrar palavras de consolo à triste mãe de Jesus enquanto ela passa. Um garotinho inesperadamente corre para beijar Jesus depois que ele cai.

A ressonância simbólica de toda a representação da paixão reverbera com a experiência das pessoas marginalizadas que dela participam. Os seus sofrimentos tornam-se visíveis na humanidade alquebrada de Jesus. "Jesus Cristo é nosso irmão na dor e na opressão", explica Sixto García, "e podemos tocá-lo, chorar com ele, morrer com ele e, sim, também ter esperança com ele". O que há de tão valioso nessa reconstituição não é apenas o fato de a história terminar em vitória na manhã de Páscoa, mas também o fato de, mesmo ao longo do caminho da cruz, a misericórdia divina fortalecer e sustentar Jesus na sua vitimização. Isso está no centro da visão que a religião popular hispânica tem de Deus.

7.4.1 Três princípios

A obra de Virgílio Elizondo em cristologia dá ainda mais precisão à intuição do acompanhamento de Deus. De acordo com os evangelhos, Jesus era um judeu galileu. Na análise de Elizondo, esse fato tem grande significado teológico. Enquanto o centro da cultura e religião judaica era Jerusalém, com a sua elite rica e o templo frequentado por sacerdotes, a longínqua e rural região da Galileia ao norte tinha uma população pobre. Suas aldeias eram desprezadas – "De Nazaré pode sair alguma coisa boa?" (Jo 1,46). A Galileia era um lugar marginal, não era um centro de influência religiosa, nem intelectual, nem política: "A marginalidade simbolizada pela Galileia é um dos principais conceitos funcionais do dinamismo interno do Evangelho". Enquanto encruzilhada do comércio de mercadorias e da circulação de pessoas, era também um local de confluência de diversas culturas. Infiltrada pela exposição a estrangeiros, estava longe de ser um local de pura cultura judaica.

Como judeu galileu, Jesus, Palavra e Sabedoria de Deus, era marginal como a sua região. Sua humanidade era um produto de *mestizaje*, culturalmente mista, linguisticamente bilíngue, e até mesmo seu nascimento e sua ascendência eram suspeitos, muitos indubitavelmente presumindo que ele tinha um pai romano (tomando as narrativas da infância e mais tarde a lenda judaica como parte da história). Na sua última viagem a Jerusalém, encontrou o fracasso, a rejeição e o tratamento violento dispensado pelas grandes potências àqueles que são politicamente insignificantes. Mas Deus esteve com ele o tempo todo.

A partir dessa interpretação das coordenadas históricas, geográficas e culturais da vida de Jesus, Elizondo seleciona três princípios aplicáveis à comunidade hispânica. Primeiro, o princípio da

Galileia: aquilo que os seres humanos rejeitam, Deus escolhe como seu. Em segundo lugar, o princípio de Jerusalém: Deus confia aos rejeitados uma missão, confrontar os poderes deste mundo, a fim de transformar a sociedade. Terceiro, o princípio da ressurreição: do sofrimento e da morte que isso acarreta, Deus traz vida, vencendo o mal pelo poder do amor. Esses princípios explicitam a forma divina de agir no mundo revelada em Cristo. Na verdade, são um escândalo para as pessoas importantes, bem qualificadas, bem estabelecidas e honradas da sociedade. Mas são uma boa-nova para os povos pobres e marginalizados de herança mestiça que reconhecem aqui como Deus caminha com os pobres.

Esse vislumbre do Deus que acompanha é filtrado pelas lentes de Jesus, o irmão humano sofredor e Palavra de Deus. Em Jesus, latinos e latinas compreendem que a presença divina não fugiu por causa da dor, mas está ali de forma solidária. E porque Deus caminhou com Jesus desde a morte até a vida ressuscitada, as pessoas podem sentir que a situação atual não tem a palavra final. Surge a esperança, uma confiança de que a providência divina trará alternativas, nova vida, mudança. A esperança ativa no futuro evita que o ânimo enfraqueça, mesmo enquanto a luta continua. O resultado são elementos festivos e poéticos. A ideia de Deus caminhando conosco que essa abordagem descortina surge com flores e cantos do sofrimento do povo.

7.5 O Deus da fiesta

Os antigos ameríndios viam a beleza como um reflexo da presença do divino. A sua intuição sobrevive na frase espanhola *flor y canto*, flor e canção, uma tradução da metáfora *náhuatl* pré-colombiana para a verdade do mundo espiritual. A beleza não apenas significava a bênção da presença divina, mas os ancestrais indígenas historicamente usavam flores e canções para se comunicarem com o Sagrado. Essa ótica revela uma concepção estética do universo que aborda a filosofia pela poesia, fundindo verdade com beleza. Em vez de chegar à verdade por meio de conceitos universais e abstratos governados pela lógica linear, a mente apreende a verdade intuitivamente por meio da imaginação do coração: "Conhecer a verdade era compreender o significado oculto das coisas por meio 'da flor e do canto', um poder que emana do coração divinizado" (Léon-Portilla). Nesse contexto, os detalhes do acontecimento de Guadalupe revelam o seu verdadeiro significado:

> No mundo *náhuatl* de Juan Diego, a beleza é verdade e a verdade é beleza: *flor y canto*. É no canto dos pássaros, no aroma das rosas e sobretudo no encontro com a Senhora de Tepeyac que Juan Diego compreende a verdade de quem ele é, quem ela é e quem é Deus (Goizueta).

Esse sentido de beleza, entrelaçado com a verdade e a bondade divinas, anima a consciência de Deus na imaginação espiritual das comunidades hispânicas. O vislumbre de Deus discernido em símbolos populares, ritos, música, dança, representações e histórias é simplesmente permeado por uma sensibilidade estética abrangente. Sem isso, falar de Deus parece frio e irrelevante. Com ele, uma experiência do sagrado atrai a pessoa inteira de forma aberta, criativa e buscadora.

Essa beleza não convida a comunidade a uma experiência puramente estética, desprovida do conhecimento do sofrimento e da concomitante preocupação pela justiça redentora. Um exemplo de como os dois estão sempre interagindo pode ser encontrado em *la pastorela*, a peça dos pastores, a quintessência do teatro de Natal com raízes na Idade Média, trazida para as Américas pelos missionários. A caminho do presépio, após o anúncio dos anjos, os pastores são distraídos por Satanás. Com humor mordaz e insultuoso, a peça retrata uma tentação após a outra que os impede de chegar. Basicamente um comentário sobre o mal, a peça ensina que o Natal não é apenas alegria, mas sim alegria que ocorre em meio à luta. Contempla profundamente a natureza trágica da desobediência humana, ao mesmo tempo que discerne a esperança em seu centro. Por fim, os pastores são conduzidos até o presépio pelo anjo Gabriel, que os instrui a colher todas as flores do campo como presente: o arrependimento começa com uma colheita de flores! A sua chegada à presença do Salvador deixa claro que o nascimento de Jesus humilha o espírito maligno sem violência, "como uma bela realidade humilha uma visão menor", pelo simples poder da sua atração, escreve Alejandro García-Rivera. Ao longo da história, Deus é revelado como um "Amante Apaixonado pela Beleza" que cria o mundo como um todo único e belo e, deitado em uma manjedoura, vem por amor restaurar sua totalidade.

A qualidade estética da relação com o sagrado expressa-se plenamente na *fiesta*, parte essencial da vida das comunidades hispânicas. Um festival cheio de alegria e música, a *fiesta* não é apenas uma festa. Realizado para comemorar um acontecimento fundador da comunidade cívica ou religiosa ou um momento significativo na vida de um indivíduo, é uma experiência mística coletiva que celebra a vida. A análise teológica indica que a *fiesta* está profundamente enraizada no sentido de que a vida é uma dádiva; que a Fonte dessa dádiva é o Criador; que o primeiro ato do ser humano é receber esse presente e responder com agradecimento. Isso é feito em comunidade, com outros conscientes da dor e da tragédia que marcam a sua história, mas também conscientes de que a alegria vivida agora aponta para uma plenitude ainda por vir. Nesse sentido, a *fiesta* "expressa a vida no modo subjuntivo", como diz Goizueta elegantemente, significando o estado de espírito do desejo e da possibilidade futura em comparação com o modo indicativo de fatualidade que controla a vida econômica na sociedade.

Por mais inspirada e desafiada que seja pela teologia da libertação latino-americana, a teologia hispânica dos Estados Unidos descobre que a sua colega do Sul fica aquém precisamente nesse ponto. Lidando com forças que esmagam a vida dos pobres, a teologia da libertação vê a pessoa humana como *homo faber*, o construtor. Ser humano é estar engajado na transformação da sociedade, tornar-se um agente de mudança. Dado que a religião popular não conduz imediatamente a tal ação, a teologia da libertação tem estado desatenta ao valor da celebração, do ritual e da vida familiar nas lutas contínuas dos pobres. Embora as implicações sociopolíticas da fé sejam de fato crucialmente importantes, a teologia latina enfatiza que a pessoa humana é também *homo ludens*, o jogador. Ser humano é celebrar, deixar de ser fabricante de produtos quantificáveis e conectar-se ao sentido profundo da vida. Isso é o que a *fiesta* realiza. Aproveitando os recursos afetivos, imaginativos e estéticos da comunidade, permite uma "sensação" de estar em unidade com Deus, com os outros, com o cosmos, consigo mesmo. Não baseado num discurso racional nem orientado para uma ação oportuna e eficiente, "representa precisamente aquela atitude de confiança na bondade última da vida, tanto como uma realidade no presente quanto como um futuro não realizado que desafia e subverte o *statu quo*" (Goizueta). A comunidade não apenas é uma produtora, como também é uma receptora que responde agradecida ao dom da vida. Uma vez que isso esteja em jogo, o compromisso com a justiça social recebe uma fonte de motivação. Como sublinha Ada María Isasi-Díaz no seu trabalho com círculos de mulheres hispânicas, o compromisso com a justiça não sobreviverá sem amor e ternura na vida das pessoas para sustentá-las.

Como "uma práxis estética", a *fiesta* e o vislumbre de Deus que ela incorpora têm muito a oferecer à sociedade dominante. Ao celebrar a bondade do dom da vida mesmo em meio ao sofrimento, seu *flor y canto* expressa com alegria a beleza do amor de Deus a uma nova criação. Vinculando a abordagem sociopolítica da teologia da libertação com a abordagem estética da oração e da celebração, Roberto Goizueta resume essa visão quando sublinha que, para a comunidade hispânica dos Estados Unidos e a teologia que reflete sobre a sua fé, "Deus é conhecido na forma do Belo". Acompanhando o povo ao longo das muitas migrações desenraizantes da história, a presença de Deus o sustenta por meio das inúmeras práticas diárias da religião popular, mais especialmente pela beleza da *fiesta*.

7.6 Para o futuro

Sendo um empreendimento jovem, a teologia latina dos Estados Unidos ainda não desenvolveu os seus *insights* sobre o Deus acompanhante da *fiesta* de forma extensa e sistemática. Com algumas poucas exceções, o seu foco principal até agora tem sido a antropologia teológica, procurando definir a realidade humana das comunidades hispânicas e a sua visão religiosa, valores e experiência da graça. No *Handbook of latina/o theologies* de 2006, por exemplo, o ensaio principal sobre Deus anuncia brevemente que considerará como os povos hispânicos são criados à imagem de Deus, o que então rapidamente se transforma em uma discussão sobre a importância da língua de origem familiar; a passagem sobre o Espírito Santo transmuta-se numa discussão sobre o ministério pastoral entre as comunidades urbanas; e o ensaio sobre a Trindade se propõe a compreender essa doutrina com um objetivo existencial, buscando sua capacidade prática de fortalecer a comunidade. Ainda há pouca discussão sobre como essas percepções impactam a doutrina ou a teologia sistemática de Deus como tal. O que foi feito até agora, contudo, mostra que essa teologia tem muito a contribuir para a sabedoria teológica mundial. Aguardamos com expectativa a riqueza que ainda está por vir.

Entretanto, o momento atual está repleto de mudanças para as comunidades de latinos e latinas nos Estados Unidos. Muitos estão migrando do campo para os centros urbanos, perturbando os antigos padrões de comunidade, típicos de cidades pequenas ou aldeias. Muito mais pessoas de origem latina estão migrando através da fronteira dos Estados Unidos em circunstâncias perigosas para empregos instáveis e de baixa remuneração. O contato com a forma atual da cultura dominante dos Estados Unidos pressiona todos a migrarem da pré-modernidade para a modernidade e pós-modernidade num curto espaço de tempo. Os jovens, em particular, estão se adaptando mais ou menos rapidamente aos costumes dominantes que se afastam dos padrões de vida tradicionais. Em meio a esse fluxo, a compreensão de Deus na teologia hispânica desagua numa práxis que harmoniza beleza com justiça, ética com prazer. A opção preferencial pelos pobres em termos econômicos e sociais é acompanhada por uma opção pela fé dos pobres, que pode saciar a sede do Sagrado em todos os que prestam atenção. Como escreve Miguel Díaz, a forma tradicional de expressar hospitalidade é dizer, *mi casa es tu casa*, minha casa é sua casa. Ele convida: "Entre em nossa casa, sente-se à nossa mesa, ouça nossa história e compartilhe sua história sobre o que significa ser humano". Ao conversarmos sobre como encontramos a experiência da graça, caminhamos solidariamente em direção a uma ação social esperançosa.

7.7 Leitura adicional

Os dois reverenciados pioneiros da teologia hispânica dos Estados Unidos são o teólogo católico Virgilio Elizondo e o historiador da Igreja protestante Justo Gonzáles. Entre seus trabalhos que abrem novos caminhos e dão o sabor dessa abordagem estão *Galilean journey: The Mexican-American promise*, de Elizondo (Orbis, 1983), e *Mañana: Christian theology from a Hispanic perspective*, de González (Abingdon, 1990), ambos escritos de forma acessível.

A geração seguinte trabalhou vigorosamente em conjunto para desenvolver temas básicos. Para a teologia católica, cf. os ensaios indispensáveis em *From the heart of our people: Latino/a explorations in catholic systematic theology*, de Orlando Espín e Miguel Díaz, eds. (Orbis, 1999); o presente capítulo cita os ensaios de María Pilar Aquino, "Theological method in U.S. latino/a theology"; "The whole and the love of difference", de Alejandro García-Rivera; "Fiesta", de Roberto Goizueta; "*Pueblo* and Church", de Gary Riebe--Estrella; e "*La Tierra*", de Jeanette Rodríguez. Um valioso trabalho complementar na teologia protestante é *Teología en conjunto: A collaborative Hispanic protestant theology*, de José David Rodríguez e Loida Martell-Otero, eds. (Westminster John Knox, 1997); o presente capítulo cita os ensaios de Teresa Chavez Sauceda, "Love in the crossroads: Stepping stones to a doctrine of God in Hispanic/Latino theology"; e "The ongoing challenge of Hispanic theology", de Loida Martell-Otero. Os ensaios que aparecem em *Frontiers of*

Hispanic theology in the United States, de Allan Figueroa Deck, ed. (Orbis, 1992), especialmente o de Sixto García, "U.S. Hispanic and mainstream trinitarian theologies" e *Mestizo Christianity: Theology from the Latino perspective*, de Arturo Bañuelas, ed. (Orbis, 1995), são sólidos e esclarecedores. Ler essas coletâneas é como colher flores no campo: cada uma diferente, todas juntas formam um lindo buquê de *insights*.

A reflexão teológica original baseada na experiência das mulheres é expressa em *En la lucha: A Hispanic women's liberation theology*, de Ada María Isasi-Díaz (Fortress, 1993), e seu *Mujerista theology: A theology for the twenty-first century* (Orbis, 1996). A compilação realizada por María Pilar Aquino, Daisy Machado e Jeanette Rodríguez, eds., *A reader in Latina feminist theology: Religion and justice* (University of Texas Press, 2002), mostra a diversidade de preocupações e percepções de um amplo espectro de estudiosas da religião.

Embora a religião popular seja o fio condutor que une todas essas obras, alguns livros investigam profundamente um ou outros aspectos da fé do povo de uma forma mais fundacional, mas ainda assim em geral acessível. Particularmente úteis são *Caminemos con Jesús: A Hispanic/Latino theology of accompaniment*, de Roberto Goizueta (Orbis, 1995); *A fé do povo: Reflexões teológicas sobre o catolicismo popular*, de Orlando Espín (Paulinas, 2000); e *On being human: U.S. Hispanic and Rahnerian perspectives*, de Miguel Díaz (Orbis, 2001).

A mais abrangente história do catolicismo hispânico nos Estados Unidos até o fim do século XX é *Hispanic Catholic culture in the U.S.*, de Jay Dolan, Allan Figueroa Deck e Jaime Vidal, eds., 3 vols. (University of Notre Dame Press, 1994). O trabalho de Ana María

Díaz-Stevens e Anthony Stevens-Arroyo, *Recognizing the Latino resurgence in U.S. religion* (Westview, 1998), fornece uma análise sociológica perspicaz. Uma visão abrangente do estado da discussão é oferecida em *Handbook of Latina/o theologies*, de Edwin David Aponte e Miguel De La Torre, eds. (Chalice Press, 2006).

O *Journal of Hispanic/Latino Theology*, iniciado em 1993 e agora disponível *online* (www.latinotheology.org), e o periódico *Apuntes*, iniciado em 1981, abrem uma janela para a pesquisa atual.

8
O Deus generoso das religiões

8.1 Contexto: pluralismo religioso

Consideremos que a compreensão de Deus se torna cada vez mais clara sempre que as pessoas lutam com o significado da sua fé religiosa à luz das diferentes tradições religiosas dos outros. Na nossa era de comunicações globais, viagens por todo o planeta, imigração generalizada e milhões de refugiados, as tradições religiosas estão colidindo umas com as outras como nunca antes. Embora o mundo sempre tenha conhecido a diversidade religiosa, muitos povos experimentaram durante muito tempo uma forte ligação entre viver num lugar específico e manter uma particular cosmovisão religiosa. Essa ligação está agora desaparecendo à medida que o pluralismo de crenças religiosas forma a matriz comum da vida cotidiana. Por mais comprometidos que os indivíduos possam estar com a sua própria fé, eles são regularmente confrontados com outros cujos compromissos oferecem uma afirmação diferente sobre no que vale a pena acreditar.

Tomemos como exemplo os Estados Unidos. A maioria das religiões do mundo são agora praticadas nesse país. Além das religiões indígenas dos nativos americanos e da religião local dos mórmons, existem cristãos de tradição católica, ortodoxa e protestante; comunidades judaicas, muçulmanas, hindus e budistas; grupos que seguem as tradições zoroastrianas, jainistas, sikhs, confucionistas, taoístas, xintoístas e baháʼís; e religiões do Caribe como Santería e Voodou. Ao dirigir o Projeto Pluralismo na Universidade de Harvard, a professora de religião Diana Eck descobriu que hoje existem templos hindus e budistas e mesquitas muçulmanas em praticamente todas as cidades americanas, a maioria deles em grande parte invisíveis porque estão em casas, prédios de escritórios, cinemas ou antigas igrejas, mas alguns visíveis na forma de edificações majestosas e imponentes. Além de construírem casas de oração, essas religiões celebram festivais anuais e envolvem-se em atividades de caridade, educativas e culturais que promovem a vitalidade das suas tradições. Como observa Eck no seu livro *Encountering God*, os hindu-americanos religiosamente fiéis estão se tornando os nossos cirurgiões, engenheiros e jornaleiros; americanos budistas, nossos banqueiros e astronautas; muçulmanos americanos, nossos professores, advogados e motoristas de táxi.

Um sinal dessa mudança multirreligiosa ocorreu em 1991, quando a Câmara dos Representantes dos Estados Unidos convidou um líder religioso muçulmano para conduzir pela primeira vez a sua oração diária de abertura. Outra ocorreu depois de 11 de setembro de 2001, quando muitos dos serviços fúnebres públicos contaram com representantes católicos, protestantes, judeus, muçulmanos, hindus e outros representantes religiosos que realizaram orações de suas respectivas tradições. O feriado anual de Ação de Graças oferece muitos serviços inter-religiosos junto às comunidades locais com a orientação de ajudar aqueles da vizinhança que precisam de comida. Em todo o país, as livrarias estão abastecidas com livros de bolso sobre as religiões do mundo, lado a lado com cópias dos seus textos sagrados: a Bíblia, o Alcorão Sagrado, o Bhagavad Gita. Agora, somos todos praticamente vizinhos.

Essa mudança no cenário religioso suscita reações diferentes. A questão não é apenas política, no sentido de como tolerar a diferença para que todos possam cooperar para o bem comum na arena civil. Sem dúvida, essa é a preocupação mais vital, dada a história de violência que as religiões desencadearam, ou colaboraram para, ou ainda foram usadas para promover. Mas entrelaçada com isso está uma questão teológica candente, nomeadamente, como ser fiel às próprias crenças e ao mesmo tempo abrir espaço para a diferença indubitável das outras. Uma resposta, a fundamentalista, é unir-se firmemente com outros de mesma fé a fim de defender sua identidade, declarando que todas as outras estão simplesmente erradas. Outra resposta, de caráter relativista, nivela as diferenças, pensando que não importa muito a religião que cada um escolha, uma vez que todas são variações de uma essência comum. Procurando evitar tanto a hostilidade como o relativismo, uma terceira resposta é dialógica. Aqui as pessoas se envolvem umas com as outras com respeito crítico e afeto, aprendendo as diferentes sabedorias religiosas dos outros e partilhando as da sua própria tradição. O encontro inevitavelmente leva as pessoas de volta à sua própria fé com o desejo de mostrar o que descobriram.

Para os cristãos, essa opção, praticada tanto por indivíduos como por Igrejas institucionais, coloca o Deus da revelação num novo contexto. A profunda sabedoria espiritual, a prática da bondade e a devoção inquestionável das pessoas das religiões do mundo deixam claro que, embora em Jesus Cristo os cristãos tenham um encontro único com os caminhos de Deus no mundo – quem mais valoriza tal crença na encarnação, no ministério, na crucificação, na ressurreição? – não temos o monopólio nem da verdade nem da virtude. A questão é: o que Deus tem feito fora da nossa tribo? O mistério incompreensível do Deus vivo brilha cada vez mais à medida que o Deus de Abrão e Sara, o Deus de Jesus Cristo, encontra Alá, Brahma, Krishna, Kali, Sunyata, Kwan Yin, o Buda, o Tao.

8.2 A história de fundo no ensino da Igreja

Na Igreja Católica Romana, a evolução teológica dessa questão pode ser traçada em três grandes e mutáveis indagações. Podem pessoas individuais que não são cristãs, isto é, que não são batizadas e não acreditam em Jesus Cristo, serem salvas? Se sim, elas são salvas pela prática da sua religião ou apesar dela? Se for por meio das suas religiões, então essas religiões desfrutam de um significado positivo no plano único de salvação de Deus para toda a raça humana? A sequência implica fazer uma avaliação teológica do pluralismo religioso à luz do significado universal de Jesus Cristo no cerne da fé cristã.

8.2.1 *Primeira indagação*

A questão sobre a possibilidade de salvação individual pode ser considerada afirmativa. Durante séculos, a teologia, embora afirmasse a misericórdia divina, manteve uma visão amplamente pessimista. Era difícil até mesmo para os membros da Igreja chegar ao céu, quanto mais aqueles que não tinham o benefício da verdadeira fé, embora a ideia de "fé implícita" mantivesse a porta entreaberta para aqueles que estavam fora da Igreja. O Concílio Vaticano II foi um divisor de águas para essa questão. Sem ambiguidade, endossou um otimismo da graça. A Constituição Dogmática sobre a Igreja ensina:

> Com efeito, aqueles que, ignorando sem culpa o Evangelho de Cristo, e a sua Igreja, procuram, contudo, a Deus com coração sincero, e se esforçam, sob o influxo da graça, por cumprir a Sua vontade, manifestada pelo ditame da consciência, também eles podem alcançar a salvação eterna. Nem a divina Providência nega os auxílios necessários à salvação àqueles que, sem culpa, não chegaram ainda ao conhecimento explícito de Deus e se esforçam, não sem o auxílio da graça, por levar uma vida reta (*Lumen Gentium*, 16).

Da mesma forma, depois de descrever o mistério da salvação que beneficia os cristãos, a Constituição Pastoral sobre a Igreja no Mundo Moderno deixa claro:

> E o que fica dito, vale não só dos cristãos, mas de todos os homens de boa vontade, em cujos corações a graça opera ocultamente. Com efeito, já que por todos morreu Cristo e a vocação última de todos os homens é realmente uma só, a saber, a divina, devemos manter que o Espírito Santo a todos dá a possibilidade de se associarem a este mistério pascal por um modo só de Deus conhecido (*Gaudium et Spes*, 22).

"O Espírito Santo, de uma forma conhecida apenas por Deus [...]": assim a Igreja abandonou o seu pessimismo tradicional em relação à salvação e apontou para o Deus vivo, cuja misericórdia vai muito além da palavra e do sacramento cristãos.

8.2.2 Segunda indagação

Que papel, então, desempenham as religiões na salvação dos indivíduos? São caminhos positivos, instituições neutras ou obstáculos evidentes? Aqui o ensino conciliar, embora menos definido, aponta para uma avaliação positiva, pelo menos implicitamente. Reconhece que "este desígnio universal de Deus para a salvação do gênero humano realiza-se não somente de um modo quase secreto na mente humana" (*Ad Gentes*, 3). Pelo contrário, a salvação é realizada por esforços que incluem a prática da religião, onde "elementos de verdade e graça" podem ser encontrados (*Ad Gentes*, 9). De fato, quando os cristãos são impregnados pelo Espírito de Cristo e conhecem bastante sobre as pessoas com as quais vivem, "por meio de um diálogo sincero e paciente, eles aprendam as riquezas que Deus liberalmente outorgou aos povos", incluindo outras religiões (*Ad Gentes*, 11). Essa visão positiva atinge o seu clímax na famosa declaração do Decreto sobre as Religiões Não Cristãs. Observando o "profundo sentido religioso" das pessoas de fé hindu, budista, muçulmana e judaica e apreciando o papel dos seus ensinamentos, regras de vida e cerimônias sagradas, o Concílio declara:

> A Igreja católica nada rejeita do que nessas religiões existe de verdadeiro e santo. Olha com sincero respeito esses modos de agir e viver, esses preceitos e doutrinas que, embora se afastem em muitos pontos daqueles que ela própria segue e propõe, todavia, refletem não raramente um raio da verdade que ilumina todos os homens (*Nostra Aetate*, 2).

Consequentemente, os membros da Igreja são exortados a agir:

> Com prudência e caridade, pelo diálogo e colaboração com os seguidores de outras religiões, dando testemunho da vida e fé cristãs, reconheçam, conservem e promovam

os bens espirituais e morais e os valores socioculturais que entre eles se encontram (*Nostra Aetate*, 2).

Por um lado, isso equivale a uma avaliação positiva da presença da graça nas crenças e nos rituais de outras religiões. Por outro, embora a providência divina permita que as religiões possam guiar as pessoas para Deus, o Concílio as vê como fazendo-o apenas parcialmente, por um tempo. De acordo com o modelo de cumprimento que moldou o pensamento do Concílio, todas as religiões devem alcançar o seu verdadeiro cumprimento na única Igreja de Jesus Cristo.

O pensamento católico sobre essa segunda questão desenvolveu-se rapidamente após o Concílio, com uma diversidade de posições sendo endossadas. O argumento elaborado por Karl Rahner continua altamente influente. Dado que os seres humanos não são espíritos individuais puros, mas espíritos encarnados no mundo com uma natureza social, todas as suas relações são mediadas por estruturas presentes na sua sociedade em qualquer momento histórico. Isso também vale para o relacionamento com Deus. É totalmente impensável que a salvação possa ser alcançada como uma realidade privada e interior, fora dos organismos religiosos, no ambiente em que as pessoas vivem. Uma vez que a experiência do divino está incorporada nos credos, rituais e códigos morais das tradições religiosas, essas religiões concretas tornam-se necessariamente a mediação da salvação em várias culturas.

O ensino posterior da Igreja continua a endossar essa visão. Numa importante encíclica sobre a missão da Igreja, por exemplo, o Papa João Paulo II afirma claramente que a presença do Espírito também afeta as próprias tradições religiosas: "A presença e ação do Espírito não atingem apenas os indivíduos, mas também a sociedade e a história, os povos, as culturas e as religiões" (*Redemptoris*

Missio, 28). Muito explicitamente essa encíclica afirma a presença de Deus nas religiões, afirmando que Deus "não deixa de se tornar presente de tantos modos, quer aos indivíduos quer aos povos, por meio das suas riquezas espirituais, das quais a principal e essencial expressão são as religiões" (*Redemptoris Missio*, 55). A resposta à segunda pergunta, embora não definitiva, parece caminhar na direção do sim – graças à presença do próprio Espírito de Deus, as pessoas são salvas por meio da prática da sua religião, e não apesar dela.

8.2.3 Terceira indagação

Deixando de lado *se* os outros são salvos e *como* são salvos concretamente, o debate agora se torna aceso sobre a questão de como, então, compreender as religiões na vontade de Deus para salvar a raça humana, dado o papel central que os cristãos acreditam que Jesus Cristo desempenha nesse mesmo desígnio. No Ocidente, rótulos foram inicialmente usados para classificar posições: exclusivistas, para aqueles como Karl Barth, que, por causa de Cristo, recusam permitir às religiões qualquer legitimidade duradoura; inclusivistas, para aqueles como Rahner, que veem a graça de Cristo operante em todos os lugares e em todas as religiões; e pluralistas, para aqueles como John Hick, que postulam as várias religiões como modos de vida benéficos, separados de Cristo e da Igreja. Com o tempo, esses próprios rótulos foram considerados inadequados para lidar com a complexidade da questão. Ainda assim, é necessário acompanhar as diferentes posições assumidas na conversa. Uma proposta frutífera vem de Paul Knitter, que sugere que pensemos na relação do cristianismo com outras religiões em termos do modelo de substituição, do modelo de realização, do modelo de mutualidade e do modelo de aceitação, como ajuda à clareza.

Apesar de toda a intensidade do intercâmbio teológico no Ocidente, o centro nevrálgico para uma reflexão inovadora sobre essa questão tem sido a Ásia. Lá, os cristãos representam cerca de 3% da população de 3,5 bilhões de pessoas. Mais de metade da população cristã da Ásia vive nas Filipinas, portanto colocar esse país entre parênteses por um momento deixa os cristãos como 1,5% do povo asiático, espalhados por esse vasto continente. Incorporada em culturas antigas imbuídas de crenças hindus, budistas, confucionistas, taoístas, xintoístas, islâmicas e nativas, essa pequena minoria cristã viveu necessariamente a sua fé lado a lado com as religiões circundantes. Observando a evidente bondade de muitos dos seus vizinhos, interagem com eles num diálogo de vida e ação cotidiana. Amizades se formam; a apreciação mútua se aprofunda.

O trabalho teológico pioneiro resultante desse contexto apareceu em documentos eclesiais de autoria da Federação das Conferências Episcopais da Ásia. Fundado em 1972, esse grupo é composto por bispos católicos de catorze países, incluindo Índia, Japão, Filipinas e Vietnã, entre outros, e é completado por dez países membros associados, principalmente da Ásia Central. Eles veem a Igreja como um pequeno grupo que vive no meio de uma enorme massa de pessoas, muitas das quais estão desgastadas pela pobreza desumanizante, mas são ricas em culturas e religiões que lhes conferem dignidade. A questão candente é como testemunhar Cristo no meio da pobreza esmagadora e dos sistemas religiosos concorrentes. Em vez de colocar a Igreja institucional no centro da vida cristã e trabalhar para "plantar a Igreja" por meio de conversões, embora estas sejam bem-vindas, os bispos propõem que a missão da Igreja de proclamar Cristo pode ser mais bem realizada por meio da promoção do reino de Deus, o reinado da justiça e da paz compassivas de Deus. Uma enorme mudança de enfoque, que implica, antes de tudo, um diálogo com os pobres, as suas culturas e as suas religiões. Como disse um bispo indiano: "Esse modelo dialógico é a nova forma asiática de ser Igreja, promovendo a compreensão mútua, a harmonia e a colaboração". Compromete a Igreja com o trabalho de libertação dos pobres, com a tarefa de inculturar os padrões ocidentais da Igreja em formas orientais e com o diálogo inter-religioso em todos os níveis.

Com base na sua experiência com essa abordagem aberta, o povo católico asiático, com os seus teólogos e bispos, inclinou-se para uma avaliação positiva das religiões no plano contínuo de salvação de Deus. A Conferência Episcopal da Índia argumentou que, uma vez que centenas de milhões de nossos semelhantes encontram a salvação canalizada para eles por meio das suas tradições religiosas, não podemos negar *a priori* um papel salvífico para essas religiões no plano de Deus. A Conferência Episcopal da Coreia apelou ao reconhecimento do papel desempenhado pelas grandes religiões tradicionais do seu país na economia salvífica de Deus. Os bispos filipinos apelaram a uma exploração aberta e humilde da natureza reveladora das distintas religiões antigas da Ásia. A "nova forma de ser Igreja" está trazendo novas descobertas da presença divina para além das fronteiras da Igreja.

8.2.4 Freios

No meio dessa agitação, a Congregação para a Doutrina da Fé do Vaticano levantou uma bandeira vermelha de advertência na sua declaração *Dominus Iesus*. Preocupada com o fato de a apreciação do pluralismo religioso poder levar ao relativismo, expõe o que deve ser defendido. Essencialmente, os cristãos precisam manter o papel salvífico de Jesus Cristo, que é "singular e único, só a Ele próprio, exclusivo, universal, absoluto" (n. 15). Além disso, o caráter completo da revelação em Cristo implica que só a Igreja Católica seja o sacramento universal desse mistério, tendo uma relação indispensável com a salvação de cada ser humano.

Desse ponto de vista, *Dominus Iesus* tira conclusões sobre as outras religiões. Elas não são complementares à fé católica. Não se pode dizer que os seus textos sagrados sejam inspirados. O Espírito Santo não opera salvificamente nelas à parte de Cristo. Independentemente do que se possa pensar à primeira vista, isso não diminui o respeito sincero da Igreja pelas religiões do mundo. Citando o ensinamento do Vaticano II sobre a sua santidade e verdade, o documento reconhece que várias tradições religiosas "oferecem elementos religiosos que vêm de Deus" (n. 21). Algumas de suas orações e rituais podem abrir o coração humano à ação de Deus. Alguns dos seus textos sagrados são "instrumentos, por meio dos quais, multidões de pessoas puderam, ao longo dos séculos, e podem ainda hoje alimentar e manter a sua relação religiosa com Deus" (n. 8). Ainda assim, em relação às próprias religiões, esse documento fez um julgamento negativo: "*objetivamente* se encontram numa situação gravemente deficitária" (n. 22 [itálico no texto original]).

Essa declaração teve uma recepção decididamente mista. Muitos críticos aplaudiram a sua ênfase na centralidade salvífica de Cristo e o seu apelo para evitar respostas ao pluralismo religioso que enfraqueceriam a fé cristã. Mas a torrente de críticas de líderes religiosos e acadêmicos de um amplo espectro mostra que faltava seriamente algo essencial. A irritação resultou principalmente da forma como o texto rebaixou o valor de outras tradições religiosas para além do eixo judaico-cristão, embora também não fizesse justiça às comunidades religiosas judaicas e cristãs protestantes. Praticamente todos os críticos notaram que essa declaração parecia surgir do vazio, não demonstrando qualquer conhecimento concreto de outros, obtido a partir do diálogo inter-religioso, que pudesse ter moderado os seus julgamentos. Alguns notaram uma certa falta de lógica: se a graça nos livros sagrados vem de Cristo, como sustenta *Dominus Iesus*, então a graça contida nos Sutras e nos Upanishads, no Alcorão e no Tao-Te King deve ser de Cristo, e esses textos não podem ser meras invenções humanas, como também afirma a declaração. Se as religiões contêm elementos que "vêm de Deus", então, o julgamento de que são "gravemente deficientes" não ricocheteará em insulto à maneira divina de agir no mundo? Apesar de todas as suas declarações positivas sobre a presença do Espírito noutras religiões, a avaliação negativa dessa declaração sobre a sua identidade perante Deus foi vista por muitos envolvidos no diálogo inter-religioso como profundamente dolorosa, repleta de potencial para violência e necessitada de correção.

Como mostra a discussão sobre *Dominus Iesus*, não há consenso sobre a questão vital do que Deus pretende com a existência de múltiplos caminhos religiosos. *Dominus Iesus* é uma forma de interpretar as religiões à luz da fé em Jesus Cristo, mas as pessoas em diálogo que confessam Cristo como o Caminho têm experimentado uma reverência por outras religiões que aponta para um jogo mais amplo e mais profundo dos caminhos misericordiosos de Deus. A terceira questão emerge com toda a sua complexidade: mantendo-se a fidelidade a Jesus Cristo, como abrir espaço teologicamente para a obra de Deus nas outras religiões? E que vislumbre isso, por sua vez, abre para o Deus vivo?

8.3 Vislumbre de Deus a partir do diálogo

O objetivo deste capítulo não é resolver essa controvérsia, nem mesmo apresentar todas as posições relevantes. Pelo contrário, procura um vislumbre de Deus sendo descoberto no encontro das religiões. Assim, estabelece uma linha de pensamento tomada por aqueles comprometidos com o diálogo, uma vez que essa é a fronteira onde novas percepções estão emergindo. Para começar, recordemos a antiga verdade de que o mistério incompreensível de Deus está além de todo controle e compreensão humanos. Em vez de significar ausência divina, isso aponta para uma superabundância divina que preenche o mundo até suas profundezas e depois transborda. Não há fim para o ser e a plenitude de Deus, que cria o céu e a terra e está continuamente presente e ativo em todo o mundo, em todas as épocas e em todas as culturas. Ao longo da história, esse mistério gracioso aproxima-se de nós com pequenas teofanias, sinais, revelações e eventos que nos convidam ao relacionamento. Como sugere Jeannine Hill Fletcher, esse é o ponto de partida para a resposta cristã à diversidade religiosa. No início, abre a possibilidade de que outros possam ter encontros distintos com o divino, que podem ser novos recursos para a exploração cristã da superabundância de Deus. Simplificando, o Deus vivo não é um cristão. Pelo contrário, o mistério incalculável, que a Escritura cristã ousa chamar de amor (1Jo 4,8.16), não se limita a amar, mas derrama gratuitamente afeto a todos e a cada um.

Especificando esse ponto de partida dentro de uma estrutura trinitária, vários teólogos em diálogo raciocinam agora que a lente da teologia para refletir sobre essa questão deveria ser uma teologia do Espírito Santo. Presença real de Deus que se aproxima e passa por todo o mundo, o Espírito é o doador do dom da graça mais íntimo e divinizador a todos os seres humanos. Cada encontro pessoal de Deus com os seres humanos ocorre no Espírito, e é no Espírito que as pessoas dão a sua resposta. Essa presença do Espírito é um poder e uma alegria, uma efusão e um dom. Não é controlável por nenhuma instituição ou comunidade, mas é eficaz para além dos limites da Igreja, produzindo frutos de santidade em pessoas que não participam da palavra e do sacramento cristãos. Escrevendo sobre a capacidade das grandes tradições religiosas da Ásia de atrair as pessoas para Deus, por exemplo, os bispos católicos asiáticos expressaram apreço pelos frutos do Espírito evidentes nas pessoas que seguem esses caminhos: um sentido do sagrado, uma sede de totalidade, uma abertura à renúncia, compaixão pelo sofrimento, um desejo de bondade, um compromisso com o servir, uma entrega total de si mesmo e um apego ao transcendente em seus símbolos e rituais. Tal como o vento sopra onde quer, o Espírito cria uma experiência autêntica da presença salvadora do Deus uno em todo o mundo, onde quer que as pessoas vivam as suas vidas, e mais explicitamente nas suas religiões.

Uma vez que os pensadores percebem a ação do Espírito nas outras religiões, eles voltam atrás para obter uma compreensão renovada da crença cristã em Jesus Cristo dentro dessa perspectiva. De uma forma problemática, a teologia tem muitas vezes subordinado a missão do Espírito a Cristo, ligando assim fortemente a salvação à Igreja, que leva a cabo a missão de Cristo no mundo. Na verdade, o Verbo de Deus crucificado e ressuscitado e a Igreja que nele proclama a misericórdia de Deus são normativas e constitutivas para a salvação de todos. Em Jesus Cristo, a atividade salvífica de Deus atinge no concreto a sua maior intensidade na história. Mas a manifestação da presença e atividade de Deus nas religiões não pode ser limitada ao que foi revelado em Jesus Cristo e proclamado pela Igreja. Embora tal manifestação nunca fosse contraditória com a revelação cristã – sendo Deus fiel e não duas caras –, poderia ser diferente. Michael Amaladoss, da Índia, colocou desta forma: "O Espírito é o Espírito de Jesus. Mas não repete apenas o que Jesus fez na comunidade cristã. Caso contrário, as outras religiões não seriam diferentes".

Durante muitos séculos, a teologia rejeitou outras religiões como invenções pagãs ou condescendeu com elas como formas deficientes que as pessoas tinham de cambalear em direção ao divino. O encontro dialógico real com outras religiões leva a uma visão diferente. Assumindo que a presença real da graça e da verdade só pode ter origem divina, as religiões podem ser vistas como obra de Deus. Nelas, vislumbramos pela primeira vez a generosidade transbordante do Deus vivo, que não deixou nenhum povo abandonado, mas concedeu o amor divino a todas as culturas. Esta é a graça do nosso tempo: o encontro com múltiplas tradições religiosas alarga o horizonte em que avistamos a plenitude amorosa de Deus. Assim, somos capazes de abordar o mistério cada vez mais profundamente. Nas palavras de Jacques Dupuis: "Mais verdade e graça divinas são encontradas em operação em toda a história do relacionamento de Deus com a humanidade do que estão disponíveis simplesmente na tradição cristã".

A experiência do diálogo é responsável por abrir mentes e corações a essa forma de pensar. O diálogo tem um efeito tão poderoso não só porque somos expostos intelectualmente a novas ideias, mas também porque espiritualmente, nas palavras de João Paulo II, "pelo diálogo deixamos Deus estar presente no meio de nós; à medida que nos abrimos ao diálogo uns com os outros, abrimo-nos a Deus". Tomando emprestada uma ideia do Pontifício Conselho para o Diálogo Inter-religioso do Vaticano (o antigo Secretariado para os Não Cristãos – a mudança de nome capta uma profunda mudança teológica), os bispos asiáticos ensinam frequentemente sobre quatro tipos de diálogo, cada um essencial para a missão da Igreja. Ilustrá--los permitirá que o vislumbre do encontro com Deus emerja mais claramente.

8.4 Diálogo de vida

Esse diálogo ocorre onde quer que pessoas de diferentes religiões vivam e trabalhem lado a lado em relações amigáveis. Constituindo um meio eficaz para corrigir preconceitos e abrir mentes e espíritos, realiza-se informalmente nas famílias e nas vizinhanças, em casamentos inter-religiosos e reuniões sociais, nos locais de trabalho e no mercado. Ocasionalmente, motivadas pelo desejo de se compreenderem, de promoverem interesses mútuos ou de resolverem conflitos, as pessoas podem falar explicitamente sobre assuntos de importância religiosa. Mais frequentemente, porém, esse diálogo implica fazer amizade com pessoas de outras religiões, partilhar problemas e preocupações, dar uma mão e receber ajuda, partilhar alegrias e tristezas, participar de rituais em casamentos ou funerais e, em geral, apenas conviver em mútuo respeito. No processo, as pessoas descobrem uma plenitude no divino que, de outra forma, nunca saberiam que existia.

Diana Eck capta a profundidade experiencial desse diálogo de vida quando fala de sua amiga Ranjini. Todos os sábados de manhã, Ranjini participa dos serviços religiosos no templo hindu em Ashland, Massachusetts, cantando hinos de louvor a Vishnu e encostando a testa na base de sua grande estátua de granito. Ela não considera essa estátua um ídolo, é claro, mas uma residência do divino, graças à cerimônia sacerdotal que nela estabeleceu o "espírito". A estátua é uma lente por meio da qual a sua visão de Deus é dirigida e por intermédio da qual o seu serviço a Deus é oferecido. Ela tem uma versão menor em um santuário do tamanho de um armário em sua cozinha. A graciosa presença de Vishnu, uma realidade viva em sua vida, inspira a bondade de Ranjini para com os outros. Como estudioso da religião, Eck persegue questões técnicas como: de que modo um hindu pensa Vishnu em relação aos outros deuses da Índia? Mas, enquanto cristã, ela também levanta questões pessoais, ponderando o que significa a sua própria fé em Deus à luz do seu encontro com a rica vida religiosa da sua amiga.

8.5 Diálogo de ação

Esse diálogo transparece no meio da luta comum das pessoas para melhorarem sua vida. As duras realidades da pobreza, entrelaçadas com a exploração dos recursos naturais da Terra, suscitam o desejo de agir para mudar a situação. Onde quer que exista mais de uma religião, isso muitas vezes se torna um empreendimento multirreligioso. Os bispos católicos asiáticos encorajam essa cooperação, escrevendo: "Uma vez que as religiões, tal como a Igreja, estão a serviço do mundo, o diálogo inter-religioso não pode limitar-se à esfera religiosa, mas deve abranger todas as dimensões da vida: econômica, sociopolítica, cultural e religiosa. É no seu compromisso comum com a vida mais plena da comunidade humana que descobrem a sua complementaridade e a urgência e relevância do diálogo em todos os níveis". Trabalhando concretamente em conjunto num projeto partilhado, pessoas de diferentes religiões entram num processo de descoberta mútua.

No início, as pessoas analisam a situação e planejam esforços práticos para eliminar as causas do sofrimento. A sensação de união cresce à medida que a ação prossegue. Quando encontram obstáculos de grupos privilegiados e poderosos, os traços proféticos da sua herança religiosa ajudam-nos a prosseguir. A ação partilhada, o ponto de partida, torna-se então um trampolim para o diálogo contínuo e o crescimento na compreensão à medida que as pessoas falam sobre o que as anima. Como Samuel Rayan descreve a experiência na Índia: "No processo de uma colaboração libertadora e integral com Deus e o próximo, as diferentes espiritualidades descobrem-se progressivamente, descobrem-se com as suas fraquezas e forças, e encontram mais intimamente o Mistério que carregam, simbolizam e transmitem". Tendo ouvido e realmente visto como as Quatro Nobres Verdades permitem que os parceiros budistas participem na transformação da vida das aldeias no Sri Lanka, os cristãos passam a apreciar esse caminho de maneiras novas e frutíferas. Da mesma forma, os budistas compreendem melhor a crença dos cristãos na morte e ressurreição de Jesus vendo como tal compromisso sustenta os esforços para transformar a sociedade, mesmo face à aparente desesperança.

Em alguns locais, as pessoas formam "comunidades humanas de base", reuniões comprometidas daqueles que lutam pela justiça, semelhantes às comunidades eclesiais de base pioneiras na América Latina, mas agora com um caráter inter-religioso. Aqui, os próprios pobres tornam-se sujeitos ativos do diálogo. Partilhar uma situação comum e um programa comum dá origem a uma experiência de comunhão prática e espiritual. Falando dessas comunidades humanas de base de budistas e cristãos no Sri Lanka, Aloysius Pieris explica: "Aqui os coperegrinos expõem as suas respectivas Escrituras, recontando a história de Jesus e Gautama num diálogo de núcleo a núcleo que faz os seus corações arderem". Quando as religiões se comprometem juntas para promover a justiça, o que resulta é mais força para a luta, uma profunda cordialidade que gera compreensão mútua e uma nova visão do amplo mistério de Deus que sustenta todas elas.

8.6 Diálogo de troca teológica

Esse diálogo ocorre quando especialistas como teólogos, monges e freiras que seguem a vocação monástica, ou líderes pastorais, falam cara a cara, procurando explorar as percepções e valores uns dos outros enquanto partilham os seus próprios. Os organismos religiosos podem patrocinar esses diálogos, selecionando os participantes, pagando as suas viagens e recebendo relatórios posteriores. Sempre que são frutíferos, todos esses intercâmbios acontecem num clima de respeito imbuído de esperança de uma maior compreensão.

Um exemplo esclarecedor é o diálogo contínuo entre estudiosos budistas e cristãos sobre a natureza da realidade última. Ao contrário do pensamento cristão, que percebe Deus como Criador e, portanto, conecta a ideia de Deus com o ser e a realidade pessoal, o Budismo entende que o Último é o nada absoluto (*Sunyata*). A base do Budismo não é a fé em Deus que nos encara e pode ser chamado de "Tu". Em vez disso, a base é o despertar para o *Dharma* (verdade) de que *Sunyata* é nada, vazio ou vacuidade. Talvez esses não sejam bons termos para traduzir *Sunyata*, evocando estagnação, tédio, uma grande carência. O termo pretende significar que o Último é inteiramente inobjetável, indescritível e inatingível pela razão ou vontade. No contexto da filosofia não dualista, não é uma substância, nem qualquer "alguma coisa". Na verdade, sequer é o vazio em oposição à plenitude. Consequentemente, não pode ser pensado como algum lugar fora ou além de nós mesmos, ou dentro de nós mesmos. Talvez ajudasse pensar nele como um verbo, não como um substantivo – um movimento terrivelmente dinâmico, sem centro fixo, que contém espontaneamente todos os opostos dentro de si. Nesse sentido positivo, o vazio de *Sunyata* pode ser chamado de "talidade". Viver com essa verdade exige o despertar espiritual para a impermanência de tudo, que é essencialmente insubstancial e transitório. Com liberdade, o objetivo é viver numa postura de não apego que se esvazie de sentimentos vinculativos.

O diálogo levou o estudioso japonês Masao Abe a fazer uma conexão interessante. Ouvindo como um budista, ele detecta um traço de *Sunyata* na afirmação cristã central de que a história de Jesus Cristo implica *kenōsis*, um autoesvaziamento divino:

> Tende em vós os mesmos sentimentos de Cristo Jesus: Ele, subsistindo na condição de Deus, não se apegou à sua igualdade com Deus. Mas esvaziou-se a si mesmo, assumindo a condição de escravo [...] feito obediente até a morte, até a morte numa cruz (Fl 2,5-8).

Abe sugere que essa não é apenas uma afirmação histórica, mas refere-se à própria natureza da Realidade Última. O Messias é esvaziado de si mesmo, abnegado, e isso pertence à própria natureza de Deus, que é amor. Quando *Sunyata*, como o Budista Supremo, encontra o Deus kenótico tornado conhecido em Cristo, o resultado está tão além da noção ocidental de Deus como o próprio Ser, Criador de tudo, que Abe pode sugerir que Deus é um grande zero, tão livre de "um" quanto de "três". Isso exige uma espiritualidade profunda e coerente com a sabedoria central de Jesus de que perder a vida é o caminho para encontrá-la.

Participando nesse diálogo, o teólogo católico David Tracy reconhece que "Masao Abe ajudou-me a mudar a minha compreensão cristã de Deus de uma forma que precisava ser mudada". A visão budista afrouxa o domínio das imagens que podem restringir o espírito humano e confinar o divino. Isso traz à mente de Tracy a tradição cristã muitas vezes negligenciada da teologia apofática radical expressa nas palavras do medieval Mestre Eckhart: "Rezo a Deus para me libertar de Deus", isto é, de linguagem e doutrinas demasiado estreitas. A teologia ocidental tende a muitas afirmações prolixas. O diálogo sobre *Sunyata* lembra-nos que o discurso sobre Deus só é adequado enquanto estiver consciente do agarrar e libertar, da afirmação e da negação, do discurso e do silêncio, que juntos nos conduzem reverentemente ao coração desse mistério sagrado.

Dito isso, Tracy defende vigorosamente a ideia cristã de Deus como plenitude e não como vazio. A negação radical, embora importante, é apenas um momento no movimento mais amplo da linguagem que afirma. Isso ocorre porque a experiência religiosa central para os cristãos é moldada pelo evento da automanifestação de Deus em Jesus Cristo, que se abre para a consciência da presença ativa de Deus na Palavra e no Espírito ao longo da história. Aqui estão, para os cristãos, as pistas centrais que orientam a sua compreensão necessariamente parcial do divino. Qualquer boa teologia cristã de Deus é trinitária, movendo-se de uma forma intrinsecamente dinâmica, relacional e dialética em direção à afirmação-negação do insondável amor divino. Consequentemente, o nada está englobado no Ser inefável que é Amor.

Esse exemplo de diálogo inter-religioso entre estudiosos, de fácil acesso porque deixa um forte rastro de papel, é típico de inúmeros outros. O objetivo não é a conversão mútua nem a chegada a algum mínimo denominador comum. Em vez disso, cada um procura a compreensão por meio do filtro da tradição do outro. Para os teólogos cristãos que se envolvem nessa prática, segue-se uma dinâmica interessante. Eles se esforçam para testemunhar a verdade de Deus revelada em Jesus Cristo, dando explicações sobre a crença cristã de uma forma que o interlocutor possa compreender. Ao mesmo tempo, a escuta profunda implica que "passem" para o ponto de vista dos seus parceiros de diálogo, esforçando-se por ver, saborear, apreender o mundo a partir de uma perspectiva diferente. A apreciação genuína muitas vezes se desenvolve à medida que descobrem as dimensões extremamente inteligentes, altamente morais, profundamente teológicas e espirituais da tradição que encontram. Tendo aprendido com a sabedoria do outro, eles voltam para "casa" e descobrem que a experiência afeta sua compreensão cristã de duas maneiras: enriquece, transforma e aprofunda o significado daquilo que a fé valoriza, ao mesmo tempo que purifica o que pode ser prejudicial, arrogante, estreito e ignorante.

Uma variação desse tipo de diálogo ocorre quando os estudiosos, em vez de se envolverem numa conversa ao vivo, se esforçam para estudar um texto sagrado de outra tradição. Tratando de um texto e dos seus comentários nas suas línguas originais, esse trabalho procura captar a mensagem concreta desse pequeno pedaço de uma tradição maior e colocá-lo em diálogo com o seu homólogo cristão. No processo, os estudiosos forjam o que veio a ser chamado de teologia comparada, que Francis Clooney caracteriza como uma "teologia inter-religiosa, comparativa, dialógica, mas ainda confessional", aventurando novas interpretações da fé cristã à luz dessas fronteiras alargadas.

O trabalho de Clooney em textos sobre Antal, uma santa popular no sul da Índia, é um bom exemplo disso. Essa jovem poetisa, que viveu no século IX, distinguiu-se pelo seu intenso amor a Deus, o Senhor Narayana. Em um incidente importante, Narayana a escolhe como noiva. No caminho para o casamento no grande templo de Srirangam, suas companheiras estão céticas de que o Senhor abordaria qualquer ser humano dessa maneira, muito menos selecionaria alguém como Antal como sua noiva. Em resposta, Antal canta:

> Qualquer que seja a forma que agrade ao seu povo, essa é a sua forma;
> Qualquer que seja o nome que agrade ao seu povo, esse é o seu nome;
> Qualquer que seja o caminho que agrade ao seu povo que medita sem cessar, esse é o seu caminho,
> Aquele que segura o disco.

Traduzindo, ensinando e refletindo sobre esse texto e seus comentários na teologia hindu, Clooney o conectou com a sabedoria dos *Exercícios espirituais* de Santo Inácio de Loyola. De acordo com esses *Exercícios*, os indivíduos que desejam meditar são convidados a imaginar uma cena do Evangelho, colocar-se dentro dela e interagir com Jesus sobre questões urgentes em suas vidas. Com a imaginação criativa e os afetos assim empenhados, tornam-se dispostos a maior amor e serviço a Deus. Isso ocorre porque, como intuiu Inácio, Deus acomoda essas várias imaginações, usando-as como veículos da graça divina. O jogo da imaginação na meditação, portanto, não apenas estabelece uma conexão com eventos antigos do Evangelho, mas torna-se o meio de um encontro profundamente pessoal com Deus, diferente para cada pessoa que medita. Reunindo comparativamente a sabedoria da hindu Antal e do católico Inácio, Clooney constrói uma bela tese. Na contemplação imaginativa, percorremos um caminho em direção a Deus que se adapta às nossas próprias necessidades espirituais em qualquer momento. De forma surpreendente, Deus concorda em nos encontrar lá. "À medida que amamos a Deus, Deus se ajusta e vem até nós de acordo; se alguém ama como uma noiva, Deus vem como um noivo."

James Fredericks fornece outro exemplo habilidoso de teologia comparada com seu trabalho sobre a história de Krishna e as *gopis*. De acordo com essa popular história hindu, Krishna, a divindade que representa a doçura e a paixão do amor divino, chega a uma aldeia, tarde da noite, tocando uma música encantadora em sua flauta. Todas as leiteiras (*gopis*) acordam e dançam com ele. Então, o ciúme se instala, pois cada uma o quer só para si. Krishna desaparece. Comovido pela tristeza delas, ele reaparece com sua música, dessa vez multiplicando sua presença a fim de que para cada *gopi* haja Krishna olhando nos olhos de sua amada. O amor de Krishna é tal que há o suficiente para todas, não importa quantas leiteiras participem da dança.

Na análise de Fredericks, os cristãos não são estranhos à culpa das leiteiras, vendo-se como possuidores do amor de Deus com exclusão dos judeus, dos pagãos, dos "outros". O ponto óbvio é que aqueles que tentam possuir o amor divino apenas para si próprios conseguem apenas fazê-lo desaparecer das suas próprias vidas. Não podemos entesourar; só podemos dançar. Essa sabedoria se aprofunda quando a história das *gopis* é lida em conjunto com a bem conhecida parábola de Jesus sobre o Filho Pródigo. Aqui, o pai é extravagantemente generoso, mas o irmão mais velho, tal como as leiteiras, ressente-se de que o amor esteja a ser derramado sobre outra pessoa e reivindica o seu próprio direito superior a ele. A parábola de Jesus sugere que há amor e perdão de Deus suficiente para todos. O Deus de Jesus dança com os cobradores de impostos, toca flauta para os pecadores. No fim, ficamos como o filho mais velho, confrontados com uma decisão: ir ao banquete, partilhando o amor derramado tanto sobre os bons como sobre os maus, ou ficar no frio, nutrindo o nosso ressentimento.

Às vezes, as reivindicações entram em conflito, e o diálogo do intercâmbio teológico exige que a verdade da própria tradição não possa ser trocada. Mas mesmo os pontos teimosos de diferenças religiosas permanecem lugares onde o coração pode ouvir e a mente pode pensar. O esforço infunde nova vitalidade e visão na fé cristã, conduzindo a um conhecimento mais profundo e mais apreciativo da expansividade de um Deus amoroso.

8.7 Diálogo de experiência religiosa

Oração, jejum, ritual comunitário, peregrinação e devoções individuais de todos os tipos caracterizam as tradições religiosas. O diálogo de experiência religiosa ocorre quando as pessoas compartilham essas práticas espirituais, saboreando a oração umas das outras e as formas de comunhão com Deus ou com o Absoluto.

Um panorama colorido ocorreu em 27 de outubro de 1986, quando o Papa João Paulo II convidou líderes de diversas comunidades religiosas para se reunirem em Assis, Itália, e participarem de um dia mundial de oração pela paz. Nativos americanos com cocares de penas e cachimbos da paz, patriarcas ortodoxos, monges budistas, imãs muçulmanos, rabinos judeus, sacerdotes hindus e uma multidão de outros em trajes variados moviam-se em procissão e oravam. Não fizeram a mesma oração, entretanto. De acordo com as suas respectivas tradições, eles se voltaram para quem ou o que quer que considerassem ser o Supremo, rezando para que o mundo parasse com a violência, a devastação, a desarmonia e a guerra e desfrutasse do dom da paz. Interpretando esse festival de línguas, que mostrou de forma tão dramática a diversidade da prática religiosa humana, seria possível concluir que existem muitos deuses, cada um com o seu próprio grupo de devotos, tornando a religião uma fonte inesgotável de divisão e conflito entre as pessoas. Na verdade, essa é uma característica lamentável da história das religiões. Outra interpretação, sentida por muitos participantes e observadores, também é possível, nomeadamente, que o mistério do Deus vivo transcende as diferentes formas religiosas e as une num nível profundo para o bem comum. Essa última posição foi assumida por João Paulo II, quando, respondendo às críticas a esse acontecimento, explicou a sua lógica num discurso aos membros da Cúria Romana. Um "mistério de unidade" une todos os povos, que do ponto de vista da doutrina cristã são um só na criação, na redenção e no destino eterno. Essa unidade existe apesar das diferenças nas circunstâncias de suas vidas; na verdade, a unidade é "radical, fundamental e decisiva". Observando que todos os participantes em Assis rezaram pela paz de acordo com as suas próprias identidades religiosas, o papa prosseguiu dizendo que, no entanto, o encontro foi uma "maravilhosa manifestação da unidade que nos une para além das diferenças e divisões que são conhecidas por todos". A razão para isso é radicalmente teológica: a presença de Deus. "Podemos, de fato, afirmar que toda oração autêntica é suscitada pelo Espírito Santo, que está misteriosamente presente no coração de cada pessoa." Ao longo do tempo, essa interpretação papal levou a que a reunião de Assis fosse vista como uma manifestação teatral daquilo que o Deus vivo tem feito nas religiões do mundo, convocando todos a se oporem à matança em favor da generosidade da paz. Como tal, tornou-se um poderoso símbolo de cooperação religiosa.

O diálogo de experiência religiosa implica, mais frequentemente, não só rezar lado a lado, como em Assis, mas também entrar nas práticas espirituais de outra tradição religiosa. Alguns cristãos que vivem vidas de alta pressão, por exemplo, descobriram a serenidade de espírito que advém da prática disciplinada budista do sentar Zen. O relato de Diana Eck sobre a participação num ritual hindu transmite a profundidade espiritual que tal experiência pode trazer. Nascida em Montana, Eck é cristã metodista por criação e por escolha, comprometida com a Igreja e com seu serviço ao mundo. Em certa ocasião, após dois meses de pesquisa no sul da Índia, ela teve acesso a um templo de Vishnu quando se aproximava a hora da oferenda noturna de lamparinas a óleo. Com centenas de outras mulheres, ela se movia em círculos concêntricos pelos corredores de acesso ao santuário interno, as paredes mudando com a luz bruxuleante e a sombra das lâmpadas. Quando finalmente chegaram ao centro, ao som de tambores, sinos tilintando e melodias estridentes, o par central de portas da câmara de Vishnu foi aberto para revelar o centro da enorme imagem reclinada de cinco metros e meio. Em seguida, as portas da esquerda foram abertas para revelar o rosto, seguidas pelas portas da direita revelando os pés. Em meio à pressão dos corpos e à luz oscilante e suave das lamparinas, à medida que a música atingia uma crescente, Eck teve a sensação de uma enorme presença, acessível apenas parcialmente e por sugestão. Quando o sacerdote trouxe a última lamparina apresentada a Vishnu e a ofereceu ao povo, "quatrocentos pares de mãos se estenderam para tocar a chama e depois tocar sua bênção na testa. As minhas estavam entre elas".

Foi idolatria? Eck argumenta que, para os hindus envolvidos nesse exercício de devoção, a imagem de Vishnu não era um ídolo mais do que a cruz é para os cristãos. A imagem hindu precisa ser abençoada antes de poder funcionar no ritual e, uma vez abençoada, torna-se uma janela para o divino. O povo não adora a imagem, mas a divindade para quem ela aponta. Após refletir, Eck conta que sua experiência com esse ritual poderia ser descrita apenas como adoração. Embora sua estrutura como cristã fosse diferente da dos hindus que a cercavam, ela compartilhou com eles uma sensação de alegria quando as portas foram abertas para revelar três vislumbres de um Deus maior do que se poderia compreender plenamente, acompanhado por uma sensação de admiração diante da majestade e do mistério do divino. "Não pensei em nada na hora. Foi um momento de presença total, não de reflexão." Mas reflexões posteriores a levaram a pensar sobre a Trindade, a tríplice confissão cristã de Deus como criador, redentor e espírito, o Deus uno cuja autorrevelação ainda nos deixa com a sensação avassaladora de que nenhum ponto de vista poderia nos permitir ver o todo. Ela percebeu que reconheceu a presença de Deus num templo hindu apenas porque por meio dessa fórmula trinitária de Deus, Cristo e Espírito ela já tinha uma noção de como é a presença divina. "Reconhecimento significa que já vimos isso em algum lugar antes." Nem todo ritual, lugar ou comunidade proporciona essa experiência de reconhecimento; critérios religiosos e éticos críticos precisam ser usados. Nem todas essas visões de Deus são iguais – elas não são. No entanto, estar aberto ao encontro, estar no caminho do Espírito no mundo, por assim dizer, tem um resultado profundo: "A imagem de Vishnu em Padmanabhaswamy desafiou e ampliou o meu próprio conceito de Deus".

Uma vinheta pessoal pode ilustrar ainda outra forma de como esse diálogo pode ocorrer, nomeadamente, pela inculturação, a prática de traduzir a fé cristã em símbolos culturais e religiosos de tradições não europeias. Em meados da década de 1990, viajei para a Índia para uma conferência sobre Jesus Cristo, patrocinada pelo Vaticano, no meio de figuras salvadoras das religiões do mundo. Um dia, durante a conferência, os participantes católicos celebraram a Eucaristia num novo rito recentemente aprovado por Roma. Usando símbolos extraídos do hinduísmo, essa liturgia tinha um tom distintamente oriental. Os sacerdotes que oficiavam a cerimônia usavam estolas cor de açafrão; tanto eles quanto a congregação sentaram-se em almofadas na posição de lótus (quem conseguiu!). O rito penitencial de abertura terminou com o perdão sendo concedido quando cada um de nós recebeu o *bindi*, ou ponto vermelho, colocado entre os olhos como símbolo de um terceiro olho que busca sabedoria interior. Antes de o Evangelho ser lido, engolimos uma colherada de água com aroma de rosas, que se tornou uma almofada onde a palavra de Deus poderia entrar e habitar dentro de nós. Após a consagração do pão e do vinho, cantamos a aclamação em sânscrito "Om, Shri Yeshu Khristaya namaha [...] Om", repetidamente, e então sobreveio um silêncio profundamente calmo, pacífico e meditativo. No momento do gesto da paz, curvamo-nos um para o outro com as mãos postas, como é costume na Índia. Durante toda a missa, houve uso abundante de instrumentos musicais e cantos indianos, incenso e flores de calêndula, como se encontraria no serviço do templo hindu.

Nunca estive numa liturgia como essa. Seu efeito foi profundamente calmante e estranhamente despertador. Obviamente, ainda era uma missa católica, mas o poder dos símbolos hindus teve um efeito transformador. Após refletir, percebi que esses símbolos, postos a serviço para celebrar a morte e ressurreição de Jesus Cristo, já estavam saturados de milênios de sentimento e significado religioso. Eles transmitiram a esse sacramento cristão um amplo sentido do divino, o Deus profundamente interior e além de toda imaginação. A experiência afrouxou o domínio da minha imaginação predominantemente ocidental que, apesar de toda a conversa sobre Deus como mistério, ainda é fundamentalmente antropomórfica. Agora era como se o Deus da teologia ocidental tradicional, mesmo o Deus compassivo das teologias da libertação e o Deus relacional das teologias feministas, fosse libertado por essa evocação da natureza não pessoal do ser absoluto na sensibilidade hindu para se tornar o mistério do Deus além de tudo, mas cada vez mais profundamente próximo.

Os diálogos de vida, ação, intercâmbio teológico e experiência religiosa permitem aos cristãos vislumbrarem o Deus que conhecemos através das janelas emolduradas pelas tradições de fé de outros povos e partilhar em troca a nossa preciosa herança. Os efeitos públicos são de longo alcance. A compreensão mútua aliada ao crescimento das amizades cria possibilidades para um novo relacionamento entre as próprias religiões. Os bens pessoais são igualmente significativos. Vislumbrando o Sagrado pela experiência religiosa de povos de outras confissões, os cristãos crescem no conhecimento e no amor ao grande mistério do Deus vivo. Refletindo sobre a sua própria experiência de diálogo na Índia ao longo de quase quatro décadas, Jacques Dupuis observou: "O compromisso pessoal com a própria fé e a abertura à fé dos outros não precisam ser mutuamente exclusivos; em vez disso, deveriam crescer em proporção direta". Se alguém tiver um ouvido sintonizado com a presença do Espírito, então ouvirá a música, mesmo que ela esteja sendo tocada em um tom diferente. E o repertório consequentemente se expande.

8.8 Um Deus de abundância

Um antigo hino canta as palavras: "Há uma largueza na misericórdia de Deus...". A prática do diálogo inter-religioso abre perspectivas amplas e profundas sobre a indescritível generosidade de Deus para com a raça humana, calcada, sacudida e transbordante. Para explorar isso mais profundamente, Dupuis, no seu livro *Rumo a uma teologia cristã do pluralismo religioso*, sugere que realizemos uma experiência mental: tentemos ter uma visão da história do ponto de vista de Deus. É certo que isso é impossível, para não dizer presunçoso. Mas se pudéssemos ver o desenrolar da história do ponto de vista de Deus, qual seria o significado da pluralidade de fés vivas que rodeiam os cristãos? Se existe apenas um Deus, então presumivelmente existe um plano pelo qual a providência pretende trazer todas as pessoas para uma união salvadora. Esse plano presumivelmente tem uma coerência interna, pois Deus não é desmiolado. Por essa linha de pensamento, podemos chegar à conclusão de que o desígnio divino para a salvação do mundo é multifacetado. Esse desígnio atinge a sua maior densidade histórica em Jesus Cristo com significado para todos. No entanto, a eterna Palavra de Deus não está restringida, nem exaurida, nem totalmente consumida nessa história particular, nem o Espírito de Deus é assim limitado no seu derramamento no mundo. Pelo contrário, em virtude da iniciativa graciosa de Deus, diferentes caminhos foram traçados em diferentes culturas, épocas e lugares, convidando as pessoas a partilharem a vida divina. Assim, as religiões com as suas figuras salvíficas e textos sagrados, os seus credos, códigos morais e rituais, podem ser vistas como canais da palavra e da graça de Deus estabelecidos pela providência divina. Dito de forma clara, as religiões podem ser nada menos que a obra de Deus presente no mundo por meio da Palavra e do Espírito: "Outras tradições religiosas representam verdadeiras intervenções e autênticas manifestações de Deus na história dos povos". A sua própria existência revela a generosidade transbordante de Deus, que antes, durante e depois da vinda de Cristo, se aproxima de todas as pessoas com o convite à vida divina. A sua própria variedade manifesta as profundezas abundantes do Deus vivo, que nunca se esgotam. Essa deslumbrante descoberta da diversidade dos padrões divinos de envolvimento ao longo da história proporciona um vislumbre de um mistério incompreensível, maior do que poderíamos ter imaginado por nós mesmos.

8.8.1 Jesus Cristo

Colocar a fé cristã nesse contexto teocêntrico mais amplo expande a nossa noção de Deus ao mesmo tempo que exige uma nova visão sobre o significado de Jesus Cristo. São numerosas as disputas sobre como conciliar as afirmações cristãs fundamentais sobre o papel salvífico de Jesus Cristo com a validade de outras religiões. Ainda não há consenso teológico. Um caminho promissor pode ser forjado combinando três elementos da cristologia padrão numa nova configuração que vê Jesus como o Verbo encarnado, crucificado e ressuscitado, que, em vez de dominar outras manifestações de Deus no mundo, lava os pés.

- *Kenōsis*. Da palavra grega que significa autoesvaziamento, esse termo é usado nas Escrituras para descrever o método de Cristo vir ao mundo. A encarnação foi um ato de humildade. Recusando-se a apegar-se à glória divina, Cristo despojou-se de si mesmo e tornou-se como um escravo humilde (Fl 2,5-11). A insistência de Paulo de que o papel de Jesus como salvador está intimamente ligado a esse ato de autoesvaziamento sustenta a maneira abnegada do ministério de Jesus nos evangelhos. Dá uma forma específica ao amor divino.

- *Reino de Deus*. Rico símbolo que aparece no centro da pregação de Jesus, aponta para a situação que prevalecerá quando a vontade de Deus for feita assim na terra como no céu: o leão se deitará com o cordeiro; os homens transformarão suas espadas em lâminas de arado; a mulher encontrará a sua moeda, o pastor, as suas ovelhas; os cegos verão, os coxos andarão; o pão de cada dia será dado; os oprimidos serão libertados; não haverá mais lágrimas ou luto. Em suma, a bênção da vida prevalecerá para a terra e todos os seus habitantes. Os relatos evangélicos das palavras e ações de Jesus mostram como essa promessa é concretizada, ligando o seu papel salvífico a práticas de servir: alimentar, curar, ensinar todos os que quisessem ouvir, desafiar os poderes alheios e desdenhosos que existem. Os discípulos são chamados a fazer o mesmo. Dessa forma, o reino de Deus já começou a enraizar-se na vida daqueles que o ouviam e amavam.
- *Sacramento*. Originando-se no desejo amoroso de Deus de se comunicar com as pessoas de uma forma salvadora, coisas específicas como pessoas, eventos, textos e rituais tornam-se portadoras do poder desse desejo na história. Por meio deles, Deus se aproxima; por meio deles, as pessoas tornam-se conscientes da presença divina e dão a sua resposta. Na fé cristã, Jesus Cristo é o sacramento desse encontro de mão dupla. Desejando unir-se à raça humana em suas alegrias,

pecaminosidade e sofrimento terrível para salvá-la, o Verbo se fez carne e habitou entre nós como ser humano. Por meio da sua vida, morte e ressurreição, Deus forjou um vínculo salvador com a raça humana que não pode ser quebrado. A cruz leva o amor de Deus às profundezas da nossa morte; a humanidade ressuscitada de Cristo é o penhor de vida para todos no futuro eterno. Deus coloca assim o Verbo encarnado na história, a fim de sinalizar uma economia mais ampla, a presença da vontade salvadora de Deus coextensiva à história da humanidade.

- *Configuração de todos os três.* É estranho, quando pensamos nisso, que durante séculos a crença em Cristo tenha sido usada para obscurecer a obra de Deus em outras religiões em vez de expandir a sua apreciação. Uma estrutura imperialista para a cristologia fez parecer que, uma vez que o Verbo está encarnado em Jesus, então Deus não está presente em outro lugar, ou pelo menos não de forma tão verdadeira e amorosa. Um padrão hierárquico de pensamento levou à conclusão de que, como Cristo é o número um, nenhuma outra religião é tão digna de atenção. Não só a presença divina foi negada em outros lugares, mas Cristo, o Caminho, a Verdade e a Vida, foram brandidos triunfalmente como um bastão para tornar os outros inferiores. O Deus de Jesus Cristo tornou-se uma figura de fechamento em vez de abertura.

Compreender Jesus Cristo como sacramento da vontade salvífica de Deus encarnado na história sob o signo da *kenōsis* e interpretar o seu significado universal à luz da sua pregação do Reino de Deus torna possível uma visão mais generosa. Os cristãos não precisam, na verdade não devem, abandonar a fé de que Jesus é em pessoa a Sabedoria que se fez carne, cujo advento tem um significado salvífico para toda a humanidade, nem parar de explicar aos outros a beleza do Evangelho e o seu efeito em nossa vida. Esse é o tesouro que nos foi confiado pela tradição viva da fé cristã. Mas no meio da história da Terra, que limita toda manifestação divina e visão humana, essa proclamação deve ser feita no mesmo espírito humilde de autoesvaziamento de que estamos falando. Como disse Joseph Hough: "É essencial para a fé cristã que saibamos que vimos a face de Deus na face de Jesus. Não é essencial acreditar que ninguém mais viu Deus e experimentou a redenção em outro tempo e lugar". Quando colocada dentro de uma apreciação expansiva do que o Senhor tem feito, até mesmo a doutrina de que Jesus Cristo tem um papel salvífico que é "singular e único, só a Ele próprio, exclusivo, universal, absoluto", como é dito em *Dominus Iesus*, não precisa, na verdade não deve, significar que outras tradições foram privadas da presença e ação graciosas de Deus. Manter a nossa verdade como absolutamente verdadeira não significa que devemos nos considerar possuidores de toda a verdade que vale a pena ter. Pois Deus "é maior do que o nosso coração" (1Jo 3,20) e reivindica a liberdade de ser o Amor em ação em todas as vidas e tradições. Com essa linha de pensamento, podemos compreender que a presença vivificante de Deus em Jesus e a comunidade que continua a sua presença na história não precisam, na verdade não devem, excluir outras pessoas que experimentam a atividade intencional de Deus e se orientam para o mistério por meios diferentes gerados pelo mesmo Espírito. Em vez de anular essa presença, o advento da Palavra de Deus encarnada em Jesus Cristo aponta para o mistério divino presente em toda parte e explicitamente nas religiões.

8.8.2 Um plano multifacetado

À luz dessas reflexões, a teologia em diálogo retorna à terceira grande questão sobre o significado das religiões. Dupuis a aguça ao enquadrá-la em termos técnicos. O pluralismo religioso existe *de facto*, ou seja, é apenas um fato do mundo de hoje, até mesmo um fato lamentável que deverá ser superado pela eventual conversão de todos a Cristo na Igreja? Ou será que o pluralismo religioso existe *de jure*, o que significa que é um bem pretendido por Deus em princípio? Por outras palavras, em termos da intenção de Deus, a pluralidade de religiões é apenas permitida ou positivamente desejada? A reverência experimentada no diálogo inter-religioso leva vários teólogos a sugerirem *de jure* como uma interpretação mais adequada. Praticamente todos os pronunciamentos da Igreja desde o Vaticano II, incluindo o *Dominus Iesus*, reconheceram a presença e a atividade do Espírito nas próprias religiões. Será esse apenas um comportamento aleatório por parte do Espírito, um envolvimento casual com a busca espiritual das pessoas, quer queira quer não? Tal superficialidade é impensável. Se o Espírito de Deus estiver ativo, Deus estará agindo "em princípio". As religiões, então, fazem parte do "plano do próprio Deus para a humanidade". O pluralismo religioso pode ser visto como parte do desígnio único, rico e intrincado de Deus para a salvação da raça humana, um amor divino que se desenvolve por meio de um plano multifacetado.

Essa avaliação positiva do pluralismo é profundamente teológica. Não se baseia no valor da diversidade em geral, tal como é visto na biologia e na cultura, mas num vislumbre da plenitude transbordante de Deus. As palavras de Dupuis captam a realização daqueles que têm experiência dialógica: "A expansividade da vida interior de Deus transbordando para fora da Divindade é a causa raiz da existência na história de caminhos divergentes que conduzem a um objetivo comum único, o mistério absoluto de Deus".

Como caminhos diferentes para a salvação, as religiões pertencem à comunicação transbordante do Deus trino, que fala "muitas vezes, e de muitas maneiras" aos povos e nações, como atesta a Carta aos Hebreus (1,1). Como tudo no nosso mundo fragmentado, incluindo o cristianismo, as religiões existem sob o signo da ambiguidade, do bem e do mal, da graça e do pecado misturados. Mas a sua sabedoria e graça positivas, trazidas pelo Espírito de Deus, permitem julgar que o pluralismo religioso é um dom divino. Em princípio, baseia-se na magnífica e superabundante generosidade de Deus que é Amor.

8.9 A dignidade da diferença

O encontro inter-religioso leva à prática do respeito sincero, do diálogo cuidadoso, da aprendizagem mútua, da apreciação e da cooperação em escala local e global para promover a vinda do reino de Deus. O rabino Jonathan Sacks propõe algumas analogias interessantes para mostrar o enriquecimento que essa práxis pode trazer. Como seria a fé se reconhecêssemos a imagem de Deus num outro, cuja verdade não é a nossa verdade? É como sentir-se seguro na sua própria casa, mas comovido pela beleza de lugares estrangeiros, sabendo que são a casa de outra pessoa, não a minha, mas ainda assim parte da glória do mundo que é nosso. É como ser fluente em inglês, mas emocionado com os ritmos de um soneto italiano. É como perceber que a sua vida é uma frase escrita na história da sua própria fé, mas ficar satisfeito por saber que existem outras histórias de fé escritas em outras vidas, todas parte da grande narrativa do chamado de Deus e da resposta da humanidade. Aqueles que confiam na sua fé não são ameaçados, mas ampliados pelos diferentes caminhos dos outros. À medida que descobrimos uma verdade mais profunda do que aquilo que pensávamos possuir como monopólio, a dignidade da diferença torna-se uma fonte de bênção.

8.10 Leitura adicional

Uma excelente visão geral de todo esse campo e de seus vários modelos de pensamento é apresentada em *Introdução às teologias das religiões*, de Paul Knitter (Paulinas, 2008). Uma forma útil de abordar a questão é *Encountering God: A spiritual journey from Bozeman to Banaras*, de Diana Eck (Beacon, 1993/2003), que combina visão acadêmica com experiência pessoal. Terrence Tilley, em *Religious diversity and the American experience: A theological approach* (Continuum, 2007), analisa posições teológicas sobre as religiões a partir da perspectiva da sociedade pluralista nos Estados Unidos, lançando muita luz sobre o debate. A experiência das mulheres em muitas tradições é detalhada em *Women and religious traditions*, de Leona Anderson e Pamela Dickey Young (Oxford University Press, 2004).

O centro nevrálgico asiático da prática do diálogo é examinado em *Being religious interreligiously: Asian perspectives on interfaith* dialogue, de Peter Phan (Orbis, 2004). A prática real do diálogo inter-religioso é ilustrada em *Three faiths, one God: A Jewish, Christian, Muslim encounter*, de John Hick e Edmund S. Meltzer, eds. (State University of New York Press, 1989); e em *The emptying God: A Buddhist-Jewish-Christian conversation*, de John B. Cobb e Christopher Ives, eds. (Orbis, 1990), que traz o diálogo Abe-Tracy. O Arcebispo Michael Fitzgerald oferece *insights* sábios nascidos de sua experiência como chefe do Pontifício Conselho para o Diálogo Inter-religioso em *Interfaith dialogue: A Catholic view* (com John Borelli; Orbis, 2006).

Um foco específico em Deus vislumbrado por meio do diálogo vem à tona na principal obra de Jacques Dupuis, *Rumo a uma teologia cristã do pluralismo religioso* (Paulinas, 1999). A questão de Deus também permeia *Has God only one blessing: Judaism as a source of Christian self-understanding*, de Mary Boys (Paulist, 2000); *Monopoly on salvation? A feminist approach to religious pluralism*, de Jeannine Hill Fletcher (Continuum, 2005); e *The concept of God in global dialogue*, de Werner Jeanrond e Aasulv Lande, eds. (Orbis, 2005).

A prática da teologia comparada é demonstrada em *Hindu God, Christian God: How reason helps break down the boundaries between religions*, de Francis X. Clooney (Oxford, 2001); em *Faith among faiths: Christian theology and non-Christian religions*, de James Fredericks (Paulist, 1999); e em *The Buddha and the Christ: explorations in Buddhist and Christian dialogue*, de Leo Lefebure (Orbis, 1993). Os ensaios pessoais acrescentam luz, calor e *insights* distintos nas compilações de Gavin D'Costa, ed., *Christian uniqueness reconsidered* (Orbis, 1990); e Catherine Cornille, ed., *Many mansions? Multiple religious belonging and Christian identity* (Orbis, 2002), que inclui o ensaio de Clooney sobre Antal.

O texto de *Dominus Iesus* está impresso em *Origins* 30 (14 de setembro de 2000), pp. 209-219. Aparece também num volume que o discute de todos os ângulos: *Sic et Non: Encountering Dominus Iesus*, de Stephen Pope e Charles Hefling, eds. (Orbis, 2002). As analogias de Jonathan Sacks são apresentadas no seu livro *A dignidade da diferença: Como evitar o choque de civilizações* (Sêfer, 2013).

9
Espírito criador no mundo em evolução

9.1 O vivificador

Consideremos a ideia de Deus emergindo do envolvimento humano com o mundo natural nos nossos dias. Em fotografias tiradas do espaço, nosso planeta natal parece uma bola de gude azul brilhante rodeada de nuvens brancas. Flutuando contra um fundo de espaço negro sem fim, é um pequeno local precioso que, entre todos os planetas, luas e asteroides que exploramos até agora, é o único coberto por uma membrana de vida. Os astronautas que testemunharam essa visão com os próprios olhos falam do seu poder de mudar os seus sentimentos mais profundos. O astronauta saudita Sultan bin Salman al-Saud, parte de uma tripulação internacional, recordou: "No primeiro dia, todos apontamos para os nossos próprios países. No terceiro dia, estávamos apontando para nossos continentes. No quinto dia, todos tínhamos consciência de apenas uma Terra". O astronauta Rusty Schweigert, que caminhou na Lua, notou daquele ponto de vista que a Terra é tão pequena que você pode bloqueá-la com o polegar. "Então você percebe", ele refletiu, "que nesse lindo e quente círculo azul e branco está tudo o que significa alguma coisa para você", toda natureza e história, nascimento e amor. E então você muda para sempre.

Desde a década de 1960, essa imagem tornou-se patrimônio comum de todos os povos da Terra. Simboliza uma nova consciência do nosso planeta crescendo entre as pessoas ao redor do globo, uma compreensão moldada por uma dialética única. Por um lado, ficamos maravilhados com o intricado funcionamento deste mundo, tal como descoberto e popularizado pela ciência contemporânea. Por outro lado, lamentamos angustiados a forma como a predação humana está estragando rapidamente este mundo natural. Nesse duplo contexto ecológico de admiração e devastação, as pessoas de fé estão redescobrindo um tema antigo, nomeadamente, a presença e ação do Espírito criativo de Deus em todo o mundo natural.

Aqui, ao procurarmos compreender, não estamos bem servidos pela teologia dos séculos recentes. Por um lado, ao contrário da teologia ortodoxa das Igrejas grega e russa, a teologia moderna no Ocidente enganou a pneumatologia, o estudo do Espírito. Tratou o Espírito, nas palavras de Walter Kasper, como a Cinderela da teologia, aquela que fica em casa fazendo o trabalho árduo enquanto as outras duas vão ao baile. A teologia moderna também negligenciou o mundo natural como tema de interesse religioso. Isso começou a acontecer na época da Reforma. Antes disso, Deus, a raça humana e o mundo natural formavam três pilares da teologia, como um banco de três pernas, e juntos compreendiam a reflexão filosófica e teológica cristã, bem como a judaica e islâmica. Mas o conflito feroz sobre como somos salvos do pecado, com os protestantes insistindo que a obra redentora de Cristo é eficaz apenas pela fé e os católicos defendendo a fé e as boas obras, causou um foco no dilema humano que ofuscou o olhar para o restante da criação. Como acontece em qualquer luta, as pessoas perderam de vista a realidade mais ampla. Nos séculos que se seguiram, a teologia católica ligou fortemente o Espírito ao ofício da Igreja e ao ensino do magistério, enquanto a teologia protestante se apegou à obra de justificação e santificação do Espírito na pessoa individual. Esse foco na humanidade levou ambos os lados a esquecerem o testemunho da teologia bíblica, patrística e medieval da presença e atividade cósmica do Espírito desde o início, ao longo da história, até ao fim.

Para revisitar esse tema antigo nos nossos dias, então, a teologia ecológica precisa trabalhar em duas frentes ao mesmo tempo, o Espírito e o mundo natural. O Credo Niceno oferece uma pista sutil ao identificar o Espírito como "o Senhor e Doador da vida", em latim *Dominus et vivificantem*, aquele que vivifica, o Vivificador. Essa pista para a obra do Espírito no mundo recebe maior precisão de um trio de metáforas elaboradas pelo teólogo norte-africano do século III, Tertuliano. Primeiro, se Deus, o Pai, pode ser comparado ao sol, então Cristo é um raio de sol, isto é, da mesma substância que o sol e vindo para a terra. E o Espírito? O Espírito é o bronzeado, o ponto de calor e luz onde o sol chega e realmente faz efeito. Esse padrão repete-se no exemplo da água: há uma nascente nas colinas, a mesma água no rio que flui através do vale, e a vala de irrigação (o Espírito) onde a água atinge as plantas e permite-lhes realmente crescer. Da mesma forma, esse pensador comparou o Deus trinitário à raiz, ao tronco e ao fruto de uma árvore, isto é, ao alicerce profundo e inalcançável da árvore, ao seu brotamento visível no mundo, e às suas flores, fragrâncias, frutos e sementes (o Espírito), que embelezam e nutrem o mundo. Todas essas são metáforas do Deus uno que existe como um mistério incompreensível além do mundo, que surge encarnado na história e – aqui está a questão – permeia o mundo material com um vigor gracioso.

É crucial lembrar desde o início que o Espírito nunca é menos que Deus. O Espírito Criador é sempre Deus, que realmente chega a cada momento, aproximando-se e passando com poder vivificante. O mundo deslumbrante aberto pela cosmologia do Big Bang e pela biologia evolutiva, por um lado, e a vulnerabilidade da vida na Terra que precisa de proteção, por outro, está levando a teologia ecológica a vislumbrar a presença e a atividade do Espírito com novos contornos, como o Deus vivo que é a fonte, o sustentador e o objetivo de toda a coisa.

9.2 O mundo natural

9.2.1 Maravilha

Tendo em mente a imagem da Terra vista do espaço, considere quatro aspectos deste planeta e seu lugar no universo.

- Primeiro: é tudo muito antigo. Em bilhões de anos, os números-chave são 14, 5 e 4. O universo se originou em uma explosão primordial, chamada de forma um tanto deselegante de Big Bang, há cerca de 14 bilhões de anos (mais precisamente, 13,7 bilhões de anos atrás, de acordo com o consenso científico atual). Daquele instante explosivo em diante até hoje, o universo continuou a se expandir, enquanto galáxias e suas estrelas surgiam e desapareciam. O nosso próprio Sol e os seus planetas apareceram há cerca de 5 bilhões de anos, unindo-se a partir da poeira e do gás deixados pelas gerações anteriores de estrelas que explodiram nos seus estertores de morte. No planeta Terra, há cerca de 4 bilhões de anos, ocorreu uma nova erupção, a vida, emergindo em comunidades de criaturas unicelulares nas profundezas dos mares primitivos e evoluindo para mais de um milhão de espécies hoje presentes.

Em seu livro *Os dragões do Éden*, Carl Sagan usa o cronograma de um ano para dramatizar a sequência. Se o Big Bang ocorreu em 1º de janeiro, então nosso Sol e seus planetas passaram a existir em 9 de setembro. A vida na Terra originou-se em 25 de setembro; e os primeiros humanos surgiram em cena no dia 31 de dezembro às 22h30. Colocando esse calendário numa estrutura física gráfica, o Museu Americano de História Natural de Nova York construiu um passeio cósmico em espiral que traça a história do universo. Começando no nível do telhado com o Big Bang, cada degrau de tamanho normal na passarela cobre milhões de anos. Ao chegarmos no fundo, teremos percorrido toda a história humana em uma linha tão fina quanto um fio de cabelo humano. Nós, seres humanos, somos recém-nascidos no universo, recém-chegados.

- Em segundo lugar, o universo é incompreensivelmente grande. Existem mais de cem bilhões de galáxias, cada uma composta por bilhões de estrelas, e ninguém sabe quantas luas e planetas, sendo toda essa matéria visível e audível apenas uma fração da matéria do universo, que, não sendo bem compreendida, é chamada de "escura". A Terra é um pequeno planeta orbitando uma estrela de tamanho médio em direção à borda de uma galáxia espiral. Somos apenas uma partícula.

- Terceiro, o universo está complexamente interligado, estando tudo relacionado até certo ponto com todo o resto. Falando da vermelhidão do sangue humano, por exemplo, o cientista/

teólogo britânico Arthur Peacocke escreveu: "Cada átomo de ferro na hemoglobina do nosso sangue não estaria lá se não tivesse sido produzido em alguma explosão galáctica há bilhões de anos e eventualmente condensado para formar o ferro da crosta terrestre da qual emergimos". Literalmente, os seres humanos e todas as criaturas deste planeta são feitas de poeira estelar. Além disso, a história da evolução biológica torna evidente que nós, humanos, partilhamos com todas as outras criaturas vivas uma ascendência genética comum que remonta às criaturas unicelulares originais dos antigos mares. Bactérias, pinheiros, mirtilos, cavalos, as grandes baleias cinzentas – somos todos parentes na grande comunidade da vida. Na bela metáfora de Abraham Heschel, isso faz dos seres humanos os cantores do universo, capazes de entoar louvores e agradecimentos em nome de toda a comunidade cósmica da qual fazemos parte.

- Quarto, o universo é profundamente dinâmico. Enquanto você lê estas palavras, um novo espaço está surgindo à medida que o universo continua a se expandir. As galáxias giram em torno do seu buraco negro central; nosso planeta gira anualmente em torno de nossa estrela e gira em torno de seu eixo todos os dias; espécies inteiras emergem, prosperam e são extintas, assim como indivíduos cujo tempo abrange desde o nascimento até a morte. Portanto, a teologia já não pode contrastar a regularidade estática da natureza com a história humana ou opor os deuses pagãos fixos da natureza ao Deus móvel dos israelitas em movimento na história. A própria natureza é histórica.

Esse dinamismo é responsável pelo surgimento da própria espécie humana. Da vida e morte evolucionárias de criaturas unicelulares fluiu uma maré crescente de vida: criaturas vivendo em conchas, peixes, anfíbios, répteis, insetos, flores, pássaros e mamíferos, entre os quais surgiram os seres humanos, nós, primatas, cujos cérebros são tão ricamente texturizados que experimentamos consciência e liberdade autorreflexivas ou, em termos clássicos, mente e vontade. A matéria, cheia de energia, evolui para a vida, depois para a consciência e depois para o espírito (da pedra ao pêssego, do *poodle* à pessoa). O pensamento e o amor humanos não são algo injetado de fora no universo, mas são o florescimento em nós de energias profundamente cósmicas, surgindo do próprio dinamismo físico do cosmos, que já é auto-organizador e criativo. Nessa narrativa, as pessoas humanas não são alienígenas estabelecidos num mundo físico estranho, mas uma parte intrínseca da história em evolução. Na denominação inspirada de Sallie McFague, somos "terráqueos", criaturas que pertencem a este lugar. Nossos anseios pessoais e criatividade cultural encapsulam a vitalidade energética do próprio cosmos; nossa pequena pepita de tempo histórico concentra o empreendimento selvagem e excitante que ocorre na própria natureza. Isso nos torna distintos, mas não separados, um fio único no cosmos, mas ainda assim um fio *do* cosmos.

Por um lado, maravilha. Mas, por outro lado, angústia, pois essa história entrou num capítulo novo e ameaçador no nosso planeta natal.

9.2.2 *Devastação*

Nós, seres humanos, estamos a infligir danos mortais ao nosso planeta a um ritmo acelerado, comprometendo a sua identidade como local de habitação da vida. O consumo excessivo, a reprodução desenfreada, a utilização exploratória de recursos e a poluição crescente estão esgotando rapidamente os sistemas de suporte à vida na terra, no mar e no ar. Todos os anos, por exemplo, 20% da população da Terra nas nações ricas utiliza 75% dos recursos da Terra e produz 80% dos resíduos mundiais. Um exemplo: Chicago, com 3 milhões de habitantes, consome tantos produtos agrícolas num ano como Bangladesh, com 97 milhões de habitantes. Esse consumo excessivo é impulsionado por uma economia que deve crescer constantemente para ser viável. O seu maior objetivo é obter resultados positivos sem contar com o custo ecológico. Outro exemplo: em 1950, o mundo contava com 2 bilhões de pessoas. Na virada do milênio, éramos 6 bilhões. Se as previsões se confirmarem, até 2030 haverá 10 bilhões de pessoas no planeta. Se alguém nascido em 1950 viver até os 80 anos, a população humana da Terra terá multiplicado cinco vezes durante a sua vida. Para traduzir essas estatísticas numa imagem vívida: outra Cidade do México é acrescentada a cada 66 dias; outro Brasil se junta ao planeta todos os anos.

A capacidade de carga da Terra está sendo esgotada por esse uso humano; a nossa espécie consome recursos mais rapidamente do que a Terra tem condições para se reabastecer. Esse ataque ao planeta, intencional ou não, causa danos ecológicos de grande magnitude. A litania profana é bem conhecida: aquecimento global, buracos na camada de ozônio, florestas desmatadas, zonas úmidas drenadas, solos desnudados, ar poluído, rios envenenados, oceanos sobre-explorados e, acima de tudo, a ameaça de conflagração nuclear. De forma chocante, a destruição generalizada dos ecossistemas tem como reverso a extinção da vida vegetal e animal que prospera nesses hábitats. A nossa época é de grande morte. Numa estimativa conservadora, no último quartel do século XX, 10% de todas as espécies vivas foram extintas. Quando esses seres vivos, esses animais magníficos ou plantinhas são extintos, eles nunca mais voltam. Estamos matando o próprio nascer, destruindo o futuro dos nossos semelhantes que levaram milhões de anos para evoluir. A sua morte envia um sinal de alerta precoce da morte do próprio planeta como morada da vida. Na linguagem contundente do Conselho Mundial de Igrejas: "O sinal claro dos nossos tempos é um planeta em perigo nas nossas mãos".

O quadro fica mais sombrio quando prestamos atenção à ligação profunda entre a injustiça social e a devastação ecológica. As pessoas pobres sofrem desproporcionalmente com o empobrecimento ambiental; a devastação das pessoas e a devastação das terras das quais dependem andam de mãos dadas. Na Bacia Amazônica, por exemplo, a falta de reforma agrária empurra as populações rurais despossuídas para as margens da floresta tropical, onde, para permanecerem vivas, praticam a agricultura de queimada, destruindo no processo hábitats primitivos, matando animais raros e deslocando povos indígenas. Nas nações ricas, as pessoas economicamente abastadas podem optar por viver no meio de hectares de verde, enquanto as pessoas pobres ficam alojadas perto de fábricas, refinarias ou processadoras de resíduos que poluem fortemente o ambiente. Defeitos congênitos, problemas gerais de saúde e doenças resultam disso. A amargura dessa situação é agravada pelo preconceito racial, uma vez que o racismo ambiental pressiona as pessoas de cor a residirem em tais bairros.

A análise feminista esclarece ainda mais como a situação dos pobres se torna exemplificada nas mulheres pobres, cujas próprias capacidades biológicas para dar à luz estão comprometidas por ambientes tóxicos e cuja criação dos filhos é sempre dificultada pela falta de água potável, alimentos e combustível. Projetos iniciados por mulheres, como o movimento Chipko, na Índia, por meio do qual as mulheres das aldeias literalmente abraçam as árvores da floresta para evitar que os interesses madeireiros as derrubem, garantindo assim água potável, combustível e frutas; e o movimento Cinturão Verde iniciado pela vencedora do Prêmio Nobel da Paz, Wangari Maathai, no Quênia, por meio do qual as mulheres plantam milhões de árvores e recebem um pequeno rendimento para cultivá-las, mostram como a proteção e a restauração da Terra estão intrinsecamente interligadas com o florescimento das mulheres pobres e das suas comunidades. A pobreza e o seu remédio têm uma face ecológica.

Quando as pessoas começam a pensar em Deus em relação a *este* mundo, o deslumbrante mundo natural abre-se à nossa admiração, mas vê-lo destruído por nossa devastação leva a uma abordagem totalmente nova. Antigamente, a concepção básica do mundo era a de que ele foi criado no início e permaneceu uma entidade estática; a atividade de Deus consistia principalmente em manter o que já havia sido estabelecido. Agora que percebemos que o mundo está se transformando, que coisas genuinamente novas surgem por meio da evolução e de outros processos, são necessárias novas ideias de presença e ação divinas. Até agora, estas se centravam no Espírito de Deus, chamado Espírito Criador no grande hino medieval *Veni, Creator Spiritus*. Ao integrar a experiência reveladora de um Deus pessoal num cenário cosmológico expansivo, a teologia ecológica, repleta em toda a sua extensão de justiça social e de percepções eco--feministas, está mapeando mais uma nova fronteira.

9.3 Presença divina

Atender à ideia do Espírito Criador traz à tona a crença de que a presença e a atividade de Deus permeiam o mundo e que, portanto, o mundo natural é a morada de Deus. Essa presença divina pode ser explorada sob três categorias: é contínua; é cruciforme; e permanece no modo da promessa.

9.3.1 Presença contínua

No fim do seu popular livro *Uma breve história do tempo*, o físico Stephen Hawking faz uma pergunta famosa: "O que é que inflama as equações e cria um universo para elas descreverem?". Na integridade da sua adesão ao ateísmo, ele deixa a questão em aberto. A fé bíblica oferece uma opção diferente, ousando acreditar que é o próprio Espírito de Deus quem dá vida às equações, dando, assim, origem a este universo exuberante. O mistério do Deus vivo, totalmente transcendente, é também o poder criativo que habita no coração do mundo, sustentando cada momento da sua evolução.

O modelo mental que permite a interpretação mais inteligível dessa presença é o panenteísmo (tudo em Deus). Nos últimos séculos, a teologia trabalhou principalmente com o modelo do teísmo. Essa interpretação infere que Deus é o membro mais elevado da ordem do ser. Insiste na diferença e distância de Deus em relação ao mundo, ao mesmo tempo que presta pouca atenção à proximidade divina. O seu modelo oposto é o panteísmo (tudo é Deus), que apaga a diferença entre o criado e o incriado, colapsando assim Deus e o mundo um no outro. Ao contrário de qualquer um desses padrões, o panenteísmo prevê um relacionamento pelo qual tudo permanece em Deus, que, por sua vez, abrange tudo, estando "acima de todos, que age por meio de todos e em todos" (Ef 4,6). O que resulta é uma permanência mútua para a qual o corpo feminino grávido fornece uma boa metáfora.

Martinho Lutero, que tinha uma compreensão rica e sofisticada da presença divina, usou um exemplo simples de um grão de trigo para esclarecer o ponto:

> Como pode a razão tolerar que a majestade divina seja tão pequena que possa estar substancialmente presente num grão, sobre um grão, através de um grão, dentro e fora [...] inteiramente em cada grão, não importa quão numerosos sejam esses grãos? E como pode a razão tolerar que a mesma majestade seja tão grande que nem este mundo nem mil mundos possam abrangê-la e dizer "eis que aí está"? [...] No entanto, embora não possa ser abrangida por nenhum lugar e por ninguém, a essência divina de Deus abrange todas as coisas e habita em todas (*WA* 23.134.34-23.136.36).

Visto à luz dessa contínua presença divina, o mundo natural, em vez de estar divorciado do sagrado, assume um caráter sacramental. A teologia sacramental sempre ensinou que coisas materiais simples – água, óleo, pão e vinho – podem ser portadoras da graça divina. Isso é assim, agora fica claro, apenas porque, para começar, todo o mundo físico é a matriz da graciosa habitação de Deus. A matéria traz a marca do sagrado e tem em si um brilho espiritual. Por sua vez, a presença divina é mediada sacramentalmente na e por meio da corporificação do mundo, não necessariamente nem absolutamente, mas graciosa e realmente.

O Espírito de Deus que habita em nós move-se sobre o vazio, respira no caos, acelera, aquece, liberta, abençoa e cria continuamente o mundo, capacitando o seu avanço evolutivo. Trazer o Espírito de volta à cena dessa forma leva a teologia ecológica a visualizar Deus não no ápice da pirâmide do ser ou além dele, como no teísmo moderno, mas dentro e ao redor do círculo de vida emergente, em luta, vivo, moribundo e renovador e todo o próprio universo.

9.3.2 O padrão cruciforme

Ainda há mais a ser dito. Pois o mundo natural não é apenas belo nas suas harmonias; também nos apresenta um quadro implacavelmente duro e sangrento, cheio de sofrimento e morte. A existência corporal de cada criatura viva requer comer outras criaturas, sejam elas animais ou plantas. A predação e a morte são uma parte inevitável do padrão de vida biológica. Em grande escala, a própria história da vida depende da morte; sem ela, não haveria desenvolvimento evolutivo de geração em geração. Onde está Deus em meio a esse sofrimento e morte ao longo de milhões de milênios? A tentação é negar a violência e fugir para uma visão romântica do mundo natural. Mas há outra opção, nomeadamente, enfrentar a dor e interpretá-la à luz do Evangelho.

Aqueles que acreditam que Jesus é a Sabedoria de Deus feita carne veem sua vida e seu destino como a lente mais importante por meio da qual se pode interpretar o caráter do Deus vivo, não de forma abrangente, pois o mistério permanece, mas verdadeiramente. O que vislumbramos através dessa lente? Em termos da relação divina com os seres humanos, vislumbramos um amor misericordioso que não conhece limites. O ministério de Jesus, repleto de cenas de cura, exorcismo, alimentação, perdão e pregação do reino de Deus, tornou o amor de Deus experimentalmente disponível a todos, principalmente aos marginalizados. A sua execução injusta na cruz ligou profundamente a compaixão divina à condição pecaminosa deste mundo, com o seu sofrimento doloroso e a sua morte terrível. A sua ressurreição revela que, ao entrar nessas profundezas, o Espírito de Deus abre a promessa de uma nova vida através e além da morte. Juntas como um único mistério pascal, a cruz e a ressurreição desse profeta judeu que ministrou de uma forma graciosamente inclusiva tornam-se a revelação da solidariedade divina com os seres humanos no nosso pecado e dor, despertando resistência e fundamentando a esperança.

Vendo o Deus vivo como Criador não apenas dos seres humanos, mas de todo o mundo em que nós, humanos, estamos inseridos, a teologia ecológica encontra justificativa para cruzar a linha das espécies e estender essa solidariedade divina a todas as criaturas. Propõe que o Espírito Criador habite em solidariedade compassiva com todos os seres vivos que sofrem, desde os dinossauros exterminados por um asteroide até o bebê impala comido por uma leoa. Nenhum pardal cai no chão sem provocar um sofrimento consciente no coração de Deus. Tal ideia não pretende glorificar o sofrimento, uma armadilha que deve ser cuidadosamente evitada. Mas elabora uma implicação da relação do Espírito Criador com um mundo evolutivo e sofredor, com os olhos postos na compaixão divina. O clamor da natureza é atendido pelo Espírito, que geme com as dores de parto de toda a criação para fazer nascer o novo (Rm 8,22). Assim é o padrão da cruz e da ressurreição redescoberto em escala cósmica.

9.3.3 Permanecendo no modo da promessa

A descrição científica da expansão do cosmos e da evolução da vida neste planeta deixa claro que o universo, em vez de ser um fenômeno estabelecido, só pode ser descrito hoje em termos de uma aventura sem fim. No início era um mar homogêneo de radiação. Em vez de permanecer num nível granular de existência, o universo desenvolveu-se de forma extravagante ao longo do tempo, emergindo numa disposição cada vez mais elaborada em formas cada vez mais complexas e belas. Biólogos como Stephen Jay Gould alertam contra a interpretação dessa história como uma necessária marcha direcional e linear do Big Bang até a raça humana. A história da vida é mais parecida com um arbusto ramificado, sendo a própria humanidade um galhinho recente em um ramo do arbusto. Embora admitam esse ponto, Peacocke e outros argumentam que, uma vez que o universo como um todo se moveu de fato numa determinada direção desde as suas origens cósmicas, obviamente tem propensões para cada vez mais complexidade, beleza e novidade ordenada. Olhando a longo prazo, podemos ver que, desde o início, o universo está semeado de promessas, grávido de surpresas. "Mais" normalmente vem de "menos". A história cósmica tem sido uma história de avanço incansável e rico em fecundidade que produz o genuinamente novo.

Essa abertura inacabada dos fenômenos naturais coloca o mundo dentro dos parâmetros da fé bíblica. Pois essa fé encontra para sempre um Deus de promessa que se aproxima desde o futuro com um apelo a "avançar". Do chamado a Abrão para viajar para uma nova terra, culminado pela surpreendente dádiva de um filho a ele e a Sara na sua velhice e esterilidade; à convocação ao povo hebreu escravizado para sair do Egito para a liberdade; à incumbência às discípulas junto ao túmulo vazio de Jesus para irem contar a notícia da sua ressurreição: a presença divina na história humana está repleta de surpresas.

Refletindo sobre a história evolutiva do mundo em conjunto com essas histórias de fé, a teologia propõe que entendamos o Espírito Criador como a generosa fonte de novidade não apenas para os seres humanos, mas para todo o mundo natural. Habitando o mundo com poder criativo, o Espírito o lança em uma grande aventura, dizendo no Big Bang, com efeito: "Vá, torne-se, explore, traga o novo, porque ainda é possível mais. E eu estarei com você". A natureza, ao que parece, apresenta uma franca abertura para o futuro. Mais do que um sacramento de contínua presença divina, mais do que um *locus* de compaixão divina, é também portadora de uma promessa divina. O Deus vivo e eterno habita no mundo mais intimamente no modo da promessa: "Agora faço novas todas as coisas" (Ap 21,5).

Resumindo: a teologia ecológica propõe que o Espírito Criador habita no coração do mundo natural, energizando graciosamente a sua evolução a partir de dentro, mantendo compassivamente todas as criaturas na sua finitude e morte, e atraindo o mundo para frente em direção a um futuro inimaginável. Ao longo da vasta extensão da evolução cósmica e biológica, o Espírito abraça a raiz material da vida e o seu novo e infinito potencial, capacitando o processo cósmico a partir de dentro. O universo, por sua vez, é auto-organizado e autotranscendente, energizado desde as galáxias em espiral até a dupla hélice da molécula de DNA pela dança do poder vivificador divino.

9.4 Agência divina

A presença criativa, sofredora e promitente do Espírito no mundo natural levanta de forma direta a questão da agência divina. Como Deus age em um universo evolutivo e emergente? As formas modernas de teísmo assumem que Deus intervém no mundo à vontade para cumprir o propósito divino independentemente dos processos naturais. Mas a imagem científica do universo indica que isso não é necessário. A natureza se organiza ativamente em novas formas em todos os níveis. Até mesmo o surgimento da vida e da mente pode ser explicado sem intervenção sobrenatural especial. A amargura dos debates contemporâneos entre alguns cientistas e adeptos religiosos do "*design* inteligente" flui precisamente dessas suposições contrastantes, com os primeiros não encontrando qualquer vestígio de atividade divina no mundo físico, enquanto os últimos postulam algum tipo de ação divina direta e plano global. A visão fundamental da agência divina que ambas as partes defendem, contudo, já não é adequada.

As disputas dentro da teologia sobre a agência divina podem ser tão acirradas quanto aquelas entre a ciência e a religião. Pelo menos seis posições reivindicam um lugar à mesa. A teoria da ação única entende que Deus agiu uma vez, no início; desde então, Deus sustenta o mundo, enquanto os detalhes da história cósmica são exatamente como tudo acontece (Gordon Kaufman, Maurice Wiles). Postulando muito mais envolvimento divino, o pensamento processual sustenta que Deus fornece objetivos iniciais para cada evento concreto e age pelo poder da persuasão para atrair o mundo na direção desejada (Alfred North Whitehead e amigos, incluindo John B. Cobb, David Griffin). Fazendo uma analogia com a agência das pessoas humanas encarnadas, uma terceira posição visualiza o mundo como o corpo de Deus, com Deus agindo no mundo da mesma forma que a alma age no corpo (Sallie McFague). Utilizando a teoria da informação, a posição de causalidade de cima para baixo entende que Deus atua no mundo por meio da influência do todo sobre as partes (Arthur Peacocke). A teoria da "junção causal" usa a abertura inata dos processos físicos para predicar que Deus atua como uma das condições iniciais de um evento, introduzindo o padrão que influencia o resultado geral (John Polkinghorne, Nancey Murphy, Robert Russell).

Uma posição mais clássica defende a distinção entre causalidade primária e secundária, vendo Deus como a causa primária do mundo, a Fonte insondável da existência do mundo, enquanto as forças naturais e as criaturas individuais são causas secundárias que recebem de Deus o seu poder de agir com sua própria independência. Essas duas causas não são duas espécies do mesmo gênero, nem dois tipos diferentes de causas unidas numa base comum de geração de efeitos. Elas operam em níveis completamente diferentes (uma analogia inadequada), sendo uma delas a Causa de todas as causas, a outra participando desse poder de agir como coisas que estão queimando participam do poder do fogo. Nessa visão da agência divina, é incoerente pensar em Deus trabalhando no mundo à parte das causas secundárias, ou ao lado delas, ou além delas, ou complementar a elas, ou mesmo em competição com elas. O ato de Deus não supre algo que está faltando no ato de uma criatura nem rouba seu poder de modo que seja apenas uma causa falsa. Pelo contrário, o mistério do Deus vivo atua em e por meio dos atos criativos de agentes finitos que têm eficácia causal genuína por direito próprio.

Tomás de Aquino, que endossou essa visão, sustentou que o governo do mundo por parte de Deus seria de fato menos do que perfeitamente bom se as criaturas não fossem dotadas da sua própria agência independente. Consequentemente, eventos tanto comuns quanto extraordinários ocorrem de acordo com os ritmos e dinamismos das próprias capacidades da natureza. A cada momento a ação divina será fisicamente indetectável. Não é uma propriedade quantificável como a massa ou a energia, nem um fator adicional nas equações, nem um elemento que possa ser descoberto entre as forças do universo. Mas pela criatividade da natureza, o amor ilimitado do Espírito Criador está fazendo nascer o mundo. Como observa o teólogo australiano Denis Edwards, que, juntamente com outros tomistas contemporâneos, adere a esta posição: "Tomás de Aquino nunca conheceu a teoria da evolução de Darwin, mas não teria tido dificuldade em compreendê-la como a forma como Deus cria".

Lembro-me de uma conferência em Berkeley onde a tensão entre essas diversas posições era tão elevada que os acadêmicos chegaram a acusarem-se uns aos outros de blasfêmia. Todas essas posições, no entanto, têm muito em comum. Elas evitam um modelo explicitamente intervencionista de atividade divina. Procuram tornar inteligível a ideia de que o Espírito Criador, como base, poder sustentador e objetivo do mundo em evolução, atua *capacitando* o processo a partir de dentro. Veem a criatividade divina ativa *nos, com* e *sob* os processos cósmicos. Deus faz o mundo, em outras palavras, capacitando o mundo a se criar.

9.4.1 Acaso

Mesmo admitindo isso, o que torna a conversa tão arriscada para a teologia com a sua crença num Deus providente é o elemento do acaso. Ao contrário da ciência do período do Iluminismo, que imaginava o universo funcionando de uma forma determinada e mecanicista, a ciência de hoje revelou a existência de extensas zonas de abertura na natureza. Nessas áreas, o que acontece em seguida é *intrinsecamente* imprevisível. Isso não acontece porque ainda não desenvolvemos instrumentos capazes de medir tais sistemas e, assim, prever resultados. Pelo contrário, há algo na natureza da coisa que desafia a medição total.

- O reino microscópico estudado pela física quântica é uma dessas zonas. A nossa incapacidade de traçar simultaneamente a posição e a velocidade de uma única partícula deu origem ao apropriadamente denominado "princípio da incerteza". Em vez de simplesmente se referirem aos limites da medição e, portanto, ao nosso conhecimento, os filósofos da ciência supõem agora que isso se refere à natureza do próprio fenômeno. O princípio da incerteza não é apenas epistemológico, em outras palavras, mas também ontológico.

- Sistemas grandes, não lineares e dinâmicos estudados pela física do caos são outra dessas zonas. A característica marcante aqui é que os novos padrões auto-organizados que emergem são extremamente sensíveis às condições iniciais. Uma ilustração bem conhecida é o efeito borboleta no clima. Um dia, uma borboleta bate as asas em Pequim; a pequena corrente de ar que ela põe em movimento provoca uma cascata ascendente, em intersecção cada vez maior com outras correntes de ar; como resultado, uma semana depois, ocorre uma grande tempestade em Nova York. Não existe causa e efeito simples, mas um sistema aberto e dinâmico que pode ser inclinado para um lado ou para o outro com as mais mínimas mudanças. Com o tempo, um certo padrão surgirá à medida que o sistema funcionar continuamente. Mas, em qualquer caso, nenhuma previsão segura é possível.

- O desenvolvimento biológico das espécies por seleção natural é uma terceira zona. Um gene sofre mutação como resultado do bombardeio de raios solares, ou um furacão desvia alguns pássaros do curso para uma nova ilha, ou a Terra é atingida por um asteroide. Enquanto o ambiente muda, aqueles que melhor se adaptam para procriar e cuidar de suas crias, encontrar comida e afastar predadores passarão para a próxima geração, mas não há forma de prever isso com antecedência.

Nesses e noutros casos, a ciência contemporânea revelou a existência de sistemas emergentes, adaptativos e auto-organizados na natureza não humana, sistemas cujo funcionamento ao longo do tempo conduziu a uma novidade genuína no universo. O padrão regular e ordenado segue em frente; é interrompido por acaso; mas, em vez de tudo desmoronar, surgem novas formas de ordem, mais ricas, mais intricadas e mais belas, à margem da desordem. O futuro continua se abrindo. Tecnicamente falando, a forma do mundo que habitamos hoje foi criada por eventos aleatórios que ocorreram dentro de regularidades ordenadas ao longo de eras. Se houvesse apenas lei no universo, a situação estagnaria numa ordem repetitiva e pouco criativa. Se houvesse apenas o acaso, as coisas se tornariam tão caóticas que nenhuma estrutura ordenada poderia tomar forma. Mas o acaso que ocorre dentro da lei perturba o padrão habitual, ao mesmo tempo que é controlado, e ao longo de milhões de milênios a interação dos dois leva o mundo a um estado mais rico do que seria possível de outra forma. Peacocke sugere que esse padrão de acaso dentro da lei ao longo do tempo é precisamente o que se esperaria se o universo em evolução não fosse predeterminado, mas deixado livre para poder explorar o seu potencial, experimentando a gama mais completa de possibilidades inerentes à matéria.

Isso significa que, tanto quanto a ciência pode compreender, o desenvolvimento do universo não aconteceu de acordo com um plano predeterminado. Como a verdadeira aleatoriedade não pode ser prevista, existe uma abertura no processo pelo qual o universo gera novos modos de ser que só podem ser narrados em retrospectiva. Um momento surpreendente ocorreu numa reunião anual da Sociedade Teológica Católica da América, quando William Stoeger, astrofísico jesuíta do Grupo de Pesquisa do Observatório do Vaticano da Universidade do Arizona, perguntou: Retroceda o relógio do mundo de volta ao primeiro momento e deixe-o começar novamente – as coisas acabariam do mesmo jeito? O consenso científico é um enfático não. Houve um silêncio de choque e depois uma erupção de discussões enquanto uma sala cheia de teólogos tentava compreender essa ideia e relacioná-la com os nossos pressupostos básicos.

Relacionando essa visão com o Espírito de Deus que habita em nós, a teologia ecológica propõe que, enquanto o amor ilimitado atua na evolução contínua do universo, a criatividade divina é a fonte não apenas da ordem cósmica, mas também do acaso que permite que a novidade apareça. Ao capacitar o mundo a partir de dentro, o Espírito não só fundamenta regularidades ordenadas, mas também abraça o acaso das mutações aleatórias e as condições caóticas dos sistemas abertos, estando muito mais aliado à desordem do que a nossa antiga teologia natural alguma vez imaginou. Convulsões imprevisíveis podem ser destrutivas, mas têm o potencial de levar a formas de ordem mais ricas. No universo evolutivo emergente, não deveríamos ficar surpresos ao encontrar a criatividade divina pairando muito perto da turbulência.

A teologia tem procurado uma explicação mais aprofundada da agência de Deus num mundo de acaso por analogias com a ação divina vislumbrada no ensino cristão sobre a graça e a cruz.

9.4.2 Graça

Quando o Espírito oferece a própria vida de Deus aos seres humanos, eles não são forçados a aceitar. A sua própria liberdade é respeitada, a ponto de poderem até optar pelo inferno. Não é que o Espírito esteja parado, ocioso e neutro; a teologia ensina que todo tipo de estímulos atrai o coração humano a se voltar para a face de Deus. Mas a coerção não está em questão. A relação pactual da graça requer uma resposta humana livre. Tal como acontece com os seres humanos, também acontece com o universo: o Deus sempre fiel é graciosamente cortês para com a liberdade da ordem natural. Em vez de intervir de fora, o Espírito Criador permite a criação contínua a partir de dentro (essas metáforas espaciais são inadequadas), dotando o universo com a capacidade de transcender-se em direção a formas sempre novas. Sistemas complexos e auto-organizados continuam a introduzir surpresas à medida que o mundo do acaso que ocorre dentro de estruturas semelhantes a leis evolui ao longo de eras de tempo profundo. Nesses processos, com e sob esses processos, o generoso Espírito de Deus energiza a criação contínua do mundo.

9.4.3 Cruz

Em vez de agir como um César em escala maior, Jesus não se apegou à dignidade divina, mas "esvaziou-se a si mesmo", tolamente, abrindo, assim, uma nova vida para outros (Fl 2,5-11). Isso representa uma forma *kenótica* de poder divino. Não é o poder da força, impondo a vontade. Nem é, como alguns temem, impotência. Pelo contrário, tal como vivido historicamente em Jesus Cristo, é o poder de doar-se livremente em amor, com o efeito de que outros são fortalecidos; são amados de uma forma tão bela que se tornam capazes de agir. Tal como na cruz, o mesmo acontece no universo: a teologia ecológica propõe que a *kenōsis* divina não aconteceu apenas uma vez na morte de Jesus, mas é típica da ação graciosa de Deus no mundo desde o início. Permitir que o padrão crístico de doação interprete a ação criativa do Espírito no universo em evolução significa que a agência divina não tem o caráter de determinar, e até mesmo de ditar, todas as ocorrências. Em vez disso, a *kenōsis* divina abre espaço para a integridade genuína dos sistemas finitos, permitindo ao acaso o seu aparecimento verdadeiramente aleatório.

Tendo em conta a abertura do mundo natural, John Haught sugere, de modo feliz na minha opinião, que já não deveríamos pensar em Deus como tendo um *plano* para o universo em evolução, mas sim uma *visão*. Essa visão tem por fim criar uma comunidade de amor. O Espírito Criador está no centro do processo, guiando o mundo nessa direção ao mesmo tempo que convida o mundo a participar na sua própria criação por meio do funcionamento livre dos seus sistemas. No nível quântico, em sistemas dinâmicos não lineares, pela seleção natural e agência humana – o novo emerge! Fundamentado e vivificado por esse poder libertador, o universo evolui na integridade da sua própria aventura.

9.5 Amar a Terra

Evidentemente, essa teologia do Espírito Criador que cria, habita, ama compassivamente e capacita o mundo na sua grande aventura, tem implicações para toda a teologia. Ela sustenta em especial uma ética de cuidado responsável e assertivo com a Terra. Um universo moral limitado às pessoas humanas já não é adequado. Se a Terra é de fato um sacramento da presença divina, um local de compaixão divina e portadora da promessa divina, então sua destruição contínua por meio do ecocídio, do biocídio e do geocídio é uma profanação profundamente pecaminosa. Na tradição da profecia bíblica e do espírito de Jesus, a resposta das pessoas de fé precisa se tornar profética e desafiadora, promovendo o cuidado, a proteção e a cura do mundo natural, mesmo que isso vá contrariar poderosos interesses econômicos e políticos – e contraria. Precisamos utilizar todas as técnicas de resistência ativa não violenta para travar a agressão contra os vulneráveis, seja uma espécie tão humilde ou um sistema tão vasto como a camada de ozônio. Um critério rigoroso deve agora medir a moralidade das nossas ações: se estas contribuem ou não para uma comunidade de vida sustentável na Terra.

Na base dessa práxis está um princípio impressionante articulado pela primeira vez pelo Papa João Paulo II em 1990: "O respeito pela vida e pela dignidade da pessoa humana estende-se também ao restante da criação". Pragmaticamente falando, ou os humanos sobreviverão juntos com outras criaturas neste planeta ou não sobreviverão. A questão é mais do que prática, pois o respeito pela vida não pode ser dividido. Não só a vida humana, mas toda a Terra viva é a criação amada de Deus, merecedora de cuidado.

Isso, por sua vez, exige que desviemos a atenção ética focada apenas nas pessoas humanas e recentremos a consideração moral vigorosa em toda a comunidade da vida. Numa ética ecológica, o grande mandamento de Jesus de amar o próximo como a si mesmo se estende para incluir todos os membros da comunidade da vida. "Quem é o meu próximo?", pergunta Brian Patrick, "o samaritano? O pária? O inimigo? Sim, sim claro. Mas é também a baleia, o golfinho e a floresta tropical. Nosso próximo é toda a comunidade da vida, todo o universo. Devemos amar tudo como a nós mesmos". Se a natureza é o novo pobre, como argumenta Sallie McFague, então a nossa paixão por estabelecer justiça para os pobres e oprimidos estende-se agora para incluir o mundo natural, os sistemas de vida e outras espécies ameaçadas. "Salve a floresta tropical" torna-se uma aplicação moral concreta do mandamento "Não matarás". O objetivo moral passa a ser garantir uma vida vibrante em comunidade para todos.

Nos nossos dias, descobrimos que o grande e incompreensível mistério de Deus, totalmente transcendente e além do mundo, é também o poder dinâmico no coração do mundo natural e da sua evolução. Gemendo com o mundo, deliciando-se com seu avanço, mantendo a fé em seus fracassos, energizando-o graciosamente por dentro, o Espírito Criador está com todas as criaturas em sua finitude e morte, mantendo-as no amor redentor e atraindo-as para um futuro imprevisível na divina vida de comunhão. Em vez de serem simplesmente etapas no caminho para o *homo sapiens*, toda a rica tapeçaria da ordem criada tem o seu próprio valor intrínseco, sendo o lugar onde Deus habita criativamente. Agostinho imaginou isso de forma vívida:

> Coloco diante do meu espírito toda a criação, tudo o que nela podemos ver (como mar, terra, ar, estrelas, árvores, criaturas mortais); sim, e tudo o que nela não vemos [...] E a Ti, ó Senhor, eu imaginei em todas as partes cercando-a e permeando-a, embora em todos os sentidos infinito: como se houvesse um mar, em todos os lugares e em todos os lados, através do espaço incomensurável, um único mar sem limites, e contivesse dentro de si uma esponja, enorme, mas delimitada; aquela esponja precisa, em todas as suas partes, ser preenchida com aquele mar imensurável: assim concebi eu tua criação, ela mesma finita, mas cheia de Ti, o infinito; e eu disse: eis Deus e eis o que Deus criou (*Confissões* 7.7).

E eis como somos abrangidos! Como Paulo pregou em Atenas, "vivemos, nos movemos e existimos" no Espírito Criador previsto exatamente dessa forma (At 17,28).

9.6 Leitura adicional

Uma introdução clara e argumentada de forma convincente destinada ao público leitor em geral é *Ecology at the heart of faith*, de Denis Edwards (Orbis, 2007). Sallie McFague, em *Super, natural Christians: How we should love nature* (Fortress, 1997), apresenta um argumento vigoroso sobre por que os cristãos deveriam ser grandes amantes da Terra. Brian Swimme e Thomas Berry, em *The universe story: From the primordial flaring forth to the Ecozoic Era – A celebration of the unfolding of the cosmos* (HarperSanFrancisco, 1992), apresentam a ciência de base em prosa legível e religiosamente evocativa.

Uma excelente fonte é *Christianity and ecology: Seeking the well-being of Earth and humans*, de Dieter Hessel e Rosemary Radford Ruether, eds. (Harvard University Press, 2000), fruto de uma conferência internacional sobre o assunto. Nove volumes complementares dessa série de Harvard tratam da ecologia nas principais religiões do mundo, como o hinduísmo, o islamismo e o budismo. Para um tratamento mais sucinto das religiões e da ecologia, cf. *Worldviews and ecology: Religion, philosophy, and the environment*, de Mary Evelyn Tucker e John Grim, eds. (Orbis, 1994).

Algumas obras tratam de forma abrangente a questão de Deus na teologia ecológica. *Theology for a scientific age*, de Arthur Peacocke (Fortress, 1993), é um *tour de force* que apresenta toda uma teologia sistemática a partir da perspectiva do mundo em evolução; seu *Paths from science towards God* (Oneworld, 2002) visa explicar essas novas ideias ao leitor em geral. Gloria Schaab, em *The creative suffering of the Triune God: An evolutionary theology* (Oxford University Press, 2007), explica e expande as ideias de Peacocke. O excelente *Deus após Darwin: Uma teologia evolucionista*, de John Haught (José Olympio, 2002), trata diretamente da presença e da ação de Deus à luz do desafio científico. Sallie McFague, em *The body of God: An ecological theology* (Fortress, 1993), constrói poderosamente uma visão holística. Rosemary Radford Ruether, em *Gaia and God: An ecofeminist theology of Earth healing* (HarperSanFrancisco, 1992), explora os recursos proféticos e sacramentais da tradição cristã. Os livros de Denis Edwards, *The God of evolution*

(Paulist, 1999), e *Sopro de vida: Uma teologia do Espírito Criador* (Loyola, 2007), conectam a teologia com uma espiritualidade orientada para a terra de uma forma acessível e esclarecedora. Recursos na Bíblia são destacados em *Earth, wind, and fire: Biblical and theological perspectives on Creation*, de Carol Dempsey e Mary Margaret Pazdan, eds. (Liturgical, 2004).

Outros trabalhos concentram-se num aspecto particularmente rico. A visão kenótica do poder divino e do sofrimento divino no universo é examinada em *The work of love: Creation as kenosis*, de John Polkinghorne, ed. (Eerdmans, 2001); cf. especialmente "The cost of new life", de Arthur Peacocke, pp. 21-42. O panenteísmo como modelo da relação de Deus com o mundo é explorado em *In Whom we live and move and have our being: Panenteistic reflections on God's presence in a scientific world*, de Philip Clayton e Arthur Peacocke, eds. (Eerdmans, 2004). A obra *The cosmic adventure: Science, religion, and the quest for purpose*, de John Haught (Paulist, 1984), apresenta essa metáfora de abertura ao futuro em prosa acessível; seu ensaio "Caos, complexity, and theology", pp. 181-194, em *Teilhard in the 21st century: The emerging spirit of Earth*, de Arthur Fabel e Donald St. John, eds. (Orbis, 2003), explica as implicações religiosas da capacidade da natureza de se auto-organizar e produzir o novo.

O entrelaçamento entre ecologia e justiça social vem à tona em *Ecotheology: Voices from south and north*, de David Hallman, ed. (Orbis, 1994); e *Ecology and poverty: Cry of the Earth, Cry of the poor*, de Leonardo Boff e Virgilio Elizondo, eds. (Orbis, 1995). Ivone Gebara, em *Longing for running water: Ecofeminism and liberation* (Fortress, 1999), dá voz às mulheres pobres no mundo em desenvolvimento, assim como Mary Judith Ress em *Ecofeminism in Latin*

America (Orbis, 2006) e *Mulheres curando a Terra: Mulheres do terceiro mundo na ecologia e na religião*, de Rosemary Radford Ruether, ed. (Paulinas, 2000). Múltiplas conexões entre a terra, as mulheres e o sagrado são discutidas em *Ecofeminism and the Sacred*, de Carol Adams, ed. (Continuum, 1993); e *Women, Earth, and Creator Spirit*, de Elizabeth Johnson (Paulist Press, 1993).

A ética ecológica é explorada em excelentes discussões em *Loving nature: Ecological integrity and Christian responsibility*, de James Nash (Abingdon, 1991), escrito tendo em vista políticas públicas; e em *Earth community, Earth ethics*, de Larry Rasmussen (Orbis, 1997), que explora as tradições da Igreja para promover a responsabilidade. *Visions of a new Earth: Religious perspectives on population, consumption, and ecology*, de Harold Coward e Daniel Maguire, eds. (State University of New York Press, 2000), traz perspectivas religiosas para lidar com problemas preocupantes de consumo e população; enquanto *Sustainability: Economics, ecology, and justice*, de John B. Cobb (Orbis, 1992), estabelece a ligação clara entre ecologia e economia.

O site da National Religious Partnership for the Environment (nrpe.org) traz ensinamentos oficiais católicos, protestantes, evangélicos e judaicos, bem como programas práticos.

10
TRINDADE: O DEUS VIVO DO AMOR

10.1 O ponto

"A graça do Senhor Jesus Cristo, o amor de Deus e a comunhão do Espírito Santo estejam com todos vós" (2Cor 13,13). Com essa bênção, pronunciada originalmente no século I e ainda recitada nas reuniões litúrgicas no século XXI, os cristãos assinalam uma compreensão particular do Deus vivo. Se considerarmos essa bênção literalmente, a sua estrutura triádica poderia levar à ideia de que a fé cristã se afasta do monoteísmo. Tal, porém, seria uma impressão equivocada. Os cristãos não acreditam em três deuses, mas em um. O que é específico dessa fé é a crença de que esse Deus uno graciosamente estendeu a mão ao mundo em amor na pessoa de Jesus Cristo, a fim de curar, redimir e libertar – numa palavra, para salvar. A experiência da salvação que vem de Deus por meio de Jesus na força do Espírito estabelece um encontro tão poderoso com o Sagrado que exige uma nova linguagem. Essa linguagem é trinitária. Longe de ser uma definição ou uma descrição, a linguagem trinitária é uma interpretação de quem é Deus à luz da boa-nova da salvação. Ele eleva os caminhos graciosos de Deus ativos no mundo por meio de Jesus Cristo e do Espírito, e encontra aí a revelação fundamental sobre o próprio ser de Deus como uma comunhão de amor abnegada.

No início e ao longo deste capítulo é crucial manter este ponto em mente: o objetivo da linguagem trinitária é aclamar o Deus vivo como o mistério da salvação. Quer seja encontrado nas Escrituras, no credo, na liturgia, na doutrina ou na teologia, é um código cristão que revela a crença de que o Deus vivo tornado conhecido por meio de Jesus e do Espírito é o Amor dinâmico que abrange o universo e que age para salvar. Basicamente, está dizendo, de forma muito simples: "Deus é amor" (1Jo 4,16).

É claro que, realisticamente, o símbolo trino não funciona dessa forma há séculos no Ocidente. Foi negligenciado, tratado como uma curiosidade ou analisado com acrobacias conceituais totalmente inadequadas ao seu significado. Consequentemente, a doutrina tornou-se ininteligível e religiosamente irrelevante em larga escala. Pode-se ver isso acontecendo já no século XVIII, quando Friedrich Schleiermacher relegou a Trindade às últimas páginas de sua obra magistral *The Christian faith*, convencido de que a doutrina tinha pouco valor prático ou conexão com a essência da fé. Em seu próprio livro sobre o assunto, *The Trinity*, Karl Rahner lamentou que essa crença funcione tão fracamente na espiritualidade, na teologia e na vida de fé real da Igreja que, se as autoridades anunciassem que uma quarta pessoa da Trindade havia sido descoberta, isso provavelmente causaria pouca agitação. Hoje em dia, os olhos das pessoas ficam vidrados quando ouvem mencionar a Trindade. Na melhor das hipóteses, elas se preparam com um suspiro para discutir um assunto esotérico. Isso é terrivelmente lamentável porque, repetindo, estamos lidando aqui com o próprio cerne da ideia cristã de Deus, nascida da experiência. Como diz Walter Kasper sem rodeios: "A Trindade é a forma cristã do monoteísmo".

A meu ver, as diversas teologias traçadas nos capítulos deste livro têm redescoberto o Deus trino de uma forma prática, a partir de sua luta pela vida, pela cura e pela compreensão em diferentes contextos. De forma mais direta, o próprio campo da teologia trinitária também tem renascido na teologia sistemática contemporânea fertilizada por estudos bíblicos e históricos. Ao traçar a história da desconexão entre a Trindade e a vida cristã, e examinar três tarefas necessárias para entrelaçar as duas novamente, este capítulo mapeia um renascimento da compreensão do significado crítico, esperançoso e prático da Trindade no nosso mundo contemporâneo.

10.2 História de uma ruptura

O discurso trinitário surgiu no primeiro século no contexto do encontro dos povos com a graça salvadora de Deus por meio de Jesus Cristo no poder do Espírito. Como escreveu Leonardo Boff e a maioria concordaria: "Um encontro com o Mistério divino está na raiz de toda doutrina religiosa". Isso não é menos verdadeiro para a Trindade do que para qualquer outra doutrina. Que encontro específico desencadeou esse desenvolvimento? Foi um encontro com Jesus Cristo, cuja vida, morte e presença ressuscitada no Espírito tornaram tangível a graciosa misericórdia de Deus derramada no meio do pecado e do sofrimento. Falar de Deus de forma tripla surgiu historicamente para expressar essa experiência, para codificá-la e transmiti-la. A salvação é a experiência sem a qual não se falaria de Trindade.

Os primeiros crentes em Jesus eram monoteístas, membros da comunidade judaica que adoravam o Deus único que carregava o nome sagrado e não pronunciado de YHWH. Era o Deus dos seus antepassados, que os tirou da escravização no Egito, fez aliança com eles, falou por meio dos profetas, trouxe-os de volta do cativeiro na Babilônia e prometeu um futuro abençoado. Os discípulos de Jesus, como aliás o próprio Jesus, cresceram ouvindo sobre o Deus do céu e da terra que tinha uma história salvadora de envolvimento com o mundo. As mulheres e os homens judeus que seguiram Jesus e formaram o núcleo da Igreja primitiva encontraram esse Deus vivo da sua tradição com nova intensidade por meio do ministério e da pessoa de Jesus. À medida que a sua comunidade crescia pela inclusão de gentios da cultura helenística mais ampla, esses primeiros cristãos viram que o que estava acontecendo na sua vida e na sua comunidade resultava de uma nova dádiva. O Deus totalmente transcendente de Israel, Criador e Redentor, havia se aproximado totalmente em Jesus, de fato se tornou (admiravelmente) encarnado e estava com eles ainda no Espírito que inspirava os dons em sua comunidade: caridade, alegria, paz, paciência, falar com ousadia, cura, profecia, administração e todos os outros carismas mencionados no Novo Testamento.

Resumindo, poderíamos dizer que eles experimentaram o Deus salvador de uma forma tripla, como além deles, com eles e dentro deles, isto é, como totalmente transcendente, como presente historicamente na pessoa de Jesus, e como presente no Espírito dentro de sua comunidade. Todos esses foram encontros com um Deus uno. Consequentemente, eles começaram a falar sobre Deus neste triplo padrão: "A graça do Senhor Jesus Cristo, e o amor de Deus, e a comunhão do Espírito Santo seja com todos vós". As primeiras cartas e evangelhos cristãos estão repletos dessa cadência tripla que aparece em hinos, saudações concisas, confissões de fé, fórmulas litúrgicas, doxologias e breves regras de fé. Essa cadência trazia a boa-nova da salvação. No processo, a visão monoteísta de Deus se flexibilizou para incorporar Jesus e o Espírito.

O Novo Testamento, o precipitado literário da vida de fé dessas primeiras gerações cristãs, não contém nenhuma doutrina completa da Trindade. A triplicidade de Deus não é objeto de reflexão sistemática direta, nem sequer aparece a palavra "Trindade". Os escritores do Novo Testamento e as Igrejas para as quais escreveram entendiam-se como monoteístas em sintonia com o grande Shemá Israel: "Ouve, Israel! O Senhor nosso Deus é o único Senhor" (Dt 6,4; Mc 12,29). Mas eles conheceram e experimentaram esse Deus na obra contínua do Espírito, cuja atividade estava intimamente ligada ao ministério, à morte e à ressurreição de Jesus. A sua linguagem expandiu-se criativamente para acomodar essa experiência religiosa tripla, sempre no contexto de oração, louvor e pregação.

Uma mudança para considerações mais formais ocorreu no século IV como resultado de uma controvérsia sobre a divindade de Jesus Cristo. O sacerdote egípcio Ário fez a afirmação aparentemente sensata de que o Altíssimo, o Deus uno, não pode ser dividido; o ser divino não poderia ser compartilhado com outro. Portanto, o *Logos* ou Verbo divino era na verdade uma criatura. É verdade que era uma criatura superior, criada antes do tempo e por meio de quem tudo o mais foi feito – mas, mesmo assim, uma criatura. Assim, quando o Verbo se fez carne e habitou entre nós, não foi o verdadeiro ser de Deus que encontramos em Jesus Cristo, mas o ser criado do *Logos*. Embora isso possa parecer razoável, vai contra a fé da Igreja de que Jesus é a autorrevelação de Deus, a verdadeira

Sabedoria de Deus enviada para salvar e libertar. A Igreja estava iniciando as pessoas na comunidade da salvação, batizando-as "em nome do Pai, e do Filho, e do Espírito Santo". Visto que só Deus pode salvar, as palavras batismais implicavam que Jesus Cristo, humano como nós em todos os sentidos, mas sem pecado, também era divino. A afirmação contrária de Ário fez com que o batismo parecesse um gesto vazio e tolo.

Para proteger a fé implícita da Igreja de que Cristo é verdadeiramente Deus que salva, os bispos reuniram-se em concílio em Niceia, no ano 325 d.C., e elaboraram os rudimentos do Credo Niceno, que ainda está em uso hoje. Essa confissão de fé declara explicitamente Jesus Cristo como "não criado", mas "consubstanciado" ao Pai; portanto, ele não é uma criatura, mas "Deus de Deus, luz da luz, Deus verdadeiro de Deus verdadeiro". Cerca de cinquenta anos depois, um segundo concílio em Constantinopla, em 381, expandiu esse credo para incluir uma confissão semelhante sobre a divindade do Espírito Santo.

O Credo Niceno e outros credos que se desenvolveram nos primeiros séculos cristãos transpuseram as curtas fórmulas triplas do Novo Testamento em declarações de crença mais formais. Estruturados de maneira tripartida, esses credos fazem uma revisão contínua do que se sabe sobre o Deus uno que cria, encarna para redimir e santifica o mundo ao mesmo tempo que promete um futuro de bem-aventuranças. Eles não explicam *como* o Deus uno pode ser ao mesmo tempo trino. Com base na experiência de fé da Igreja, eles simplesmente confessam que é assim. Em essência, são interpretações da fé em Deus do Novo Testamento, usando a linguagem de uma época posterior. Alguns foram compostos sob coação em resposta a erros, mas, como é o caso dos credos compostos ainda hoje, todos tinham o propósito principal de facilitar o envolvimento com Deus em ambientes litúrgicos e catequéticos.

A reflexão explícita que levou à doutrina mais detalhada da Trindade surgiu nos anos que se seguiram. Ainda hoje, há muito proveito na leitura dos tratados do trio dos principais teólogos orientais, Basílio, Gregório de Nazianzeno e Gregório de Nissa, conhecidos como os Capadócios, e pensadores ocidentais com Agostinho no topo da lista. A teologia oriental ou grega da Trindade começa com a monarquia do Pai, de quem emanam o Filho e o Espírito como se, poeticamente, fossem as duas mãos do Pai que alcançam o mundo. A teologia ocidental ou latina começa com a natureza divina una da qual as três pessoas divinas compartilham igualmente, semelhante à forma como a memória, a compreensão e a vontade existem no mesmo ser humano. A monarquia do padrão oriental difere muito da estrutura natureza-pessoa do Ocidente, mas ambas as ideias teológicas procuram iluminar a fé que o credo confessa.

Logo um problema começou a surgir, um problema que a teologia dos séculos posteriores exacerbou. Os teólogos começaram a fazer uma distinção real entre Deus revelado na história da salvação, também conhecida como economia da salvação, e Deus que existe à parte do mundo num reino eterno e divino. Essa ruptura entre a Trindade *pro nobis*, ou Deus para nós, e a Trindade *in se*, ou Deus em Deus mesmo, continuou a aumentar por meio da especulação dos tempos medievais. Tomás de Aquino separou a discussão do Deus uno (*De Deo Uno*) daquela do Deus trino (*De Deo Trino*) e analisou as relações de Pai, Filho e Espírito na Trindade interior antes de discutir as missões do Filho e do Espírito para o mundo. Cada vez mais separada da oração e da vida sacramental, a doutrina perdeu o seu fundamento na experiência religiosa da salvação e começou a se tornar algo complicado e de elite.

O golpe de misericórdia foi dado pela teologia pensada no espírito do Iluminismo. Como visto no Capítulo 1, o projeto da modernidade naquela época caracterizou-se pela tentativa de apresentar ideias claras e distintas como parte de sistemas filosóficos racionalmente defensáveis. Quando a teologia adotou esse método e o aplicou a Deus, o resultado foi a ideia de uma divindade solitária vista sozinha em "si mesma", possuindo atributos infinitos em contraste com o mundo criado, mas ainda assim uma entidade no esquema geral das coisas. Não ficou imediatamente aparente que esse Deus é trino. A discussão da Trindade foi introduzida como uma reflexão tardia, quase como um apêndice à doutrina básica de Deus. A análise feita, além disso, descrevia a Trindade antes e à parte dos eventos reveladores narrados nas Escrituras. O tratado tornou-se filosoficamente abstrato, dizendo pouco ou nada sobre a salvação.

Embora defendesse da boca para fora a incompreensibilidade divina, a teologia neoescolástica católica, feita de acordo com esse método, engajou-se na exuberante descrição técnica da autodiferenciação interior de Deus por meio de relações de origem, empregando termos especializados: as duas processões de geração e espiração dão origem a quatro relações, a saber, paternidade, filiação, espiração e processão, que por sua vez constituem as três pessoas do Pai, do Filho e do Espírito Santo, que são pessoas no sentido de relações subsistentes, que constituem a natureza divina una. Essa forma de teologia delineou com algum detalhe como os três são pessoas em relação umas às outras por meio dessas processões e pelo amor mútuo, da mesma forma que as pessoas humanas se relacionam umas com as outras por geração-nascimento e amor concomitante. O relato é apresentado como uma análise bastante direta de três atores envolvidos em vários processos e influências pessoais no ser de

Deus. Artistas transpuseram essa teologia para o imaginário popular com representações da Trindade como um homem caucasiano mais velho, de cabelos brancos, um homem mais jovem, de cabelos castanhos, muitas vezes com uma cruz, e uma pomba.

Hoje, a laboriosa explicação dessa escola de pensamento sobre vários pontos delicados da construção trinitária suscita uma série de críticas. O problema fundamental reside no fato de a reflexão ter perdido contato com a narrativa histórica da redenção, na qual todo o significado trinitário tem as suas raízes, terminando numa descrição de Deus que tinha pouco ou nenhum contato com a vida cristã. O seu pensamento foi apresentado em uma prosa altamente obtusa; os estudiosos de hoje discordam de sua "análise abstrusa", "abstrações irrelevantes", "labirintos filosóficos", "manobras teológicas elaboradas", "matemática celestial complexa" e "linguagem obscura", juntamente com sua "pura prolixidade". Além disso, apesar de toda a sua abstração, essa teologia apresentou as suas conclusões como se fossem uma descrição literal de uma Trindade autossuficiente de três pessoas divinas que se conhecem e se amam. É claro que esse não é o caso, não sendo possível tal descrição literal. À medida que esse tipo de teologia se traduziu na imaginação popular, a resultante falta de compreensão merece plenamente a crítica meio exasperada, meio humorística e totalmente precisa de Sandra Schneiders: "Deus não é dois homens e um pássaro".

Embora mais uma crítica hoje seja levantada por pensadoras feministas que apontam como o símbolo de Deus Pai se tornou irremediavelmente emaranhado com uma compreensão patriarcal da paternidade. A doutrina da Trindade surgiu dentro de uma cultura patriarcal e imperialista. Os homens eram considerados o princípio ativo na criação biológica de uma nova vida; eles possuíam propriedades, incluindo mulheres, escravizados e crianças; a natureza masculina atuando como superior e no centro da realidade. Essa realidade política fundiu-se com o nome de Deus Pai para produzir a visão de que a autoridade divina governa o mundo da mesma forma que os homens governam por direito a família e o Estado. A noção trinitária subversiva de que Deus não é uma mônada absoluta, mas alguém cuja própria natureza é a comunhão, a relação com outro que é igual, ficou submersa em ondas de teoria que justificavam a dominação de alguns sobre outros. Isso teve consequências desastrosas para o símbolo de Deus, que assumiu os contornos de um Deus-Pai masculino autossuficiente. Também teve efeitos perniciosos na autocompreensão cristã, tanto politicamente como na família, e em especial nas mulheres. Mas de acordo com o reino de Deus pregado por Jesus, o patriarcado não é o *archē*, ou governo de Deus. Catherine LaCugna afirma esse ponto de forma convincente:

> Na nova família de Deus, o homem não governa; Deus governa junto conosco, em solidariedade com o pobre, o escravizado, o pecador. Homem e mulher são parceiros iguais na casa de Deus. Judeus e gregos, escravizados e livres, circuncisos e incircuncisos, pertencem igualmente ao governo de Deus. *A substituição do governo de qualquer um deles pelo governo de Deus é idolatria.*

O reino redentor de Deus exclui todo tipo de subordinação entre pessoas. Ou a teologia trinitária estabelece igualmente o amor e a comunhão entre as pessoas, ou a sua interpretação saiu dos trilhos.

Dada a vitalidade da consciência trinitária no Novo Testamento e nos primeiros séculos da Igreja, Catherine LaCugna colocou em jogo a metáfora da "derrota" em relação à sua queda. Com o passar do tempo, a história bíblica do encontro com Deus – a história do Deus pessoal de Israel encontrado na vida concreta e no destino de

Jesus de Nazaré e presente por meio do Espírito na vida da Igreja e do mundo – foi transposta para uma teologia trinitária abstrata, complexa, literal e opressiva. Não é de admirar que não tenha inspirado a vida e a devoção cristãs com grande dinamismo. Hoje a teologia lembra-nos quão pouco sabemos positivamente sobre o ser interior, a natureza e os processos de Deus: devemos pensar com humildade. Além disso, o sentido da salvação por meio de Jesus Cristo exige uma visão de Deus que não deixe ninguém subordinado, silenciado ou secundário: devemos pensar na Trindade com poder libertador. A ruptura entre a experiência fundadora da salvação e a sua expressão nas teologias da Trindade precisa ser sanada.

10.3 O ponto, de novo

Os cristãos não acreditam em qualquer Deus, um Deus genérico, por assim dizer, mas no Deus revelado em Jesus Cristo. Ignorar a Trindade, como escreveu João Calvino, deixa "apenas o nome nu e vazio de Deus flutuando em nosso cérebro". Falar do Deus uno como trino, por outro lado, aponta para uma plenitude divina insondável que tem uma história com o mundo, uma história que inclui o conhecimento do sofrimento e da morte. A intenção desse símbolo trinitário não é fornecer informações literais, mas aclamar o Deus que salva e conduzir-nos a esse mistério. Ao fazê-lo, evidencia uma vida divina estruturada no amor. E essa vida é "extática", dirigida para fora, em direção ao mundo, para redimir, curar e trazer um futuro. Alimentadas à mesa desse amor, as pessoas de fé são chamadas à práxis da justiça e da paz, para que todas as pessoas e toda a criação possam participar nessa comunhão.

Hoje está em ação uma grande fermentação na teologia trinitária. Os esforços para recuperar o seu significado vital prosseguem em muitas frentes. Estão envolvidas pelo menos três tarefas distintas, mas relacionadas.

10.4 Enraizar na experiência da salvação

A primeira tarefa implica preencher a lacuna entre a experiência e o pensamento para recuperar o terreno do símbolo trino na experiência religiosa da salvação. Uma das pontes mais influentes lançadas sobre a lacuna é um axioma cunhado por Karl Rahner. Lê-se: "A Trindade econômica é a Trindade imanente e vice-versa". Econômica aqui se refere à obra de salvação; imanente refere-se ao próprio Deus sendo imaginado independentemente de qualquer conexão com o mundo. O axioma é uma abreviação para a compreensão de que conhecemos Deus a partir da maneira como Deus agiu na história, por meio do Verbo encarnado e do Espírito renovador. Afirma que Deus realmente existe como esses eventos reveladores mostraram. Não estamos enganados. Não existe outra divindade cruel ou indiferente escondida atrás daquela cuja história é contada nas Escrituras. O Deus que Israel conhece como criador e libertador, que os cristãos conhecem e experimentam por meio do Messias, Jesus, que falou com autoridade, curou os enfermos, morreu numa cruz romana como Rei dos Judeus, e foi ressuscitado pelo Espírito no terceiro dia, o mesmo Espírito que está presente agora no mundo – isso é quem Deus realmente é, mesmo quando ninguém está olhando. Como Catherine LaCugna explica sucintamente: "Em Jesus Cristo e no Espírito, não conhecemos uma imagem sombria de Deus, mas o verdadeiro Deus vivo. O verdadeiro Deus vivo que salva – este é Deus!"

Para ilustrar isso usando o exemplo de Rahner: na revelação experimentamos que Deus é o criador, a *origem não originada* que é a fonte de tudo, e sob essa luz, a tradição cristã chama Deus de Pai. Mas isso não é tudo que existe. Deus é Deus de uma segunda maneira, como se *autopronunciando* no tempo e no espaço, tornando-se encarnado em Jesus Cristo para salvar, e agora chamamos Deus da Palavra, Sabedoria ou Filho. Mas isso ainda não é tudo. Deus é Deus pela terceira vez, *dotando* continuamente o mundo com a graciosa presença divina, despertando o amor, atraindo todas as coisas para o futuro, e agora chamamos Deus de Espírito Santo. É tudo o Deus uno, mas usamos um modo triplo de tratamento para sinalizar a forma tríplice como Deus se autocomunica na história. A compreensão crucial básica de toda teologia trinitária sustenta que o Deus vivo existe eternamente numa distinção tripla que corresponde a essa história.

A teologia hoje está curando a brecha ao falar de Deus apenas pelas lentes da história salvadora. Embora essa primeira tarefa esteja bem encaminhada nos círculos teológicos, está longe de estar concluída em termos de pregação da Igreja, educação religiosa e devoção. Se a Trindade não estiver fundamentada na experiência da salvação, o símbolo trino permanecerá no pó, derrotado.

10.5 Falar alusivamente

A segunda tarefa necessária é lembrar que o mistério incompreensível de Deus é sempre maior do que o nosso pensamento e, portanto, a Trindade é um símbolo doutrinário cuja interpretação é governada por todas as regras de engajamento que pertencem ao discurso sobre Deus. Apresenta o seu significado indiretamente, analogicamente, por meio de "é" e "não é", em vez de uma descrição literal. Esquecer isso é o que levou a tanta linguagem trinitária altamente técnica, quase como se tivéssemos algum tipo de telescópio para perscrutar o inefável e ver o que aqueles três estavam fazendo. Precisamos desconstruir a nossa imaginação ingênua a esse respeito e redescobrir o poder da doutrina para sugerir que Deus é o mistério do amor salvífico. A noção-chave de "pessoa" e os números "um" e "três" ilustram como isso pode ser feito.

10.5.1 Pessoa

O conceito de pessoa usado na doutrina da Trindade não é perfeitamente claro e óbvio. As primeiras discussões trinitárias usaram a palavra grega hipóstase para designar os três divinos. Isso foi traduzido para o latim como *persona* e daí para "pessoa". O problema que enfrentamos é que a hipóstase não conotava uma pessoa como a entendemos hoje. Originalmente, significava algo semelhante a "base sólida a partir da qual uma coisa se destaca e existe" ou, mais tecnicamente, "uma forma distinta de subsistência". Ao longo dos séculos, a palavra "pessoa" sofreu uma grande mudança semântica, do sentido filosófico para o psicológico. Hoje, pensamos na pessoa mais como um indivíduo com um centro distinto de consciência e liberdade no relacionamento com os outros. Aplicar a palavra em seu uso contemporâneo ao Deus trino leva quase inevitavelmente ao perigo do triteísmo, a imaginar três pessoas distintas e depois a se gastar energia tentando explicar como os três podem ser um. Resultando na agonia da homilia do Domingo da Trindade.

Consideremos, contudo, Agostinho em sua influente obra *A Trindade*. Trabalhando para encontrar uma linguagem apropriada, ele percebe que realmente não temos nenhuma:

> Quando nos perguntam, portanto, o que são os três ou quem são os três, procuramos encontrar um nome genérico que possa incluir os três juntos. Mas não

> encontramos nenhum, porque a excelência da divindade transcende todos os limites da nossa maneira habitual de falar. Pois Deus é pensado mais verdadeiramente do que pode ser expresso, e existe mais verdadeiramente do que pode ser pensado (7.7).

A existência de Deus, o nosso pensamento sobre Deus e a nossa linguagem sobre Deus existem em ordem decrescente de capacidade, de modo que nenhuma palavra realmente faz sentido. No entanto, a teologia procura uma palavra que caracterize todos os três. Não podem ser os nomes Pai, Filho e Espírito Santo, ele imagina, porque apontam para o que é distinto. Nem "essência" servirá, pois, se triplicada, isso indicaria mais de um Deus. "Pessoa" se recomenda porque, embora as Escrituras não a utilizem, também não a contradizem. Além disso, o termo é usado na tradição. Mas usamos principalmente "pessoa" porque temos que dizer *algo* quando a questão se levanta:

> Mas ainda assim você pergunta "três o quê?" Agora torna-se evidente a pobreza de que padece a nossa língua. Mas a fórmula "três pessoas" foi cunhada não para dar uma explicação completa por meio dela, mas para que não sejamos obrigados a permanecer em silêncio (5.10).

Em outras palavras, "pessoa" é o melhor de um lote inadequado.

Ao explicar esse ponto, Edmund Hill, o teólogo sul-africano que traduziu *A Trindade*, sugere que captaríamos o significado de Agostinho se nos referíssemos às pessoas como três x em Deus, ou novamente como A, B, C, tão desconhecido é o conteúdo da palavra "pessoa". O teólogo medieval Anselmo de Canterbury fala de forma semelhante em seu *Monologion* de "três alguma coisa ou outra", ou novamente de "três não sei o quê", *tres nescio quid*. Esses e outros grandes expoentes da teologia clássica estavam conscientes da natureza poética, alusiva e, em última análise, inadequada do termo "pessoa" quando falamos da Trindade. Eles nunca pretenderam que o termo fosse interpretado literalmente no sentido antigo ou moderno. Em vez disso, eles o usaram para significar o mistério da tríplice distinção que habita em comunhão no coração de Deus.

Um debate mais recente ilumina mais uma vez a dificuldade. Karl Rahner sugeriu que a teologia retirasse a palavra "pessoa" por um tempo e usasse "maneira de subsistência", uma expressão que se aproxima do significado original de hipóstase. O Deus uno subsiste em três maneiras distintas de autossubsistência. Um de seus críticos objetou que, se isso fosse pregado no púlpito, as pessoas não entenderiam. Rahner respondeu que isso era, sem dúvida, verdade, mas pelo menos as pessoas não estariam tendo uma ideia errada, o que inevitavelmente acontece quando se fala de "três pessoas" sem nuances.

10.5.2 *Números um e três*

Esses termos parecem inevitavelmente representar quantidades matemáticas, mas essa não é a intenção da linguagem doutrinária. Mais uma vez, Agostinho fornece uma excelente ilustração da dificuldade com o seu exemplo de três estátuas de ouro:

> Em estátuas de tamanhos iguais, três juntas equivalem a mais ouro do que cada uma sozinha. E uma equivale a menos ouro do que duas. Mas em Deus não é assim. Pois o Pai, o Filho e o Espírito Santo juntos não são uma essência maior do que o Pai sozinho, ou apenas o Filho. Entretanto, essas três pessoas – se é que devem ser chamadas assim – juntas são iguais a cada uma delas, o que a mente humana natural não entende, pois não podemos pensar exceto sob condições de volume e espaço,

fantasmas ou, por assim dizer, imagens de corpos rodopiando em nossa mente (*A Trindade* 7.11).

No símbolo trino, um e três não se referem a números no sentido usual. Se conotassem quantidade, de modo que três é maior que um, teríamos a ideia de que Deus, como a Gália, está dividido em três partes. Mas a intenção é muito mais sutil. Dizer que Deus é uno é negar a divisão, afirmando assim a unidade do ser divino: só existe um Deus. Dizer que as "pessoas" são três é negar a solidão, afirmando assim que o ser divino habita em comunhão viva. O mistério sagrado de Deus não é um monólito único de natureza rígida, um todo indiferenciado, mas uma intensa fecundidade de vida relacional que transborda para o mundo. Basicamente, os números apontam para a vivência de Deus. Na frase inimitável de Agostinho:

> Nessa trindade mais elevada, um é tanto quanto os três juntos, e dois não são nada mais que um. E eles são infinitos em si mesmos. Assim, cada um está em cada um, e todos em cada um, e cada um em todos, e todos em todos, e todos são um (6.12).

Uma nova visão sobre o caráter vivo dessa relacionalidade divina vem da redescoberta pela teologia ocidental da ideia de pericorese para descrever a vida interior de Deus. Cunhado na teologia oriental, o termo grego descreve uma rotação ou um movimento cíclico como a revolução de uma roda. Quando aplicada à vida da Trindade, essa metáfora indica que cada uma das "pessoas" se move dinamicamente em torno das outras, interage com as outras, entrelaça-se com as outras num círculo de vida divina. Embora permaneçam distintos, os três coexistem em comunhão de amor.

Vendo uma analogia entre pericorese e a palavra cognata para coreografia, alguns teólogos ponderam que a pericorese trinitária evoca a adorável imagem da vida interior de Deus como uma dança divina. Para Edmund Hill, isso nos lembra uma dança folclórica camponesa com os parceiros circulando uns aos outros, cada par circulando em torno de outros pares e toda a pista girando. A metáfora pode ser estendida ainda mais. Se Deus está dançando, por que não entrar nos ritmos contagiantes da salsa, do merengue, do calipso, do *swing* ou do *reggae*, ou nos intrincados padrões arrítmicos da dança moderna? A questão é que, com os três circulando em um movimento mútuo e dinâmico de amor, Deus não é um ser estático, mas uma plenitude de amor abnegado, um mistério salvador que transborda para o mundo do pecado e da morte para curar, redimir e libertar. O objetivo dessa história de Deus com o mundo é trazer o mundo de volta à vida da própria comunhão de Deus, de volta à dança divina da vida.

Hoje os teólogos estão trabalhando para manter a linguagem trinitária consciente de sua natureza alusiva e indireta. Quer seja interpretado como analogia, metáfora ou símbolo, é um discurso que aponta para o ser de Deus como uma comunhão de amor, enquanto a dissimilitude com tudo o que conhecemos é sempre maior, pois o insondável Deus vivo não pode ser captado na linguagem.

10.6 Expressar em conceitos de nossos dias

Reenraizar a Trindade na experiência da salvação e redescobrir como ela se refere ao Deus vivo de uma forma não literal abre terreno para a terceira tarefa da teologia, nomeadamente, expressar novamente o mistério na linguagem contemporânea. Seja aproveitando as ricas veias da tradição ou recorrendo a ideias típicas da nossa época, a teologia hoje está elaborando abordagens novas e vibrantes. Duas características marcam esse trabalho. Primeiro, centra-se principalmente no Deus trinitário em envolvimento com o mundo, aquele que é "Deus para nós". Em segundo lugar, quando se aventura na reflexão sobre a Trindade separada do mundo, pensa-se por meio das lentes salvíficas e prossegue-se com reserva, fazendo com que quaisquer afirmações metafísicas sobre a vida interior de Deus funcionem diretamente no que diz respeito à economia da salvação.

O pensador irlandês James Mackey sugere que a teologia trinitária deveria se contentar com uma fórmula breve. É importante afirmar que o Deus uno existe em três modos de subsistência, distintos e mutuamente relacionados. Uma vez salvaguardada essa verdade, porém, devemos dispensar quaisquer investigações adicionais sobre as relações entre "os três" e prosseguir com a pregação sobre a vida cristã à luz de Deus presente e ativo em todo o mundo, desde a sua origem até o seu fim, por meio do Verbo encarnado e do Espírito dispensador dos dons.

Em seu trabalho inovador, *God for us*, Catherine LaCugna concorda com isso. Na verdade, ela desenha uma parábola que começa no topo da página com o Deus oculto no céu, desce a página, avança no tempo e dá uma volta para subir a página novamente, trazendo todas as coisas de volta à comunhão divina. Isso delineia um verdadeiro diagrama da Trindade, pois a revelação de "Deus para nós" nos dá motivos para pensar que não há um Deus simplesmente existindo que não seja ao mesmo tempo relacional. Para Deus, "ser" significa "estar em relação". Consequentemente, uma análise mais aprofundada da vida interior da Trindade, separada da preocupação salvífica pelo mundo, é uma distração. As afirmações metafísicas sobre a vida interior de Deus, se tal coisa precisa ser feita, devem funcionar diretamente no que diz respeito à obra redentora de Deus.

Caso contrário, a alegre verdade veiculada pelo monoteísmo trinitário será traída.

Em comparação com a teologia anterior ao século XX, estamos atualmente testemunhando um renascimento da teologia trinitária. Os livros proliferaram, apresentando as reflexões tanto daqueles que concordam com essa abordagem reticente como daqueles que se aventuram a falar mais explicitamente sobre a vida interior de Deus. Como acontece com qualquer campo emergente, as polêmicas proliferam. Como controlar tudo isso?

R. Kendall Soulen prestou um serviço valioso com uma ideia que nos permite mapear o campo e, ao mesmo tempo, fornecer uma estrutura ampla que apoia muitas abordagens teológicas diferentes. Sua sugestão é que a própria linguagem sobre a Trindade deveria ser trinitária, isto é, realizada de maneira tripla. A tese é a seguinte: o nome da Santíssima Trindade é um nome em três inflexões. Segundo o dicionário, uma inflexão é uma modulação da voz ao falar ou cantar, uma mudança no alcance ou tom da voz. Também pode significar uma modificação de uma palavra para indicar uma mudança em sua função gramatical, por exemplo, do adjetivo "lento" para o advérbio "lentamente". Dizer que a Trindade é um nome em três inflexões é identificar três tons diferentes que cantam essa verdade, três gramáticas diferentes pelas quais ela é falada. Um tom corresponde à primeira "pessoa", outro à segunda e outro à terceira. Cada inflexão refere-se ao Deus trino como um todo, mas o faz de uma forma distinta, numa modulação de voz característica de uma pessoa trinitária e das relações nas quais essa pessoa se encontra. A exploração dessa tese permitirá que a riqueza do trabalho contemporâneo se destaque.

10.6.1 A inflexão teológica

No centro dessa inflexão está o santo nome revelado a Moisés na sarça ardente no início da história do êxodo: "Deus disse a Moisés: YHWH", traduzido de várias maneiras como "Eu sou o que sou" ou "Eu serei contigo" (Ex 3,14). Conhecido tecnicamente como Tetragrama, esse nome de quatro letras, YHWH, é o nome pessoal do Deus de Israel, o "nome autodado" de Deus, como LaCugna o descreve. Longe de ser apenas um rótulo superficial, o nome representa a singularidade incomparável daquele que se tornou conhecido na história do povo da aliança por meio de obras de amor inabalável e fidelidade. É o nome mais sagrado para Deus no judaísmo e o nome mais comum para Deus nas Escrituras de Israel. Por reverência, os judeus gradualmente deixaram de pronunciar esse nome, usando em vez disso circunlóquios como *adonai*, em hebraico, ou *kyrios*, em grego, ambos traduzidos como "Senhor". Mas o nome YHWH brilha nas circunlocuções. Em oração até hoje, a comunidade judaica magnifica e santifica o Nome, aguardando ansiosamente o dia em que será honrado em toda a Terra.

O Tetragrama entrou no Novo Testamento como um nome saturado, encharcado, com a história da aliança de Deus com Israel. Nesse novo cenário, direcionou a lógica da identificação cristã de Deus da mesma forma que o norte magnético direciona a agulha de uma bússola. Quando o Novo Testamento fala de Deus, refere-se ao Senhor de Israel conhecido por esse nome.

Como judeu praticante, Jesus orou a esse Deus e ensinou seus discípulos a fazerem o mesmo. Observe como na Oração do Pai Nosso a primeira petição é: "Santificado seja o vosso nome". O uso da voz passiva, "santificado seja", é típico da reverência judaica ao nome de Deus. Longe de implicar qualquer ambiguidade em relação a quem está sendo chamado, "no contexto da devoção religiosa de Israel pelo Nome, o uso reverente da voz passiva por Jesus na verdade serve para especificar – indireta, mas inequivocamente – a identidade exata do agente lógico dessa petição: o Deus cujo nome é o Tetragrama" (Soulen). A primeira petição é um apelo para que YHWH aja agora para demonstrar a glória divina em obras de fidelidade a Israel e de misericórdia para com as nações. "Santificado seja o vosso nome" significa "engrandecei o vosso nome em toda a terra".

Uma vez que aprendemos a reconhecer o uso da voz passiva por Jesus para se referir a Deus, vemos que ela percorre seu discurso como um fio de ouro. "Bem-aventurados os que choram, porque serão consolados" (Mt 5,4); "basta crer, e será salva" (Lc 8,50); "os teus pecados estão perdoados" (Mt 9,2); "batei e vos abrirão" (Mt 7,7). Esse padrão liga todos os aspectos do seu ensino e ministério ao Deus cujo nome é YHWH, nunca nomeado diretamente, mas referido pela gramática da "passiva divina".

O Novo Testamento adota essa forma indireta de discurso, tão característica da pregação e oração de Jesus, e usa uma ampla gama de expressões idiomáticas para envolver Jesus e o Espírito na identidade do Senhor uno. O grande hino em Filipenses 2,5-11, por exemplo, deixa claro que o "Nome que está acima de todo nome" é agora dado ao Jesus crucificado e exaltado. O Espírito também é identificado como o "Espírito do Senhor", isto é, o Espírito de YHWH (At 5,9).

Essa é a inflexão *teológica* do nome trinitário. Centrado na primeira "pessoa", modula o discurso sobre a Trindade na chave da aliança com Israel. Longe de uma posição supersessionista que veria o Deus do Antigo Testamento anulado ou substituído pelo Deus do Novo Testamento, como se houvesse um progresso, essa inflexão exige que toda a história de Deus com Israel flua para a compreensão cristã do Deus trino.

10.6.2 A inflexão cristológica

Essa segunda inflexão é expressa na fórmula familiar "o Pai e o Filho e o Espírito Santo". Aqui o nome de Deus brota da experiência distinta da vida, morte e ressurreição de Jesus Cristo, conforme recebida e testemunhada pela Igreja primitiva. Esse nome dá centralidade ao Verbo feito carne: Cristo é o filtro pelo qual Deus se dá a conhecer. Ao contrário do nome YHWH, que é misterioso e gerador de amplas circunlocuções que o expressam, a segunda inflexão identifica Deus numa forma simples, fixa e pronunciável que se tornou central para a missão cristã. No Novo Testamento, os discípulos são autorizados a batizar nesse nome, o que continua até hoje. Como convém a uma fórmula destinada ao uso litúrgico, ela estabiliza o referente da oração numa frase única e coordenada.

Essa inflexão, embora única na sua gramática cristológica, está inseparavelmente entrelaçada com a inflexão teológica que identifica as mesmas três pessoas num idioma diferente centrado no Tetragrama. Na oração que Jesus ensinou aos seus discípulos, a frase inicial "Pai nosso que estais nos céus, santificado seja o vosso nome" não é uma expressão redundante, como se Pai fosse agora o nome de Deus por si só. Em vez disso, as palavras "Pai" e "nome" apontam para duas dimensões da identificação de Deus por parte de Jesus, ambas indispensáveis e que se interpretam mutuamente. Como judeu, Jesus acreditava no Deus de Israel, identificado pelo nome não pronunciado YHWH; como um judeu único, ele chamou Deus de *Abba*. Aquele que ensinou essa oração praticou uma santificação do nome de Deus precisamente ao dirigir-se a Deus como Pai em vez de usar o Nome sagrado e não pronunciado.

Tanto as inflexões teológicas como as cristológicas identificam a mesma realidade divina, mas a partir de perspectivas diferentes. A inflexão teológica, centrada no Tetragrama, serve para identificar Jesus e o Espírito com respeito ao Deus de Israel. A inflexão cristológica, centrada no Verbo feito carne, serve para identificar o Deus de Israel e o Espírito com referência a Jesus Cristo. Em sua diferença e relação mútua, as duas gramáticas ou tonalidades musicais apontam para o mesmo Deus trino de amor que se autocomunica.

10.6.3 A inflexão pneumatológica

Essa inflexão opera de forma diferente das outras duas, pois sempre nomeia as três pessoas, "se assim devem ser chamadas", de forma explícita. Sendo a presença e a ação de Deus realmente chegando e afetando o mundo (pense no bronzeado, na vala de irrigação, no fruto da árvore), o Espírito chama continuamente a atenção para a fonte inacessível (o sol, a fonte de água nas colinas, as raízes da árvore) e para a aproximação da fonte (o raio de sol, o rio, o tronco da árvore). Embora possa ser possível pensar em um Deus elevado que nunca fala, ou na palavra autoproferida de Deus que não é ouvida, a presença do Espírito testifica que a Fonte de tudo de fato se autocomunica e que essa palavra é realmente eficaz. Fora do padrão dinâmico da manifestação de amor de Deus, o Espírito não é de modo algum concebível. O tom dessa inflexão, portanto, inclui todas as três pessoas.

Afirmando uma constância do dom da vida que vem do Deus vivo, essa inflexão não tem vocabulário próprio fixo, mas ao longo dos séculos alista formas de falar características do discurso dos povos, tribos e nações e dá-lhes uma nova marca no serviço do Evangelho. Improvisa, como o *jazz*. O vocabulário técnico da Igreja primitiva de pessoa, natureza, substância, subsistência, e a sua reunião desses termos numa teologia trinitária fornece um bom exemplo dessa inflexão, sendo uma expressão de crença numa filosofia não bíblica característica da cultura helenística.

Múltiplas imagens ricas da Trindade em nossos dias estão sendo expressas eloquentemente por pensadores no tom dessa inflexão pneumatológica. Eles cantam em notas triplas o Deus uno de muitas maneiras diferentes. Alguns usam imagens não pessoais, outros pessoais, outros ainda uma combinação de ambas. Os exemplos aqui apresentados para serem saboreados procuram todos expressar alguma pequena compreensão do mistério inefável do amor vislumbrado na experiência da salvação. O primeiro conjunto utiliza metáforas não pessoais para falar da Trindade na inflexão pneumatológica.

- Em termos ontológicos existenciais, John Macquarrie elabora a noção de que o ser divino é a energia que deixa estar e se gasta sozinho; deixar estar aqui significa deixar os outros serem, dar vida aos outros. A conversa trinitária sobre três "pessoas" aponta para "movimentos" dessa energia do ser divino, a saber, o Ser Primordial, a fonte profunda e transbordante de tudo; o Ser Expressivo, que medeia esse deixar estar e gastar-se no mundo; e o Ser Unitivo, fechando o círculo para realizar uma rica unidade no amor.
- Interpretando a Trindade na linguagem da modalidade, Karl Barth escreve sobre o modo triplo de ser de Deus. Isso é revelado na tríplice repetição de Deus no evento da revelação, que nos permite conhecer Deus como o Revelador, a Revelação e o Revelado.

- Construindo o conceito de Deus, Gordon Kaufman imagina o caráter absoluto divino, a humanidade divina e a presença divina como três dimensões do Deus vivo uno, um conceito que relativiza todos os ídolos e julga toda a crueldade humana.

- Correlacionando a bênção de Deus ao dilema do mundo humano, Paul Tillich postula Deus como poder criativo em relação à nossa finitude, amor salvador em relação ao nosso distanciamento e transformação extática diante da ambiguidade da existência humana; ou, mais filosoficamente, o elemento do abismo, o elemento da forma e a unidade dos dois.

- Langdon Gilkey fala de Deus como ser divino, logos divino e amor divino; ou fonte, princípio de possibilidade e ordem e poder recreativo.

- Enfatizando que nossas imagens revelam que Deus precisamente não tem imagens, Nicholas Lash desenvolve a ideia do Senhor como eclipse, palavra e presença. Consciente da tríplice experiência que está no cerne da fé hindu e cristã, Raimundo Panikkar interpreta o mistério sagrado como fonte, ser e retorno ao ser, o que é análogo à afirmação bíblica de que Deus está "acima de todos, que age por meio de todos e em todos" (Ef 4,6).

- No contexto da criação, Keith Ward visualiza a Trindade como a profundidade, o padrão e o poder primordiais do amor em todo o universo.

- Baseando-me na forma mais fecunda e vivificante do mundo natural, sugeri que poderíamos pensar numa hélice tripla, combinando-se e recombinando-se para produzir, curar e reparar, e criar formas sempre novas no coração do universo.

Todas essas são tentativas de falar do Deus trinitário como o mistério da salvação de uma forma que evita imagens pessoais com os mal-entendidos que as acompanham. Outras tentativas envolvem imagens pessoais com reviravoltas criativas.

- Walter Kasper prevê três modos em que o amor divino subsiste como doador, receptor e doador, e receptor, ou fonte, mediação e termo de amor.
- Com base na análise transcendental de Bernard Lonergan sobre a condição de estar apaixonado da pessoa madura, Anthony Kelly propõe a analogia do Deus trino como Ser-apaixonado. Isso implica um doador, um presente e uma doação, tudo significando um amor que arde com tal intensidade que se transforma em um mistério incompreensível.
- Peter Hodgson descreve a figuração trina como aquele (Pai) que ama (Filho) em liberdade (Espírito) no meio da história fragmentada do mundo.
- Heribert Mühlen usa a teoria da comunicação para iluminar a realidade divina como o Eu, Tu e Nós do amor.
- Utilizando um modelo social, tanto Jürgen Moltmann como Leonardo Boff falam de um Pai maternal ou de uma Mãe paternal, de um Jesus que é solidário com os pobres e marginalizados, e de um Espírito semelhante aos símbolos femininos da Sabedoria e da Shekinah. Estes formam uma comunidade de relações mútuas e iguais que modela o objetivo da comunidade humana e cósmica.
- Trabalhando de forma mais pitoresca num "experimento mental", Sallie McFague interpreta o Deus uno como Mãe, Amante e Amigo do mundo que é o corpo de Deus. Essas "pessoas" trinitárias estão ligadas às três formas de amor descritas no

pensamento grego clássico. A primeira pessoa expressa ágape, a forma de amor abnegado que não busca retorno, mas capacita outros a ganharem vida e prosperarem; a segunda atua segundo o *eros*, amor apaixonado pelo outro permeado de desejo que pode levar ao sofrimento; o terceiro atua com *philia*, o amor da amizade que ultrapassa as fronteiras até mesmo da natureza para criar laços nutritivos de unidade.

- Letty Russell concebe a Trindade de uma forma funcional como Criadora, Libertadora e Defensora que chama os seres humanos para uma parceria com o cuidado divino pelo mundo.

- Vários textos bíblicos retratam a obra de Deus usando a imagem feminina da Sabedoria-Sofia que cria, redime e santifica o mundo. Com base nesses textos, sugeri a linguagem do Espírito Sofia, de Jesus Sofia e da Mãe Sofia, o Deus uno que é a própria Sabedoria Sagrada: fonte não originada de tudo, Sabedoria encarnada em meio ao sofrimento da história e presença móvel e graciosa em todo o mundo.

Os três continuam circulando. Quaisquer que sejam as categorias utilizadas, os termos procuram expressar uma vivência em Deus que está além, com e dentro do mundo e da sua história; um sentido do Senhor de quem, por quem e em quem todas as coisas existem, prosperam, lutam pela liberdade e são reunidas. Para usar mais um modelo, desta vez da teóloga Hildegard de Bingen, do século XII, há um brilho, um clarão ofuscante e um fogo, e esses três são um, permeando toda a criação com compaixão. Afinal, a inflexão pneumatológica não pode ser estabelecida em uma única forma de fala nem em um nome fixo. A sua tarefa específica é exprimir a plenitude inesgotável do mistério do Deus vivo, uma plenitude para a qual nenhuma expressão jamais é totalmente adequada.

O nome da Santíssima Trindade é um nome em três inflexões. Tomadas em conjunto, a inflexão teológica que fala no tom do Sagrado Tetragrama YHWH, a inflexão cristológica que usa a gramática do Pai e do Filho e do Espírito Santo, e a inflexão pneumatológica que expressa o idioma de diferentes povos e épocas, desdobra a fé trinitária da Igreja de uma forma valiosa. No espaçoso andaime da construção dessa tese, a altura e a amplitude do pensamento criativo contemporâneo que busca a compreensão sobre o Deus trino podem dar a sua contribuição.

10.7 O ponto, mais uma vez

Para que essa incursão no trabalho de muitos teólogos não nos faça esquecer, é bom lembrar por que essa compreensão é tão importante. À sua maneira singular, a crença religiosa no Deus trino resume a experiência de que, longe de ser uma mônada isolada, o mistério insondável de Deus é uma comunhão de amor transbordante que envolve o mundo com compaixão graciosa. "Deus é amor", registrou um dos primeiros escritores cristãos (1Jo 4,8), resumindo nessa breve frase a experiência da salvação vinda de Deus por meio de Jesus no Espírito. Quem quer que fale da Trindade fala de Deus como Amor numa linguagem específica da história cristã. Por outro lado, o símbolo da Trindade salvaguarda essa experiência cristã de Deus.

10.8 Uma doutrina mais prática

Uma teologia trinitária racionalista, disfuncional e divorciada da vida e da ética cristã, tem pouco efeito prático. Uma teologia trinitária revitalizada, no entanto, tem fortes ramificações realistas. A frase de abertura do influente estudo de Catherine LaCugna, *God for us*, articula essa surpreendente afirmação com vigor: "A doutrina da Trindade é, em última análise, uma doutrina prática com consequências radicais para a vida cristã". A lógica dessa afirmação é clara. Deus vive como o mistério do amor. Os seres humanos são criados à imagem desse Deus. Portanto, uma vida de integridade é impossível se não entrarmos também na dinâmica do amor e da comunhão com os outros.

Que padrão prático de vida nos permite fazer isso melhor? LaCugna propõe que a chave reside no reino de Deus, que Jesus pregou e praticou. Conforme vislumbrado em suas parábolas e ações, o reino de Deus é uma regra graciosa de amor salvífico e de comunhão. Como lugar onde a vontade de Deus é feita tanto na terra como no céu, estabelece um novo tipo de comunidade onde estão incluídos "meus pequeninos" irmãos e irmãs, uma reunião em que a mulher samaritana, o cobrador de impostos e os leprosos estão igualmente em casa. Nessa comunidade, a tirania é contrariada à luz dos caminhos abnegados de Deus; homem e mulher são parceiros iguais, assim como o judeu e o grego. Justiça, paz e o bem-estar de todas as criaturas são o objetivo. Se não vivermos os tipos de relacionamentos que servem a esse padrão da verdade do reino de Deus, então não temos a menor ideia de quem é Deus. Conhecer a Deus é impossível a menos que entremos numa vida de amor e comunhão com os outros.

Dizer que a Trindade é inerentemente prática não implica que essa crença forneça soluções imediatas para a guerra e a violência, planos para eliminar a fome ou soluções concretas para a desigualdade. Pelo contrário, funciona como uma fonte de visão para moldar as nossas ações no mundo, um critério para medir a fidelidade da nossa vida e uma base para resistir a todas as formas de opressão que diminuem a comunidade.

Atitudes e práticas profundamente prejudiciais surgiram na Igreja e na sociedade porque um grupo se imagina superior a outro. A estratificação de poder resultante, com alguns dominantes, alguns subordinados, molda instituições de racismo, sexismo, clericalismo eclesiástico e ruína da terra, entre outros pecados perniciosos. A ideia revitalizada da Trindade deixa claro que, longe de existir como um monarca governando com um esplendor isolado e dominando os outros, o Deus vivo é uma comunhão transbordante de amor doado. A importância prática dessa noção reside na forma como ela expõe a perversão do patriarcado, do racismo e de outros padrões pecaminosos.

Dado que tais rupturas na comunidade se opõem totalmente à forma de relacionamento de Deus, as pessoas de fé têm razões convincentes para se comportarem de outra forma.

A identidade e a missão da Igreja giram em torno desse ponto. Chamada a ser um sacramento da salvação do mundo, a Igreja deve ser um símbolo vivo da comunhão divina voltada para o mundo num amor inclusivo e compassivo. Somente uma comunidade de pessoas iguais, relacionadas em profunda reciprocidade, derramando louvor a Deus e cuidando do mundo necessitado, somente tal Igreja corresponde ao Deus trino que ela pretende servir.

A teologia trinitária revitalizada deixa claro que um Deus concebido como um monarca individualizado ou como uma tríade de pessoas fechada em si mesma e exclusivamente relacionada internamente, um Deus que observa à distância como um espectador imparcial e não envolvido, um Deus que precisa ser persuadido a cuidar das criaturas – tal Deus não existe. Esse é um Deus falso, uma fantasia desligada da experiência cristã de salvação. Pelo contrário,

"Deus é Amor", relaciona-se com o mundo num padrão triplo de comunhão. Assimilando essa verdade, ganhamos novas energias para imaginar o mundo de uma forma amorosa e para agir para combater a autodestruição da violência.

A aliança de YHWH com Israel, o ministério e a vida de Jesus Cristo, e os laços nutritivos de comunidade na terra criados pelo Espírito são todos ícones que revelam a natureza relacional, trina e insondável do Deus uno, orientada na compaixão para com o mundo. À luz do Deus trinitário, podemos ajustar mais uma vez o axioma de Irineu para declarar: a glória de Deus é a comunhão de todas as coisas plenamente vivas. Onde quer que o coração humano seja curado, a justiça se firma, a paz impera, um hábitat ecológico é protegido, onde quer que a libertação, a esperança e a cura irrompam, onde quer que um ato de simples bondade seja feito, um copo de água fresca seja oferecido, um livro ofertado a uma criança sedenta de aprender, aí a comunidade humana e terrena já reflete, em fragmentos, o rosto do Deus trinitário. Movidos pela "graça de nosso Senhor Jesus Cristo, pelo amor de Deus e pela comunhão do Espírito Santo", comprometemo-nos com um futuro frutífero que inclua todos os povos, tribos e nações, todas as criaturas da terra. O reino de Deus ganha outra posição na história.

10.9 Leitura adicional

O trabalho de Catherine Mowry LaCugna citado neste capítulo, *God for us: The Trinity and Christian life* (HarperSanFrancisco, 1991), tornou-se um clássico moderno; o último capítulo sobre a Trindade como doutrina prática é especialmente importante. *Trinity: Nexus of the mysteries of Christian faith*, de Anne Hunt (Orbis, 2005), é uma apresentação altamente legível da teologia contemporânea que mostra as ligações entre a Trindade e outras áreas-chave da fé; outra obra sua, *What are they saying about the Trinity?* (Paulist, 1998), apresenta um tratamento mais popular.

Karl Rahner, em *The Trinity* (Seabury, 1974), soou o clarim para um novo avanço. Tanto Walter Kasper, em *The God of Jesus Christ* (Crossroad, 1989), quanto Gerald O'Collins, em *The tripersonal God: Understanding and interpreting the Trinity* (Paulist, 1999), oferecem fortes apresentações sistemáticas de doutrina. Para informações históricas, consulte *The Triune God: A biblical, historical, and theological study*, de Thomas Marsh (Twenty-Third, 1994). Sallie McFague, em *Modelos de Deus: Teologia para uma era ecológica e nuclear* (Paulus, 1996), conduz um experimento mental que reinterpreta o Deus trinitário para uma era ecológica e nuclear. Para uma interpretação cuidadosa à luz das ideias pós-modernas, ver *The Triune God: An essay in postliberal theology*, de William Placher (Westminster John Knox, 2007).

A proposta de R. Kendall Soulen sobre a tríplice inflexão do nome da Trindade é apresentada em "The name of the Holy Trinity: A triune name", *Theology Today* 59, n. 2 (julho de 2002), pp. 244-261; e "Hallowed be Thy name! The Tetragrammaton and the name of the Trinity" in *Jews and Christians: People of God*, eds. Robert W. Jenson e Carl Braaten (Eerdmans, 2003), pp. 14-41.

A natureza prática da crença no Deus trino é desenvolvida na teologia da libertação por Leonardo Boff em *A Trindade e a sociedade* (Vozes, 1987), e na teologia europeia por Jürgen Moltmann em *Trindade e reino de Deus: Uma contribuição para a teologia* (Vozes, 2011). Os ensaios coletados em *God's life in Trinity*, Miroslav Volf e Michael Welker, eds. (Fortress, 2006), mostram quão madura essa doutrina está para mais interpretações, especialmente "The social

Trinity and property", de M. Douglas Meeks, e "The Trinity and the theology of religions", de Daniel L. Migliore.

A compreensão atual de que a Trindade não pode ser separada da vida espiritual leva a belos *insights* em *Creio no Espírito Santo*, de Yves Congar, 3 vols. (Paulinas, 2022), e *Altogether gift: A trinitarian spirituality*, de Michael Downey (Orbis, 2000).

Epílogo

Cada época tem seus *insights*. Este livro mapeou fronteiras onde as percepções sobre o Deus vivo estão surgindo em nossos dias como resultado do encontro da fé com circunstâncias mutáveis de vida ou morte. O crescimento do ateísmo; a experiência de sofrimento indescritível; as lutas por justiça para os pobres, mulheres e minorias raciais e étnicas; o encontro global das religiões e a nova consciência ecológica do nosso universo físico – cada um desses contextos exige uma nova compreensão e contribui com pistas sobre como o pensamento pode prosseguir. Em resposta, diferentes teologias têm vislumbrado Deus novamente, não no sentido de deduzir tudo o que há para saber ou de descobrir o divino com toda a clareza – o Sagrado não está disponível para nós dessa forma –, mas no sentido de iluminar e desbloquear a presença insuspeitada do gracioso mistério divino em meio à ambiguidade, ao sofrimento, à busca de justiça e às vastas descobertas de nossos tempos.

Em cada caso, foi-nos oferecido um conjunto de imagens ou palavras-chave, substanciadas pela exegese bíblica, pela tradição histórica ou pelo ensino da Igreja e apoiadas por linhas de raciocínio convincentes, sob as quais a totalidade da experiência de Deus é resumida e chega até nós de novo. Em vez de discutir simplesmente um aspecto do divino, cada abordagem particular pretende amplificar o significado do todo, como diferentes portais que se abrem para um único jardim. Juntos, esses portais nos oferecem vislumbres do Deus vivo ao mesmo tempo inefável, vulnerável, libertador, relacional, amante da justiça, belo, generoso, afetuoso, dinâmico e aventureiro; ao mesmo tempo criativo, redentor e acolhedor; em uma palavra, amor.

O símbolo de Deus funciona. Tem consequências poderosas para a identidade comunitária e para a vida pessoal daqueles que acreditam. Portanto, este livro também teve como objetivo mostrar as consequências para a ética e a espiritualidade que decorrem dessas novas percepções. Nenhuma das teologias aqui detalhadas é politicamente desinteressada, isto é, despreocupada com o poder e a impotência e com a forma como estes se desenrolam no mundo. Todos entendem que uma doutrina do Deus vivo que não se opõe ao mal de modo concreto é heterodoxa; é, na verdade, uma fantasia, não coerente com a glória divina. Dado o poder destrutivo do pecado, tanto a glória de Deus como o florescimento de toda a criação, humana e cósmica, estão terrivelmente em risco na história. Diante desse risco, a presença ativa do Deus vivo no mundo, *de qualquer modo*, é uma das promessas bíblicas mais antigas e duradouras. Ao ouvir as pessoas sobre onde o Espírito se move na vida delas hoje, ao prestar atenção ao que isso significa, ao interpretar isso criativamente em termos do tesouro da fé bíblica, e ao apelar à práxis da solidariedade universal no sofrimento e na esperança, essas teologias lançam luz sobre maneiras pelas quais essa antiga promessa não decepciona. Impulsionados pela esperança, podemos começar a imaginar o mundo de uma forma nova e a dedicar as nossas energias a ações responsáveis, curativas e libertadoras.

Indiretamente, esses capítulos ilustraram outro fenômeno. O fato de vozes de todo o mundo, incluindo muitas da periferia dos centros de poder estabelecidos, estarem contribuindo para a ideia de Deus indica o fim da era constantiniana e o alvorecer de um cristianismo verdadeiramente global. Não mais simplesmente concentrada na Europa, que durante séculos foi o continente-mãe do cristianismo, a teologia emerge agora de múltiplos centros geográficos e existenciais de vida e de pensamento. A universalidade da Igreja é servida precisamente pela fidelidade desses centros à busca do Deus vivo nas suas circunstâncias particulares. Lendo os sinais dos tempos e chamando toda a Igreja ao discipulado, cada um deles descobre algo da largura, comprimento, altura e profundidade do amor de Deus, que ultrapassa todo o conhecimento, incluindo o dos sistemas teológicos.

A busca continua. E continuará enquanto o mistério insondável do Deus vivo chamar os seres humanos para o futuro, prometido, mas desconhecido, ou seja, enquanto existirem pessoas. Perto do fim da peça *A sleep of prisoners*, um soldado declama um belo solilóquio, cada palavra do qual foi se tornando cada vez mais verdadeira em minha mente à medida que este livro tomava forma. Com agradecimentos ao artista, apresento-o como uma conclusão emocionante que mantém o assunto em aberto.

> O coração humano pode ir até onde Deus está.
> Podemos estar no escuro e com frio, mas
> Não é inverno agora. A miséria congelada
> De séculos quebra, racha, começa a se mover,
> O estrondo é o estrondo das banquisas,
> O degelo, a inundação, a primavera emergente.
> Graças a Deus nossa hora é agora quando o errado
> Vem nos enfrentar em todos os lugares,

> Sem nunca nos deixar até darmos
> O maior passo de alma que homens [e mulheres] já deram.
> Os assuntos agora são do tamanho da alma.
> O cometimento
> É a exploração de Deus[2].

---

[2] Christopher Fry, *A sleep of prisoners* (Oxford University Press, 1951), pp. 47-48; inserção minha.

ÍNDICE REMISSIVO

A

Abe, Masao 251, 269
Ad Gentes 237
Afro-americanos 176
Agar, a história de 194
Agnosticismo 57
Agostinho 23, 36, 37, 43, 147, 167, 296, 306, 313, 315
Amaladoss, Michael 246
América Latina 204
Analogia e linguagem para Deus 44
Anderson, Leona 269
Androcentrismo e teologia feminista 152
Aquino, María Pilar 132, 143, 153, 210, 212, 229
Aquino, Tomás de 48, 49, 63, 71, 75, 147, 288, 306
Arellano, Luz Beatriz 129
Ashley, Matthew 116
Ateísmo 57, 61
Autotranscendência humana 67, 76

B

Baggini, Julian 86
Barth, Karl 58, 239, 324
Basílio 306
Beauvoir, Simone de 144
Boff, Clodovis 141
Boff, Leonardo 142, 302, 326, 332
Bonhoeffer, Dietrich 98, 135
Boys, Mary 270
Buber, Martin 33
Buckley, Michael 53

C

Canterbury, Anselmo de 314
Cardenal, Ernesto 142
Carr, Anne 66
Ceticismo, e afirmações de verdade 57
Chávez, César 216
Clifford, Anne 173
Clooney, Francis 253, 270
Cobb, John B. 287, 299
Comunidades humanas de base 249
Concílio Vaticano II 236, 237
Cone, James 181, 182, 190, 191, 202
Copeland, Shawn 174, 203
Credo Niceno 273, 305
Cristianismo como pequena Igreja num mundo muito maior 57
Cristologia 111, 193, 203, 222, 263, 265, 322

D

Daly, Mary 157, 174
Daniélou, Jean 58
Dawkins, Richard 39
Díaz, Miguel 216, 228, 229, 230
Díaz-Stevens, Ana María 231
Dickson, D. Bruce 52
Dominus Iesus 241
Dostoiévski, Fiódor 56
Douglas, Kelly Brown 198, 203
Downey, Michael 333
Dupuis, Jacques 246, 261, 262, 267, 270

E

Eagleton, Terry 39, 53
Eck, Diana 233, 247, 258, 269
Ecologia, devastação e 277
Edwards, Denis 288, 296, 297
Elizondo, Virgilio 206, 207, 209, 211, 222, 229
Ellacuría, Ignacio, SJ 136, 142
Escatologia 103, 141
Escravização 176
Espín, Orlando 208, 214, 216, 229, 230
Espírito 271
Espiritualidade e práxis de justiça 139
Esposito, John 30, 52
Êxodo como tema da teologia afro-americana 181

F

Fabella, Virginia 143
Farley, Margaret 172
Fasching, Darrell 52
Feministas, teologias 149
Feuerbach, Ludwig 55
Fiesta, Deus da 223
Filosofia 65
Fitzgerald, Michael 269
Fletcher, Jeannine Hill 48, 73, 244, 270
Fletcher, Karen Baker 202
Flor y canto (flor e canto) 223
Fredericks, James 255, 270
Freud, Sigmund 56

G

García-Rivera, Alejandro 225, 229
García, Sixto 210, 221, 230
Garrow, David 202
Gaudium et Spes 236

Gebara, Ivone 127, 143, 298
Gilkey, Langdon 325
Goizueta, Roberto 213, 220, 224, 226, 229, 230
Gonzáles, Justo 229
Gould, Stephen Jay 284
Grant, Jacqueline 200, 203
Griffin, David 287
Gutiérrez, Gustavo 126, 142

H

Haught, John 52, 293, 297, 298
Hayes, Diana 183, 193, 202, 203
Heschel, Abraham 99, 116, 276
Hick, John 116, 239, 269
Hilkert, Mary Catherine 175
Hill, Edmund 314, 317
Hinga, Teresia 151
Hinze, Christine 143
Hodgson, Peter 326
Holocausto 88, 106
Hough, Joseph 266
Hunt, Anne 331
Hunter, Patricia 198

I

Idolatria 130
Insoll, Timothy 52
Isasi-Díaz, Ada María 212, 227, 230

J

João Paulo II (papa) 140, 238, 246, 256, 257, 295
João Paulo I (papa) 162
Jüngel, Eberhard 98
Justiça 117, 135, 172, 201

K

Kant, Immanuel 65
Kasper, Walter 85, 272, 302, 326, 332
Kaufman, Gordon 287, 325
Kelly, Anthony 326
King, Martin Luther, Jr. 189, 201, 202
Knitter, Paul 239, 269
Küng, Hans 56
Kyung, Chung Hyun 169, 174

L

LaCugna, Catherine 175, 309, 311, 318, 320, 328, 331
Lash, Nicholas 325
Leibniz, Gottfried 92
Lewis, Todd 52
Libertação, teologia da 117, 122, 135, 189
Lobo, Astrid 154
Logos 25
Lonergan, Bernard 326
Lubac, Henri de 58
Lucha (luta) 205
Lumen Gentium 236
Lutero, Martinho 105, 147, 282

M

Mackey, James 318
Macquarrie, John 324
Maguire, Daniel 143
Marsh, Thomas 332
Martell-Otero, Loida 229
Marxismo 112
Marx, Karl 55
Maternidade de substituição 197, 198
McFague, Sallie 48, 53, 162, 175, 277, 287, 295, 296, 297, 326, 332
Meeks, M. Douglas 333
Metáfora e linguagem para Deus 46

Metz, Johann Baptist 62, 95, 98, 102, 104, 110, 116
Migliore, Daniel L. 333
Misticismo 82
Moltmann, Jürgen 94, 98, 105, 107, 110, 116, 326, 332
Mondin, Battista 53
Mühlen, Heribert 326
Mujerista, teologia 150
Mulherista, teologia 150
Mundo natural 274
Murphy, Nancey 287
Mysterium tremendum et fascinans 31

N

Nash, James 299
Nazianzeno, Gregório de 306
Neoescolástica 72, 77, 79, 307
Newman, John Henry (cardeal) 215
Newsom, Carol 174
Nietzsche, Friedrich 56
Nissa, Gregório de 306
Norwich, Juliana de 161
Nossa Senhora de Guadalupe 216
Nostra Aetate 237, 238

O

O'Collins, Gerald 332
O'Donovan, Leo 87
Oduyoye, Mercy Amba 143, 174
Otto, Rudolf 31, 52

P

Panenteísmo 281
Panikkar, Raimundo 325
Pannenberg, Wolfhart 51, 53
Patriarcado 152
Patrick, Brian 295
Peacocke, Arthur 276, 285, 287, 291, 297, 298

Pessoa, conceito de e Trindade 313
Phan, Peter 203, 269
Phelps, Jamie 203
Phillips, J. B. 41, 53
Pieris, Aloysius 249
Placher, William 53, 332
Pluralismo religioso 232
Pobres, opção preferencial pelos 122, 131, 133, 137
Pobreza 117, 122, 136
Polkinghorne, John 287, 298
Positivismo 59

Q

Quarto Concílio de Latrão 44

R

Raboteau, Albert 178, 183, 201
Racismo 176, 279
Rahner, Karl 44, 58, 96, 111, 132, 238, 239, 301, 311, 315, 332
Rakoczy, Susan 143
Rasmussen, Larry 299
Rayan, Samuel 249
Religião popular 209
Responsabilidade como amor ao próximo e ao mundo 81
Ress, Mary Judith 298
Rhodes, Sarah 179
Riebe-Estrella, Gary 206, 218, 229
Ringe, Sharon 174
Roberts, J. Deotis 202
Rodríguez, Jeanette 229
Romero, Oscar (arcebispo) 118, 134
Ruanda, genocídio 93
Ruether, Rosemary Radford 149, 156, 174, 297, 299
Russell, Letty 327
Russell, Robert 287

S

Sabedoria como personificação feminina de Deus 34, 164
Sacks, Jonathan 268, 270
Salvação individual 237
Sartre, Jean-Paul 68
Sauceda, Teresa Chavez 229
Schaab, Gloria 297
Schillebeeckx, Edward 98
Schleiermacher, Friedrich 301
Schmitt, Mary Kathleen Speegle 175
Schreiter, Robert 53
Schüssler Fiorenza, Elisabeth 116, 164, 173, 174
Scotus, Duns 76
Secularismo 59
Segundo, Juan Luis 131, 142
Shange, Ntozake 155
Sherbok, Dan Cohn 116
Símbolo e a linguagem para Deus 47
Smart, J.J.C. 86
Sobrino, Jon 116, 136, 142, 143
Sociedade de consumo 97, 136
Soelle, Dorothee 94, 98, 107, 110, 116
Sofia 164
Sofrimento 89, 122, 283
Soulen, R. Kendall 319, 321, 332
Stevens-Arroyo, Anthony 231
Stoeger, William 291
Swimme, Brian 296

T

Tamez, Elsa 127, 143
Teísmo moderno 39
Teodiceia 91
Tertuliano 147, 273
Thiel, John 116

Tilley, Terrence 116, 269
Tillich, Paul 47, 52, 325
Tracy, David 116, 252, 269
Trible, Phyllis 161, 175
Trindade 300

W

Walker, Alice 150, 156
Ward, Keith 325
Whitehead, Alfred North 287
Wiesel, Elie 115
Wiles, Maurice 287
Williams, Delores 195, 199, 202

Y

Young, Pamela Dickey 269

Conecte-se conosco:

 facebook.com/editoravozes

 @editoravozes

 @editora_vozes

 youtube.com/editoravozes

 +55 24 2233-9033

www.vozes.com.br

Conheça nossas lojas

www.livrariavozes.com.br

Belo Horizonte – Brasília – Campinas – Curitiba
Fortaleza – Juiz de Fora – Petrópolis – São Paulo

EDITORA VOZES LTDA.
Rua Frei Luís, 100 – Centro – Cep 25689-900 – Petrópolis, RJ
Tel.: (24) 2233-9000 – E-mail: vendas@vozes.com.br